VITÓRIA MONEGO
SOMMER SANTOS

2024

COMPRA E VENDA ELETRÔNICA DE CONSUMO

FORMAÇÃO CONTRATUAL E **DIREITO DE ARREPENDIMENTO**

Dados Internacionais de Catalogação na Publicação (CIP) de acordo com ISBD

S237c   Santos, Vitória Monego Sommer
         Compra e Venda Eletrônica de Consumo: Formação Contratual e Direito de Arrependimento / Vitória Monego Sommer Santos. - Indaiatuba, SP : Editora Foco, 2023.

         224 p. : 16cm x 23cm.

           Inclui bibliografia e índice.

           ISBN: 978-65-5515-962-2

           1. Direito. 2. Compliance Bancário. I. Título.

2023-3124   CDD 342.5   CDU 347.451.031

Elaborado por Vagner Rodolfo da Silva - CRB-8/9410

Índices para Catálogo Sistemático:

1. Direito do consumidor 342.5

2. Direito do consumidor 347.451.031

VITÓRIA MONEGO
SOMMER SANTOS

COMPRA E VENDA ELETRÔNICA DE CONSUMO

FORMAÇÃO CONTRATUAL E **DIREITO** DE **ARREPENDIMENTO**

2024 © Editora Foco

Autora: Vitória Monego Sommer Santos
Diretor Acadêmico: Leonardo Pereira
Editor: Roberta Densa
Assistente Editorial: Paula Morishita
Revisora Sênior: Georgia Renata Dias
Capa Criação: Leonardo Hermano
Diagramação: Ladislau Lima e Aparecida Lima
Impressão miolo e capa: FORMA CERTA

DIREITOS AUTORAIS: É proibida a reprodução parcial ou total desta publicação, por qualquer forma ou meio, sem a prévia autorização da Editora FOCO, com exceção do teor das questões de concursos públicos que, por serem atos oficiais, não são protegidas como Direitos Autorais, na forma do Artigo 8º, IV, da Lei 9.610/1998. Referida vedação se estende às características gráficas da obra e sua editoração. A punição para a violação dos Direitos Autorais é crime previsto no Artigo 184 do Código Penal e as sanções civis às violações dos Direitos Autorais estão previstas nos Artigos 101 a 110 da Lei 9.610/1998. Os comentários das questões são de responsabilidade dos autores.

NOTAS DA EDITORA:

Atualizações e erratas: A presente obra é vendida como está, atualizada até a data do seu fechamento, informação que consta na página II do livro. Havendo a publicação de legislação de suma relevância, a editora, de forma discricionária, se empenhará em disponibilizar atualização futura.

Erratas: A Editora se compromete a disponibilizar no site www.editorafoco.com.br, na seção Atualizações, eventuais erratas por razões de erros técnicos ou de conteúdo. Solicitamos, outrossim, que o leitor faça a gentileza de colaborar com a perfeição da obra, comunicando eventual erro encontrado por meio de mensagem para contato@editorafoco.com.br. O acesso será disponibilizado durante a vigência da edição da obra.

Impresso no Brasil (11.2023) – Data de Fechamento (11.2023)

2024
Todos os direitos reservados à
Editora Foco Jurídico Ltda.
Rua Antonio Brunetti, 593 – Jd. Morada do Sol
CEP 13348-533 – Indaiatuba – SP

E-mail: contato@editorafoco.com.br
www.editorafoco.com.br

AGRADECIMENTOS

Agradeço, primeiramente, aos meus pais, Vivian Paes Monego Sommer Santos e Marco Fridolin Sommer Santos, e ao meu irmão, Vinicius Monego Sommer Santos, por sempre acreditarem no meu potencial, oferecendo apoio incondicional. No entanto, o meu agradecimento principal é dirigido à Professora Alessandra Bellelli por, em 2017, ter comentado sobre a existência de um duplo Doutorado em Direito do Consumidor na *Università degli Studi di Perugia* e na *Universidad de Salamanca*, e incentivado a minha participação no processo seletivo. Foi por essa razão que, em 2018, desenvolvi projeto de pesquisa na área de "contratos eletrônicos de consumo", uma das etapas do processo seletivo do doutorado, culminando na minha aprovação e mudança para a Itália em outubro de 2018. Importante destacar, nesse particular, a concessão de bolsa pela *Università degli Studi di Perugia*, sem a qual a execução desse projeto não teria sido possível. Esse foi o início de uma desafiadora, embora muito gratificante, jornada de 4 anos de estudos, que mudou radicalmente a minha vida, tornando-me imensuravelmente grata pela experiência.

Nesse percurso, devo enorme gratidão à Professora Alessandra Bellelli por ter sido minha mentora, iluminando o caminho ao assumir a responsabilidade como orientadora do presente trabalho. A Professora Alessandra Bellelli foi o meu principal resguardo durante essa árdua trajetória, sempre acreditando no meu potencial, apesar da minha pouca idade. O segundo grande agradecimento deve ser dedicado ao Professor Eugenio Llamas Pombo, meu segundo orientador, que me recebeu de braços abertos por um ano na Universidade de Salamanca. A brilhante obra do Professor Eugenio Llamas Pombo, intitulada "*La Compraventa*", foi a principal inspiração para o tema da minha tese. Outro agradecimento especial deve ser dirigido ao Professor Lorenzo Mezzasoma, coordenador do Doutorado em Direito do Consumidor na *Università degli Studi di Perugia*, que, com muita dedicação, realizou inúmeros esforços para tornar possível esse duplo doutorado em direito do consumidor. Agradeço, outrossim, aos professores José Luis Pérez-Serrabona González, María Nieves Martínez Rodríguez e Antonio Manuel Román García por terem integrado a banca examinadora na defesa da minha tese, em 29.09.2022.

Devo muitos agradecimentos, também, ao Professor Gustavo Tepedino por, em 2019, ter me recebido amigavelmente na Universidade Estadual do Rio de Janeiro, disponibilizando, ainda, todo o acervo de livros do seu escritório. Não posso deixar de agradecer à Professora Claudia Lima Marques, grande referência de direito do consumidor no Brasil, por ter sugerido que eu me centrasse no tema sobre o "direito de arrependimento" e no Projeto de Lei 3.514/2015. Agradeço, ainda, aos meus colegas do XXXIV ciclo do doutorado, Calos Esteban Jaramillo Mor, Emilia Giusti, Roberto Martín Lopez e Vincenzo Pasquino, que me acompanharam nesses 4 anos. Agradeço a Simone, Luis, Helena e Otávio Pimentel, por me hospedarem em sua casa no Rio de Janeiro durante o período de pesquisa de 3 meses na UERJ, do qual surgiu grande amizade. Agradeço, por fim, aos amigos que fiz durante essa jornada, Augusto, Maria, Paolo e Beatrice Fabbroni, que foram a minha família italiana, além de Ana Muñoz, Minako Endo, Héloïse Cattin, Luca Meliveo Knerr e Alvin Martinsson, amigos os quais conheci na Espanha, e levarei para a vida toda.

PREFÁCIO

A monografia de Vitória Monego Sommer Santos oferece um interessante e estimulante quadro jurídico da "compra e venda eletrônica de consumo", ou da compra e venda celebrada entre profissionais e consumidores por meio de sítios *web* e das plataformas digitais. A análise é conduzida comparando ordenamentos jurídicos diversos: o ordenamento brasileiro com a legislação comunitária e, em particular, com a sua recepção nos direitos nacionais italiano e espanhol. O trabalho é, na verdade, fruto da experiência da autora como aluna do Doutorado Internacional em Direito do Consumidor da *Università degli Studi di Perugia* e da Universidade de Salamanca, que lhe permitiu obter o título de Doutora internacional com nota máxima e louvor.

O objetivo almejado do trabalho monográfico é oferecer, principalmente por meio da comparação, uma contribuição ao direito brasileiro, no qual o Código de Defesa do Consumidor, emanado em 1990, se revela inadequado para tutelar efetivamente o consumidor que adquire bens ou serviços por intermédio da *internet*, e no qual está em curso atividade legislativa voltada a introduzir normas para disciplinar o fenômeno (*vide* Projeto de Lei 3.514/15).

A compra e venda eletrônica de consumo é examinada por V.M.S.S. com uma visão sistemática, colocando à luz as características peculiares ligadas à assimetria das posições jurídicas do profissional e do consumidor, ainda mais acentuada quando a contratação ocorre *online*, superando as barreiras espaciais e temporais. O fundamento do trabalho, a partir do qual se move a autora, e que se afirma com força no primeiro capítulo, é o de que não existe a compra e venda como categoria unitária, mas diversas subespécies de compra e venda, com características diversas entre si, também dentro do próprio direito do consumidor.

Nessa linha, a autora, acertadamente, distingue os contratos a distância dos contratos negociados fora do estabelecimento comercial, para os quais o remédio do *ius poenitendi* responde a lógicas distintas e que exigem uma diversa disciplina, criticando a legislação brasileira que, ao contrário, tende a agrupar tais tipologias contratuais.

A monografia é desenvolvida de modo claro e linear, por meio de quatro capítulos. O enquadramento geral do problema apresentado no primeiro capítulo é seguido, no segundo capítulo, pela análise da celebração do contrato de consumo mediante sites e plataformas digitais. Observa a autora que se trata de um contrato celebrado a distância, mas instantaneamente, ou seja, em tempo real, devendo, por isso, ser disciplinado pelas regras de negociação entre pessoas presentes, em analogia com a negociação por telefone.

Amplo espaço é dedicado na monografia ao formalismo informativo, que diz respeito tanto à forma da informação quanto ao seu conteúdo. A informação específica e pontual é particularmente relevante para os contratos em exame, dada a distância que separa as partes e a falta de contacto físico entre o consumidor e o bem oferecido pelo profissional.

É dada especial atenção ao direito de arrependimento, que é abordado no terceiro capítulo, enquanto no quarto capítulo são analisados os efeitos do direito de arrependimento e o direito às restituições. O direito de arrependimento, que atribui ao consumidor a faculdade de desfazer unilateralmente o contrato sem dar qualquer justificação, desde que dentro do prazo fixado na lei, constitui, segundo a autora, o principal instrumento de proteção do consumidor, e da sua vulnerabilidade, na compra e venda eletrônica. Conforme expresso no presente volume, é concedido *ex lege* um "*spatium deliberandi*", ou "*cooling period*", dentro do qual o consumidor pode refletir sobre o bem ou serviço contratado, e sobre a conveniência da operação econômica, sendo possível o desfazimento do vínculo contratual constituído pela conclusão da compra e venda pela *internet*.

A análise se aprofunda aqui, especificando a natureza protetiva e as características do direito de arrependimento, como a inderrogabilidade, a irrenunciabilidade e a gratuidade. No que diz respeito principalmente ao direito de arrependimento, em particular às modalidades para o seu exercício, às informações, ao prazo em que pode ser exercitado, à disciplina das restituições das prestações e à atribuição, a uma ou outra parte, das despesas de expedição, a autora realiza considerações pontuais e condivisíveis, que oferecem sugestões e pontos de reflexão para a regulamentação da compra e venda eletrônica em seu país.

A monografia revela-se um estudo sério, aprofundado e bem documentado, que se constitui um válido aporte doutrinário para a proteção dos consumidores que operam em ambiente digital.

Alessandra Bellelli

Professora titular de Instituições de Direito Privado na *Università degli Studi di Perugia.*

PREFÁCIO

La compraventa entre empresarios y consumidores, como pusimos de relieve en nuestro tratado sobre La Compraventa, constituye hoy una de las tres grandes vertientes en que ha de separarse la regulación legal del viejo contrato de compraventa, junto con la venta entre particulares y la venta entre empresarios. Y la denominada "venta electrónica", encuadrada especialmente entre las ventas de consumo, no es sino una modalidad de venta a distancia, celebrada mediante medios electrónicos de transmisión del consentimiento. Por ello, son aplicables a la misma las particularidades de dicha venta a distancia. Sin embargo, sí presenta algunos rasgos especiales la regulación legal de una fórmula de venta que ha irrumpido de manera constante en la vida de los ciudadanos, hasta convertirse en una práctica omnipresente ya en la actualidad.

La denominada venta electrónica o, si se prefiere, el comercio electrónico (*e-commerce*), se inscribe dentro de un fenómeno mucho más amplio que se conoce como "sociedad de la información", cuya manifestación más característica es Internet, que constituye además el lugar de encuentro de todas las tecnologías básicas de la información y la comunicación.

En palabras de la Exposición de Motivos de la Ley española de Sociedad de Servicios de la Información y el Comercio Electrónico (LSSI), el concepto de "sociedad de la información" viene determinado por la extraordinaria expansión de las redes de telecomunicaciones y, en especial, de Internet como vehículo de transmisión e intercambio de todo tipo de información. Su incorporación a la vida económica y social ofrece innumerables ventajas, como la mejora de la eficiencia empresarial, el incremento de las posibilidades de elección de los usuarios y la aparición de nuevas fuentes de empleo. Pero la implantación de Internet y las nuevas tecnologías tropieza con algunas incertidumbres jurídicas, que es preciso aclarar con el establecimiento de un marco jurídico adecuado, que genere en todos los actores intervinientes la confianza necesaria para el empleo de este nuevo medio.

Como señaló G. Botana tempranamente, el desarrollo tecnológico ha posibilitado la aparición de nuevos medios de información y de comunicación que han configurado la llamada Sociedad de la Información. Los progresos de la tecnología se han manifestado sobre todo en el campo informático, caracterizándose por un aumento considerable del número de ordenadores, por el desarrollo de su capacidad de almacenamiento, por una reducción de sus costes y por una penetración creciente en los hogares, las empresas y la Administración. Este proceso ha ido unido al desarrollo del sector de las telecomunicaciones donde se ha creado toda una nueva gama de servicios telemáticos y de posibilidades de interconexión planetaria. Así mismo, las llamadas "Nuevas Tecnologías de la Información" han incorporado novedades que han transformado de forma sustancial la economía, las relaciones humanas, la cultura y la política en nuestra sociedad, lo que permite hablar, incluso, de la primera y más rápida revolución tecnológica global. Esta situación nos lleva a los inicios de una nueva era, la de la información y la comunicación, sin precedentes desde el invento de la imprenta. El progreso tecnológico permite procesar, almacenar, obtener y comunicar información cualquiera que sea su forma (oral, escrita o visual) en un modo no limitado por la distancia, el tiempo o el volumen. Puede decirse, por tanto, que la Sociedad de la Información se basa en el uso generalizado de información de bajo coste, el almacenaje de datos y las tecnologías de transmisión.

La posibilidad de usar Internet responde a una elevada complejidad técnica que hace posible la interconexión entre cualquier punto del planeta con otro, a pesar de lo fácil que resulta el acceso a la red. Internet es "una red internacional de computadoras interconectadas, que permite comunicarse entre sí a decenas de millones de personas, así como acceder a una inmensa cantidad de información de todo el mundo", y que, desde el estricto punto de vista jurídico, presenta las siguientes características relevantes:

– es una red abierta, puesto que cualquier persona puede acceder a ella;

– es interactiva, ya que el usuario genera datos, navega y establece relaciones;

– es internacional, en el sentido de que permite trascender las barreras nacionales;

– hay multiplicidad de operadores;

– tiene una configuración de sistema autorreferente, y por ello carece de un centro que pueda ser denominado "autoridad"; opera descentralizadamente y construye el orden a partir de las reglas del caos;

– tiene aptitud para generar sus propias reglas sobre la base de la costumbre;

– muestra una aceleración del tiempo histórico;

– permite una comunicación "en tiempo real" y una "desterritorialización" en las relaciones jurídicas;

– disminuye drásticamente los costes de transacción.

Aguda y tempranamente se señaló que ese carácter abierto, interactivo y global de Internet, unido a los bajos costes de transacción que presenta como tecnología, produce un gran impacto en un amplio rango de cuestiones pertenecientes a la sociología jurídica y, luego, en la dogmática: las nociones de tiempo, espacio, frontera estatal, lugar, privacidad, bienes públicos y otras, que no podemos analizar aquí.

No obstante, la doctrina pone de relieve cómo se puede contemplar Internet desde tres diferentes perspectivas, muy diferentes entre sí:

– Internet como red global de comunicación exige la regulación de los nombres de dominio. Ello al margen, claro está, de la regulación de las redes y los servicios de telecomunicaciones que le den soporte.

– Internet como ámbito, vehículo o medio de comunicación para la emisión--recepción de mensajes cualesquiera que sean las modalidades de la comunicación y las actividades que dicha comunicación permite: correo electrónico, acceso uni o bidireccional a archivos, ficheros o webs informativos, instrumentación de actividad negocial.

– Internet como medio de comunicación social definido por la difusión al público de los contenidos que a través de la misma se distribuyen.

La irrupción de Internet como mercado, unida al desarrollo vertiginoso y exponencial de la contratación a distancia, ha obligado al legislador europeo y al nacional a ocuparse de este campo de acción de la libertad más extrema: el contrato directo no presencial, con el resultado más acorde a las pretensiones de las partes.

El apartado h) del Anexo de "Definiciones" de la LSSI define el "Contrato electrónico o por vía electrónica" como "todo contrato en el que la oferta y la aceptación se transmiten por medio de equipos electrónicos de tratamiento y almacenamiento de datos, conectados a una reda de telecomunicaciones", tras excluir el teléfono, fax, télex, el correo electrónico que no tenga la finalidad de formalizar un contrato, la televisión y la radiodifusión sonora, entre otras.

El comercio electrónico se caracteriza por el medio tecnológico a través del cual se produce la contratación. Huelga señalar que, con arreglo a tan amplia noción, el comercio electrónico puede tener lugar entre toda clase de sujetos, empresarios, particulares, consumidores etc. Así, se distingue la contratación electrónica entre empresas (*business to business*), entre empresas y consumidores (*business to consumer*) y entre particulares. La primera fórmula se encuentra sometida, obviamente, al Derecho mercantil, y la última, a las reglas generales de la compraventa civil. Y en ambos casos, con las particularidades que presenta el vehículo a través del cual se presta el consentimiento.

En efecto, no se puede identificar comercio electrónico con servicios de la sociedad de la información, pues el concepto material de contratación electrónica es mucho más amplio, dado que comprende cualquier contrato celebrado electrónicamente. Y en consecuencia, todos aquellos contratos celebrados electrónicamente que no hallen su regulación específica en la legislación de comercio electrónico, continuarán regulados únicamente por la legislación general preexistente.

Sentado lo anterior, es necesario resaltar que donde mayores peculiaridades jurídicas presenta el comercio electrónico es en el marco de las relaciones *business to consumer*, dados los riesgos y peligros que entraña para el consumidor el empleo de los medios que la sociedad de servicios de la información pone a disposición general. Resulta indudable que las nuevas tecnologías de la información y de la comunicación y el desarrollo de la Sociedad de la Información ofrecen numerosas ventajas a los consumidores, pues ponen a disposición de los mismos un inmenso mercado, lleno de oportunidades, de alternativas, de precios y de productos. Pero también enfrentan a aquéllos con nuevos contextos comerciales con los que no están familiarizados y que pueden poner en peligro sus intereses. S. Cavanillas enumera entre las amenazas que la sociedad de la información supone para la política de protección de los consumidores: la "amenaza americana" en cuanto que se obliga al consumidor europeo a acudir a las instancias norteamericanas al encontrarse las principales páginas comerciales en su territorio; la "amenaza asiática" en cuanto que los países de este entorno carecen además de una normativa sobre protección al consumidor suficientemente desarrollada, de una organización judicial y administrativa capaz de ejecutarla; la "amenaza invisible" puesto que la sociedad de la información permite la difuminación de los elementos territoriales que, a su vez, son indispensables para el funcionamiento de unas instituciones encargadas de la defensa de los consumidores sobre una base constitutivamente territorial; la "amenaza de la división social" ya que la participación en los nuevos mercados requiere la disposición de ciertos conocimientos y el uso de determinados medios técnicos, lo que no está al alcance de cualquiera. Por lo que en opinión del autor pueden quedar al margen del nuevo mercado los grupos sociales menos dotados cultural o económicamente.

Por esa razón, en la regulación del comercio electrónico el legislador centra su atención primordial en la protección de los consumidores.

El presente libro da a la imprenta la tesis doctoral elaborada como becaria por la doctora Sommer Santos en el marco del Programa de Doctorado en Derecho de Consumo, doble título otorgado por la Università degli Studi di Perugia y la Universidad de Salamanca, cuya coordinación me cumple el honor de compartir con mi querido amigo y colega el Prof. Dr. Lorenzo Mezzasoma, de la mencionada universidad italiana. El trabajo mereció la calificación de sobresaliente *cum laude*, tras su lectura y defensa en la Universidad de Salamanca ante el tribunal formado por el Prof. Dr. Antonio M. Román García, el Prof. Dr. José Luis Pérez-Serrabona González y la Prof. Dra. Nieves Martínez Rodríguez.

La autora aborda la temática con precisión y exhaustividad y constituye un estudio fundamental sobre la materia, pues examina con una sistemática impecable sus aspectos más problemáticos desde una perspectiva dogmática, que no olvida sin embargo el enfoque práctico de las cuestiones, con atención especial a la jurisprudencia. Celebro, por ello, su publicación.

Mallorca, agosto de 2023.

Eugenio Llamas Pombo

Catedrático de Derecho Civil, Universidad de Salamanca.

SUMÁRIO

AGRADECIMENTOS.. V

PREFÁCIO DE ALESSANDRA BELLELLI.. V

PREFÁCIO DE EUGENIO LLAMAS POMBO IX

INTRODUÇÃO.. XVII

1. A COMPRA E VENDA NO PLURAL E A PROTEÇÃO DO CONSUMIDOR... 1

   1.   O direito do consumidor como direito fundamental social 1

   2.   Fontes do direito do consumidor 9

   3.   O consumidor como sujeito de direito 18

   4.   O fornecedor como sujeito de direito 24

   5.   O direito dos contratos nas relações de consumo e a nova teoria contra-
       tual 26

   6.   O impacto do comércio eletrônico no direito dos contratos 32

   7.   A compra e venda eletrônica de consumo como categoria autônoma: as
       compras e vendas no plural 40

2. A COMPRA E VENDA ELETRÔNICA DE CONSUMO 49

   1.   O contrato eletrônico como categoria de contrato a distância 49

   2.   A forma eletrônica 56

   3.   A formação do contrato eletrônico 60

   4.   O formalismo informativo 65

   5.   O conteúdo da oferta no comércio eletrônico 73

   6.   Adesão e aceitação *point and click* da oferta.. 79

   7.   A compra e venda eletrônica: desumanização do contrato? 86

3. O DIREITO DE ARREPENDIMENTO DO CONSUMIDOR 91

   1.   Considerações gerais 91

2. As modalidades de extinção dos contratos e o direito de arrependimento   95

3. O direito de arrependimento nas relações de consumo   99

4. O exercício do direito de arrependimento   106

5. A tempestividade do exercício do direito de arrependimento   114

6. A extinção dos contratos acessórios em virtude do exercício do direito e
arrependimento...   120

7. Exceções ao direito de arrependimento...   122

4. O *IUS POENITENDI* E O DIREITO RESTITUTÓRIO..   133

1. O direito restitutório como fonte das obrigações...   133

2. A obrigação restitutória do consumidor..   141

3. Efeitos do inadimplemento pelo consumidor da obrigação de restituir.....   145

4. Risco pela perda ou deterioração do bem   153

5. O direito do consumidor à restituição do preço   159

6. Direito à restituição de despesas acessórias de entrega   164

7. Despesas de restituição do bem...   169

CONCLUSÃO...   175

REFERÊNCIAS...   189

INTRODUÇÃO

Nas últimas três décadas do século XX, o ciclo virtuoso de transição do Estado Liberal para o Estado Social de Direito, que ocasionou a codificação do Direito do Consumidor, foi um passo decisivo para a proteção do contratante vulnerável. Por sua vez, no início do século XXI, a exponencial difusão da tecnologia da *internet* superou os tradicionais meios centralizados de comunicação, possibilitando não somente o amplo acesso a informações das mais diversas fontes, mas também uma interação entre os indivíduos por meio do ambiente virtual, com reflexos nos mais variados campos do direito.

O meio digital, por ocasião da sua descentralizada desmaterialização de informações, permite o diálogo a distância em tempo real entre os seus usuários, não apenas pela linguagem verbal, mas também pela comunicação visual, mediante a conjunção de ícones e linguagem escrita. No direito dos contratos, essa nova tecnologia da informação torna possível a celebração instantânea de contratos escritos a distância, sob a forma digital, de um modo jamais visto. Nesse contexto, relativizam-se o tempo e o espaço, e as barreiras geográficas passam a ser, antes de tudo, barreiras de natureza jurídica.

Nas relações de consumo, a forma eletrônica de contratação adquiriu rapidamente uma importância capital, representando uma considerável fatia no mercado. Essa importância se mostrou ainda mais evidente nos últimos anos, com a pandemia do coronavírus, facilitando a aquisição de produtos a distância por parte dos consumidores. Com a forma eletrônica de contratação, no entanto, tendo em vista as suas diversas particularidades, surge a necessidade de adaptação do direito à nova realidade. Por esse motivo, nas últimas décadas, o tema relativo à contratação eletrônica tem merecido especial atenção por parte de juristas e legisladores, empenhados na elaboração de soluções que possam servir para a diminuição da assimetria entre consumidor e fornecedor em ambiente virtual. As novas modalidades de oferta e aceitação *point and click* e as inerentes dificuldades de aquisição de produtos pela *internet* são algumas das características que fazem com que a abordagem do tema se revele extremamente desafiadora.

Este livro, fruto da tese intitulada *A compra e venda eletrônica de consumo com especial referência ao direito de arrependimento*, foi construído sob a inspiração do evento promovido pelo curso de doutorado em Direito do Consumidor da *Università degli Studi di Perugia* e *Universidad de Salamanca*, em 24 de maio de

2014, no *Polo Scientifico-Didattico di Terni*, sob a coordenação dos professores Lorenzo Mezzasoma, Eugenio Llamas Pombo e Vito Rizzo, intitulado: *La Compravendita: realtà e prospettive*. Trata-se de tese de doutoramento, elaborada sob a perspectiva do direito brasileiro e comparado, a pesquisa foi desenvolvida pela autora na condição aluna do Doutorado Internacional de Direito do Consumidor na *Università degli Studi di Perugia* e na *Universidad de Salamanca*. No direito brasileiro, com o objetivo de aperfeiçoar as disposições do Código de Defesa do Consumidor à realidade do comércio eletrônico, tramita no Congresso Nacional o PL nº 3.514/15. Dessa forma, o principal objetivo do presente trabalho consiste em, com inspiração no direito comunitário, italiano e espanhol, oferecer contribuições ao direito brasileiro para a proteção do consumidor que compra em ambiente virtual.

O objeto deste livro se limita à análise jurídica da compra e venda eletrônica nas relações de consumo. A análise está dividida em quatro capítulos. No primeiro capítulo, intitulado: "A compra e venda no plural e a proteção do consumidor", é introduzida a tese de base, que permeia todo o trabalho, segundo a qual no Estado Social de Direito não existe mais uma figura unitária de contrato de compra e venda, mas diversos tipos de compras e vendas, no plural. Nessa enquadratura, defende-se que "A compra e venda eletrônica de consumo" constitui uma nova categoria de contrato de compra e venda, autônoma e distinta das demais, levando-se em consideração as suas diversas particularidades, sobre as quais se aprofunda no decorrer deste livro.

O segundo capítulo é dedicado a uma análise mais profunda de algumas das principais características distintivas da compra e venda eletrônica de consumo, especialmente em relação à definição do regime jurídico que disciplina o contrato eletrônico no momento da sua formação, e à vulnerabilidade do consumidor que se revela acentuada em ambiente virtual. Trata-se de um tipo extremamente agressivo de formação contratual, tendo em vista a conjugação de vários fatores, dentre os quais a ostensividade de ofertas, a rapidez na conclusão de contratos de adesão *point and click*, propiciados pela forma eletrônica, a distância não somente entre consumidor entre o fornecedor, mas especialmente aquela que separa o consumidor do produto a ser adquirido, do que resulta um agravamento da vulnerabilidade do consumidor decorrente da assimetria informativa.

O terceiro capítulo, denominado "O direito de arrependimento do consumidor", é dedicado à análise da extinção do contrato eletrônico decorrente do exercício do *ius poenitendi*. O instituto do direito de arrependimento, inovação introduzida no direito do consumidor, adquiriu especial relevância com a popularização do comércio pela *internet*, ao garantir ao consumidor o direito social *ex lege* de extinguir unilateralmente o contrato sem a necessidade de apresentar qualquer motivação. Dessa forma, o direito de arrependimento é, ao lado das obrigações de informação, o principal instrumento de proteção do consumidor que contrata pela *internet*, constituindo uma característica basilar da compra e venda eletrônica de consumo. Por fim, no quarto capítulo, intitulado "O *ius poenitendi* e o direito restitutório", é analisado o período temporal posterior ao exercício do direito de arrependimento por parte do consumidor, que, tendo em vista a extinção da compra e venda eletrônica de consumo, é regido pelo direito restitutório, com base no princípio que veda o enriquecimento sem causa.

1
A COMPRA E VENDA NO PLURAL E A PROTEÇÃO DO CONSUMIDOR

Sumário: 1. O direito do consumidor como direito fundamental social; 2. Fontes do direito do consumidor; 3. O consumidor como sujeito de direito; 4. O fornecedor como sujeito de direito; 5. O direito dos contratos nas relações de consumo e a nova teoria contratual; 6. O impacto do comércio eletrônico no direito dos contratos; 7. A compra e venda eletrônica de consumo como categoria autônoma: as compras e vendas no plural.

1. O DIREITO DO CONSUMIDOR COMO DIREITO FUNDAMENTAL SOCIAL

Para que se possa compreender em que consiste o direito do consumidor enquanto direito fundamental social, importa fazer a distinção entre os *status* de pessoa, cidadão e de consumidor[1]. Trata-se, com efeito, de uma distinção vinculada ao tema da igualdade, que caracteriza justamente aquilo que é contrário à diferença[2]. No passado, o *status* era utilizado como instrumento para a aquisição e manutenção de privilégios e imunidades, de concentração de poder e de subordinação de servos ou escravos. Na modernidade, a situação se modifica radicalmente por ocasião do desenvolvimento de diversos movimentos, por meio dos quais foram impulsionados os ideais de liberdade e igualdade, iniciando-se um processo de supressão dos privilégios de classe e da distinção entre livres e escravos. Os direitos fundamentais do homem e do cidadão positivados nas constituições modernas são, em grande parte, reflexo dos ideais da Revolução Francesa e da Declaração dos Direitos do Homem e do

---

1. PERLINGIERI, Pietro. *Il diritto civile nella legalità costituzionale secondo il sistema italo-comunitario delle fonti*. 3. ed. Napoli: Edizioni Scientifiche Italiane, 2006, p. 510; PERLINGIERI, Pietro. La tutela del consumatore nella Costituzione e nel Trattato di Amsterdam. In: PERLINGIERI, Pietro; CATERINI, Enrico (a cura di). *Il Diritto dei Consumi*. Rende: Edizioni Scientifiche Italiane, 2005, v. I. p. 15-18.
2. ALPA, Guido. *Status e capacità*. Roma: Editori Laterza, 1993, p. 3-5.

Cidadão de 1789, a partir da qual foram consagrados os princípios de liberdade, igualdade e fraternidade[3].

Sob o impulso da Revolução Francesa e da ideologia liberal, garantiu-se a liberdade como valor supremo: "ninguém é obrigado a fazer ou deixar de fazer algo senão em virtude de lei"[4] e, com isso, a difusão do princípio de liberdade econômica, baseado na propriedade privada e no direito dos contratos, garantindo a todos o direito individual de serem agentes econômicos na sociedade[5]. Da mesma forma, com o princípio da igualdade: "todos são iguais perante a lei, sem distinção de qualquer natureza"[6], foi concebida a figura da pessoa como "sujeito único universal"[7]. Conforme ilustra Vincenzo Roppo, a sociedade moderna "liberta os indivíduos do vínculo dos *status*", permitindo construir, com base na vontade, a sua própria posição na sociedade e na economia[8].

No direito brasileiro, após a independência, a Constituição Monárquica conservou a odiosa distinção entre livres e escravos[9]. A consagração, no Brasil, dos princípios da Revolução Francesa, de liberdade e de igualdade, segundo o qual todos são iguais perante a lei, ocorreu somente em 1891, com a Constituição Republicana (art. 72, § 2º), após a aprovação da Lei Áurea de 1889, que suprimiu

---

3. Declaração dos direitos do homem e do cidadão de 1789: Art. 1º. Os homens nascem e são livres e iguais em direitos. As distinções sociais só podem fundamentar-se na utilidade comum; Art. 4º. A liberdade consiste em poder fazer tudo que não prejudique o próximo. Assim, o exercício dos direitos naturais de cada homem não tem por limites senão aqueles que asseguram aos outros membros da sociedade o gozo dos mesmos direitos. Estes limites apenas podem ser determinados pela lei; Art. 5º. A lei não proíbe senão as ações nocivas à sociedade. Tudo que não é vedado pela lei não pode ser obstado e ninguém pode ser constrangido a fazer o que ela não ordene; Art. 6º. A lei é a expressão da vontade geral. Todos os cidadãos têm o direito de concorrer, pessoalmente ou através de mandatários, para a sua formação. Ela deve ser a mesma para todos, seja para proteger, seja para punir. Todos os cidadãos são iguais a seus olhos e igualmente admissíveis a todas as dignidades, lugares e empregos públicos, segundo a sua capacidade e sem outra distinção que não seja a das suas virtudes e dos seus talentos.
4. Princípio da liberdade expresso no art. 5º, II, da Constituição Federal brasileira, no art. 41, entre outros, da Constituição italiana e, dentre outros, nos arts. 1º e 9º da Constituição espanhola.
5. DÍEZ-PICAZO, Luis. *Fundamentos del derecho civil patrimonial I. Introducción teoría del contrato*. 6. ed. Pamplona: Registradores de España, 2007, p. 56.
6. O princípio da igualdade é expresso no art. 5º, Constituição brasileira, no art. 3º da Constituição italiana, e no art. 1º da Constituição espanhola.
7. Expressão utilizada por VINCENTI, Umberto. *Diritto senza identità*. Lecce: Editori Laterza, 2007, p. 33: "l'articolazione delle personae in status diversi, sul piano normativo e sociale, non è scomparsa e anzi, si è rafforzata nel dopoguerra, obliterando l'aspirazione illuministica alla generalizzazione del cosiddetto "soggetto unico universale", che postula l'attribuzione della medesima capacità giuridica a qualsiasi uomo".
8. ROPPO, Vincenzo. *Il contratto*. 2. ed. Milano: Giuffrè Editore, 2011, p. 38: "libera gli individui dal vincolo degli status".
9. Art. 6º, I, da Constituição de 1824: "São Cidadãos Brazileiros: I. Os que no Brazil tiverem nascido, quer sejam ingenuos, ou libertos, ainda que o pai seja estrangeiro, uma vez que este não resida por serviço de sua Nação".

a distinção entre livres e escravos[10]. Em 1916, o art. 2º do Código de Beviláqua introduziu a norma segundo a qual "todo o homem é capaz de direitos e obrigações na ordem civil". Por fim, em 2002, o novo Código Civil dispõe que "toda pessoa é capaz de direitos e deveres na ordem civil" (art. 1º). Em suma, a legislação civil evoluiu, conferindo, em nome da igualdade formal, capacidade civil em favor em favor de todo e qualquer ser humano.

Na atual Constituição brasileira, o art. 5º, inciso II, declara que todos são iguais perante a lei, sem distinção de qualquer natureza. Trata-se, com efeito, de um princípio que coíbe toda e qualquer forma de distinção pois, quanto mais se distingue, mais se discrimina[11]. Por outro lado, sob a incidência do princípio de que todos são iguais perante a, lei sem distinção de qualquer natureza, a rigor não se admitiria a introdução de medidas jurídicas de proteção aos grupos socialmente vulneráveis[12]. Isso porque, pelo só fato de coibir toda e qualquer forma de distinção, a igualdade formal desconsidera por completo a possibilidade de proteção das pessoas pertencentes a grupos intermediários. Não por outro motivo, nas codificações modernas, a regulamentação dos institutos de direito privado, sob os pressupostos constitucionais de liberdade e igualdade formais, referendou iniquidades nas relações jurídicas, ao desconsiderar as diferenças econômicas e sociais, as quais foram abstraídas sob o conceito de "sujeito único universal"[13].

A iniquidade dessas diferenças revelou-se evidente com o advento da Revolução Industrial, em virtude da qual, sob o manto do princípio da liberdade de contratar, a classe industrial estipulou, na celebração dos contratos de locação de serviço, condições de trabalho calamitosas em desfavor da classe trabalhadora. No Brasil, o jurista Evaristo de Moraes, em 1905, questionou a precariedade da legislação tradicional na tutela de relações entre desiguais, que culmina no "domínio do mais forte", defendendo a necessidade de intervenção do Estado nos contratos entre empresários e trabalhadores, com o fim de reequilibrar a sua relação. Nas palavras de Evaristo de Moraes: "a lei intervém como meio de prote-

---

10. Art. 72 da Constituição de 1891: "A Constituição assegura a brasileiros e a estrangeiros residentes no País a inviolabilidade dos direitos concernentes à liberdade, à segurança individual e à propriedade, nos termos seguintes: [...] § 2º Todos são iguais perante a lei. A República não admite privilégios de nascimento, desconhece foros de nobreza e extingue as ordens honoríficas existentes e todas as suas prerrogativas e regalias, bem como os títulos nobiliárquicos e de conselho".
11. ALPA, Guido. *Status e capacità*, cit., p. 3.
12. ALPA, Guido. *Status e capacità*, cit., p. 3-5.
13. Expressão utilizada por VINCENTI, Umberto. *Diritto senza identità*. Lecce: Editori Laterza, 2007, p. 33: "l'articolazione delle personae in status diversi, sul piano normativo e sociale, non è scomparsa e anzi, si è rafforzata nel dopoguerra, obliterando l'aspirazione illuministica alla generalizzazione del cosiddetto "soggetto unico universale", che postula l'attribuzione della medesima capacità giuridica a qualsiasi uomo".

ção direta, como recurso eminentemente social de equilíbrio de forças"[14]. Sob a pressão de movimentos sociais dos trabalhadores e do pensamento de Evaristo de Moraes, foram introduzidos, no direito brasileiro, os direitos sociais, com a aprovação, em 1919, do Decreto 3.724, que regulava as obrigações resultantes dos acidentes no trabalho[15].

No século XX, sob a influência da Constituição de Weimar, sucederam-se no tempo seis constituições brasileiras, incluindo a vigente de 1988, todas incorporando em suas disposições um elenco de direitos sociais ou fundamentais de segunda geração. Na primeira metade do século XX consolidou-se o sistema clássico de proteção social, de afirmação de direitos sociais em favor da classe dos trabalhadores: *a*) direito acidentário do trabalho, a partir de 1919; *b*) direito previdenciário, mediante a criação de fundos de aposentadorias e pensões e de um regime geral de previdência; *c*) o direito contratual na Consolidação das Leis do Trabalho de 1943, mediante a regulamentação de contratos individuais e coletivos do trabalho[16].

Em 1948, após o fim da Segunda Guerra Mundial, a ONU proclamou a Declaração Universal dos Direitos Humanos, cujo art. 1 dispõe que "todos os seres humanos nascem livres e iguais em dignidade e direitos". Além disso, ainda no mesmo artigo, foi disposto que os seres humanos "dotados de razão e consciência [...] devem agir em relação uns aos outros com espírito de fraternidade". No momento histórico em que foi promulgada, em nome do princípio social de solidariedade, para além dos direitos e garantias individuais, a declaração incorporou os direitos sociais da seguridade social (art. 22) e do trabalho (art. 23)[17].

Por outro lado, a industrialização alavancou a sociedade de consumo, denominação referente à produção, comercialização e consumo de bens em massa. Na Europa, a instituição, com o Tratado de Roma de 1957, da Comunidade Eco-

---

14. MORAES, Evaristo de. *Apontamentos de direito operário*. 4. ed. São Paulo: Editora LTr, 1971, p. 7- 20: "O Estado deve intervir no contrato geralmente chamado de locação de serviços, estabelecendo [...] o equilíbrio entre o salário mínimo e as necessidades do operário morigerado". Na Espanha, segundo OTERO LASTRES, José Manuel. La protección de los consumidores cuarenta años después. *Actas de derecho industrial y derecho de autor*. 2019-2020, t. 40, p. 192: "Junto a estos autores hubo otros muchos que más que estar ante un nuevo sector del ordenamiento jurídico, explicaban la predisposición, aún incipiente pero generalizada, del legislador a proteger adecuadamente los intereses del consumidor sobre la base de un fenómeno anterior pero que empezaba a hacerse especialmente visible entonces, a saber: la tarea social del Derecho privado – de la que ya había hablado en 1898 Von Gierke, el cual afirmaba que el Derecho privado habrá de existir como Derecho social o no existirá en modo alguno".

15. MORAES, Evaristo de. *Accidentes do trabalho e a sua reparação*. Rio de Janeiro: Leite, Ribeiro e Maurillo, 1919.

16. SOMMER SANTOS, Marco Fridolin. *Acidente do trabalho entre a seguridade social e a responsabilidade civil*: elementos para uma teoria do bem-estar e da justiça social. 3. ed. São Paulo: Ltr., 2015, p. 31-65.

17. SOMMER SANTOS, Marco Fridolin. *Acidente do trabalho entre a seguridade social e a responsabilidade civil*: elementos para uma teoria do bem-estar e da justiça social, cit., p. 116-146.

nômica Europeia, representou o primeiro significativo avanço na tutela, ainda que indireta, dos consumidores, valendo-se da tutela da concorrência, mediante a criação do mercado único europeu, que garantiu a livre circulação de pessoas, capitais, bens e serviços[18]. Inicialmente, a palavra "consumidor" era utilizada no sentido sociológico e econômico, ainda não dispondo de relevância no âmbito jurídico[19]. No Tratado que instituiu a Comunidade Econômica Europeia, era previsto, nos arts. 39 e 86, a figura do consumidor, porém sem o status jurídico que lhe é conferido hoje. Por outro lado, a instituição do mercado único europeu, por intermédio do Tratado de Roma, influenciou diretamente na tutela do consumidor.

Na década de 1960, nos Estados Unidos, surge um movimento em defesa dos direitos dos consumidores, sob a liderança de Ralph Nader, insurgindo-se "ao escândalo da talidomida, ao aumento dos preços, à ação de *mass media*"[20] e à fabricação de automóveis inseguros[21]. A sociedade de consumo, caracterizada pela fabricação e pelas transações econômicas em série, é também marcada pelo desequilíbrio econômico e social da relação entre empresários e consumidores. Em 1986, foi a partir do Ato Único Europeu, com a inserção do art. 100A no TCEE (atual art. 114, parágrafo 3, TFUE), que foi mencionada, de fato, pela primeira vez, a tutela dos consumidores[22]. Desde então, a proteção dos consumidores tem representado, em meio à integração econômica, um dos grandes objetivos da União Europeia, mediante a elaboração de diretivas a serem incorporadas pelos ordenamentos jurídicos dos Estados Membros. Confluíram, assim, os objetivos comunitários de proteção dos consumidores para os ordenamentos jurídicos nacionais dos países membros da União Europeia.

Em nível de direito constitucional, os países europeus em geral não incluíram, de modo expresso, a proteção dos consumidores no rol dos direitos fundamentais, exceto nas constituições mais recentes, como a portuguesa de

---

18. PERLINGIERI, Pietro. *La tutela del consumatore nella Costituzione e nel Trattato di Amsterdam*, cit., p. 11 e 12.
19. ROSSI CARLEO, Liliana. Parte I. In: ROSSI CARLEO, Liliana (a cura di). *Diritto dei consumi*: Soggetti, atto, attività, enforcement. Torino: G. Giappichelli Editore, 2015, p. 4: "il movimento di opinione e di azione denominato consumerism è stato dapprima al centro di attenzione della dottrina sociologica e di quella economica; solo in una fase successiva. che ha iniziato negli anni Settanta del secolo scorso, è divenuto argomento di elaborazione giuridica".
20. Tradução livre, a citação original é a seguinte: "Le origini del movimento dei consumatori nella sua forma attuale si fanno risalire variamente a Ralph Nader, allo scandalo del talidomide, all'aumento dei prezzi, all'azione dei mass media". ALPA, Guido. *Il diritto dei consumatori*. Roma: Editori Laterza, 2002, p. 6.
21. NADER, Raph. *Unsafe at any speed*. Knightsbridge Pub Co Mass, 1991.
22. ADAM, Roberto; TIZZANO, Antonio. *Manuale di Diritto dell'Unione Europea*. 2. ed. Torino: G. Giappichelli Editore, 2017, p. 745.

1976 e a espanhola de 1978[23]. Não por outro motivo, na Itália, dado o momento histórico em que foi promulgada (1947), a Constituição vigente não contemplou uma específica tutela de direitos dos consumidores. Inobstante isto, na esteira do movimento de constitucionalização do direito civil, sob o alicerce do princípio da dignidade da pessoa humana, o direito do consumidor, positivado na legislação infraconstitucional, tem sido construído por uma interpretação constitucionalmente orientada. Assim, a tutela do consumidor é construída por disposições como a de tutela da pessoa (art. 2º)[24], da tutela da concorrência, dos direitos à informação, dentre outros. Em 1998, foi aprovada a Lei 281, de 30 de julho, que reconheceu os direitos fundamentais dos consumidores. Mais tarde, em execução da Lei 229, de 29 de julho de 2003, que determinou uma coordenação das leis esparsas de direito dos consumidores, foi aprovado o *Codice del Consumo* italiano, por meio do Decreto legislativo 206, de 6 de setembro de 2005[25].

No ordenamento jurídico espanhol, a Constituição de 1978, atualmente em vigor, positivou a proteção dos consumidores e usuários, em seu art. 51, no capítulo denominado "dos princípios reitores da política social e econômica", dentro do título relativo aos "direitos e deveres fundamentais", prevendo a garantia de seus interesses, por meio de legislação ordinária[26]. A positivação da tutela do consumidor na constituição espanhola foi resultado da ideia de função social do direito privado, e da necessidade de criação e sistematização de normas de proteção do consumidor[27]. A partir desta disposição constitucional, em 1984 foi aprovada a *Ley General para la Defensa de los Consumidores – LGDC* (Lei

---

23. BOTANA GARCÍA, Gema Alejandra. Artículo 1. El mandato constitucional de protección a los consumidores y usuarios. In: LLAMAS POMBO, Eugenio (Coord.). *Ley General para la Defensa de los Consumidores y Usuarios. Comentarios y Jurisprudencia de la Ley veinte años después*. Madrid: La Ley, 2005, p. 54, nota 19.

24. ALPA, Guido. Introduzione. In: ALPA, Guido (a cura di). *I Contratti del Consumatore*. Milano: Giuffrè Editore, 2014, p. 20.

25. ALPA, Guido. *Introduzione*. In: ALPA, Guido (a cura di). *I Contratti del Consumatore*, cit., p. 13.

26. Artigo 51 da Constituição espanhola, dentro do título "derechos y deberes fundamentales", no capítulo "de los principios rectores de la política social y económica": "1. Los poderes públicos garantizarán la defensa de los consumidores y usuarios, protegiendo, mediante procedimientos eficaces, la seguridad, la salud y los legítimos intereses económicos de los mismos; 2. Los poderes públicos promoverán la información y la educación de los consumidores y usuarios, fomentarán sus organizaciones y oirán a éstas en las cuestiones que puedan afectar a aquéllos, en los términos que la ley establezca; 3. En el marco de lo dispuesto por los apartados anteriores, la ley regulará el comercio interior y el régimen de autorización de productos comerciales".

27. OTERO LASTRES, José Manuel. *La protección de los consumidores cuarenta años después*, cit., p. 192-193; RECALDE CASTELLS, Andrés. El derecho de consumo como derecho privado especial. In: TOMILLO URBINA, Jorge (Dir.); ÁLVAREZ RUBIO, Julio (Coord.). *El futuro de la protección jurídica de los consumidores*. Pamplona: Thomson Civitas, 2008, p. 543: "Pero lo que ahora se propugna es la inserción en el ámbito de las relaciones intersubjetivas de un interés general, identificado en la protección al consumidor. O, si quiere, la – funcionalización del Derecho privado – va en la línea de su – desprivatización".

26/1984)[28], cujo primeiro artigo faz referência ao art. 51 da Constituição espanhola, além de explicitar a vinculação das normas de direito do consumidor com os demais princípios informadores do ordenamento jurídico constantes no art. 53, parágrafo 3, da Constituição[29].

No ordenamento jurídico brasileiro, o direito do consumidor foi introduzido a partir da Constituição de 1988. Essa introdução ocorreu sob influência da Resolução 39/248, de 9 de abril de 1985, da Assembleia Geral da Organização das Nações Unidas, ano em que o governo brasileiro instituiu, por meio do Decreto 91.469/1985, o Conselho Nacional de Defesa do Consumidor – CNDC. Ainda em 1985, o Presidente do Conselho constituiu uma Comissão para a elaboração de um anteprojeto sobre os direitos dos consumidores, composta pelos juristas que se tornaram os autores do projeto de Código de Defesa do Consumidor[30].

Em 1986 foi instituída a Assembleia Nacional Constituinte, circunstância histórica que propiciou a inclusão do direito do consumidor como direito fundamental. O art. 5º, inciso XXXII, da Constituição Federal, promulgada em 5 de outubro de 1988, consagra o direito do consumidor como direito e garantia fundamental, ao dispor, no capítulo dedicado aos "direitos e deveres individuais e coletivos" que "o Estado promoverá, na forma da lei, a defesa do consumidor". A tutela do consumidor também foi prevista no art. 170 da constituição, que trata da ordem econômica, fundada na valorização do trabalho humano e na livre iniciativa, regida por princípios que garantem a liberdade de concorrência, a defesa do consumidor e do meio ambiente.

Enfim, nos últimos duzentos anos, inobstante a consagração do princípio de que todos são iguais sem distinção de qualquer natureza, contido nas declarações de direitos e em todas as constituições, impõe-se no direito privado, em nome dos princípios da dignidade e da solidariedade social, a distinção entre fornecedores e consumidores, do que resulta a importância da distinção entre as categorias de pessoa, cidadão e consumidor[31]. Ocorre que, no ordenamento jurídico brasilei-

---

28. Hoje reformulada, por aprovação do Real Decreto Legislativo 1/2007, no *Texto Refundido de la Ley General para la Defensa de los Consumidores y Usuarios y otras leyes complementarias* – TRLGDCU.
29. BOTANA GARCÍA, Gema Alejandra. *Artículo 1. El mandato constitucional de protección a los consumidores y usuarios*, cit., p. 54-60.
30. PELLEGRINI GRINOVER, Ada; HERMAN DE V. BENJAMIN, Antonio. Introdução. In: PELLEGRINI GRINOVER, Ada; HERMAN DE V. E BENJAMIN, Antônio; FINK, Daniel Roberto; BRITO FILOMENO, José Geraldo; WATANABE, Kazuo; NERY JUNIOR, Nelson; DENARI, Zelmo. *Código de Defesa do Consumidor Comentado pelos Autores do Anteprojeto*. 12. ed. Rio de Janeiro: Forense LTDA., 2019, p. 1.
31. PERLINGIERI, Pietro. *La tutela del consumatore nella Costituzione e nel Trattato di Amsterdam*, cit., p. 17: "Esiste un nesso inscindibile tra libertà di iniziativa economica e valori personalistici e solidaristici, sì che le situazioni patrimoniali-impresa, proprietà, contratto-non possono non realizzarsi in conformità ai valori della persona umana".

ro, o direito do consumidor não foi incluído no art. 6º da Constituição Federal, dedicado à categoria dos direitos sociais[32], mas no seu art. 5º, relativo à oposta categoria dos direitos fundamentais individuais, historicamente dedicada à tutela constitucional dos direitos humanos[33].

Conforme destaca Pietro Perlingieri, não se pode confundir, no seu sentido estrito, os direitos fundamentais do homem, que são direitos individuais, com os direitos sociais positivados na constituição[34]. Isso porque, conforme esclarece o autor, se é verdade que toda a pessoa é titular dos direitos humanos fundamentais, igualmente não se pode afirmar em relação à situação ou condição de consumidor, que não é absoluta, sendo determinada concretamente não somente pela dinâmica de formação dos contratos de consumo, como também em virtude da qualidade de profissional ou consumidor, por ela assumida na relação contratual. No direito brasileiro, a inclusão do direito do consumidor como direito fundamental, no art. 5º, XXXII, da Constituição, acaba por confundir o direito social do consumidor com os direitos individuais da pessoa, ou seja, o *status* de pessoa com a condição de consumidor, do que resulta em muitos casos a errônea convicção à qual se refere Pietro Perlingieri de que "o consumidor deva ser tutelado mediante a utilização dos mecanismos dos direitos fundamentais[35].

Deve-se, portanto, na interpretação da constituição e da legislação infraconstitucional, fazer a necessária distinção entre a tutela individual e a tutela social dos direitos fundamentais do consumidor. Isso porque, em muitos casos, a tutela do consumidor, ainda que positivada no CDC, ocorre em razão da sua condição

---

32. Art. 6º CF brasileira: "São direitos sociais a educação, a saúde, a alimentação, o trabalho, a moradia, o transporte, o lazer, a segurança, a previdência social, a proteção à maternidade e à infância, a assistência aos desamparados, na forma desta Constituição".

33. Art. 5º CF brasileira: "Todos são iguais perante a lei, sem distinção de qualquer natureza, garantindo-se aos brasileiros e aos estrangeiros residentes no País a inviolabilidade do direito à vida, à liberdade, à igualdade, à segurança e à propriedade, nos termos seguintes: [...] XXXII – o Estado promoverá, na forma da lei, a defesa do consumidor".

34. PERLINGIERI, Pietro. *Il diritto civile nella legalità costituzionale secondo il sistema italo-comunitario delle fonti*, cit., p. 511-514: "Di qui lo sforzo interpretativo volto ad attribuire un significato concreto alla formula che precede l'elenco dei diritti fondamentali, sforzo che approda ad una duplice soluzione – la qualificazione dei diritti fondamentali può essere intesa: 1) in senso proprio, cioè come posizioni soggettive inviolabili, insopprimibili e immodificabili; 2) in senso traslato e non pregnante e cioè come posizioni soggettive che pur nella loro eterogeneità formale, costituiscono lo status giuridico del consumatore e perciò sono da considerarsi particolarmente rilevanti. D'altra parte – si tratta di diritti perfetti o di diritti-pretesa o di diritti sociali o di diritti collettivi o diffusi, che non possono porsi sullo stesso piano dei diritti fondamentali propri della tradizione quali i diritti dell'uomo o i diritti costituzionalmente garantiti".

35. PERLINGIERI, Pietro. *Il diritto civile nella legalità costituzionale secondo il sistema italo-comunitario delle fonti*, cit., p. 511: "Ogni persona ha i diritti fondamentali dell'uomo, non altrettanto può dirsi in relazione al consumatore, sí che a confusione o la sovrapposizione dei due concetti induce all'erronea convinzione che il consumatore sia tutelato mediante i meccanismi dei diritti fondamentali".

de pessoa ou ser humano[36], e não em razão da sua eventual qualidade de consumidor. É o que ocorre, por exemplo, quando se garante em favor do consumidor a tutela da segurança e da saúde[37], ou quando se lhe garante o direito à liberdade de associação[38]. Diversa é a tutela do consumidor enquanto tal, ou seja, enquanto direito fundamental social. Não por outro motivo, o adequado posicionamento do direito do consumidor entre os "direitos e garantias fundamentais" do Título II da Constituição Federal do Brasil, seria a sua inclusão no art. 6º, ou seja, na categoria de "direitos sociais", e não em seu art. 5º entre os direitos individuais. O objeto desta obra, assim, é o direito do consumidor enquanto tal, ou seja, o direito social do consumidor.

2. FONTES DO DIREITO DO CONSUMIDOR

Este livro consiste em um trabalho de direito comparado entre os direitos brasileiro, comunitário, italiano e espanhol, com o objetivo de, com subsídios no direito europeu, oferecer uma análise do Código de Defesa do Consumidor brasileiro, contribuindo para o aprimoramento da legislação e da doutrina nacional no âmbito do comércio eletrônico de consumo. Sendo um trabalho direcionado para o público brasileiro, é necessário um breve esclarecimento sobre a sistemática das fontes comunitárias de direito do consumidor, e da sua incorporação pelos ordenamentos jurídicos italiano e espanhol. Por esse motivo, o presente tópico é direcionado a propiciar uma visão panorâmica das fontes de

---

36. Nas palavras de Gustavo Tepedino: "O constituinte brasileiro não somente inclui a tutela dos consumidores no rol de garantias fundamentais, como empresta à sua proteção um caráter instrumental, ou seja, funcionaliza os interesses patrimoniais do consumidor à tutela de sua dignidade e aos valores existenciais. Trata-se, portanto, de tutelar a pessoa humana (considerada em particular situação de inferioridade em face do fornecedor) que se mostra vulnerável na relação contratual, mais do que proteger o consumidor como uma categoria ou classe privilegiada, em detrimento dos empresários". TEPEDINO, Gustavo. *Os contratos de consumo no Brasil. Temas de Direito Civil*. Rio de Janeiro: Renovar, 2006. v. II.

37. Art. 6º CF brasileira: "São direitos sociais a educação, a saúde, a alimentação, o trabalho, a moradia, o transporte, o lazer, a segurança, a previdência social, a proteção à maternidade e à infância, a assistência aos desamparados, na forma desta Constituição" Art. 6º CDC: "São direitos básicos do consumidor: I – a proteção da vida, saúde e segurança contra os riscos provocados por práticas no fornecimento de produtos e serviços considerados perigosos ou nocivos".

38. Art. 5º CF brasileira: "Todos são iguais perante a lei, sem distinção de qualquer natureza, garantindo-se aos brasileiros e aos estrangeiros residentes no País a inviolabilidade do direito à vida, à liberdade, à igualdade, à segurança e à propriedade, nos termos seguintes: [...] XVII – é plena a liberdade de associação para fins lícitos, vedada a de caráter paramilitar". Art. 4º CDC: "A Política Nacional das Relações de Consumo tem por objetivo o atendimento das necessidades dos consumidores, o respeito à sua dignidade, saúde e segurança, a proteção de seus interesses econômicos, a melhoria da sua qualidade de vida, bem como a transparência e harmonia das relações de consumo, atendidos os seguintes princípios: [...] II – ação governamental no sentido de proteger efetivamente o consumidor: [...] b) por incentivos à criação e desenvolvimento de associações representativas".

direito do consumidor no direito comunitário, italiano, espanhol e brasileiro, com especial referência àquelas normas relativas à contratação de consumo a distância via meios eletrônicos.

A definição de "fonte" no direito, conforme salienta Antonio Hernández Gil, pode ser compreendida em dois sentidos, o primeiro em referência às "fontes de direito", e o segundo, às "fontes de obrigações". Segundo o autor espanhol, enquanto as "fontes de direito" consistem nas normas e no direito em sentido objetivo, as "fontes de obrigações" refletem os deveres jurídicos e direitos subjetivos, mas, no entanto, estas últimas não existem sem o conjunto de normas do direito objetivo[39]. A partir da afirmação dos Estados nacionais, o Estado moderno adquiriu o monopólio da produção normativa, pela promulgação de constituições escritas e da codificação do direito privado. Na atualidade, por ocasião das transformações econômicas e sociais, que determinou a transição do Estado Liberal para o Estado Social de Direito, com a constitucionalização dos direitos sociais e a descodificação do direito privado, mediante a regulamentação do direito do trabalho e do consumidor em legislações especiais, com a globalização e a intensificação dos tratados internacionais, depara-se o intérprete com uma pluralidade de fontes normativas.

Neste início do século XXI, vive-se um momento de grandes transformações na vida econômica e social em decorrência do advento das tecnologias da informação. A presença das novas tecnologias da informação e a sua constante evolução determinou drásticas transformações na dinâmica da sociedade, gerando sucessivas consequências políticas, econômicas, sociais e culturais, que seguem evoluindo diariamente. Essas mudanças têm origem com o surgimento da informática, e do gradual desenvolvimento do que hoje conhecemos como *internet*. Das alterações e mutações nas relações entre os indivíduos seguiu-se, inevitavelmente, às no âmbito do direito, como necessidade de tutelar as novas situações juridicamente relevantes, decorrentes do avanço da tecnologia, que anteriormente eram inimagináveis.

Na Europa, valendo-se dos diversos Tratados constitutivos da Comunidade Europeia, que são fontes primárias do direito comunitário, os Estados nacionais abdicaram de parcelas de sua soberania em favor de um direito supranacional[40]. São consideradas fontes secundárias do direito comunitário europeu as normas editadas pelos órgãos da União Europeia, como os regulamentos, as diretivas,

---

39. HERNÁNDEZ GIL, Antonio. *Derecho de Obligaciones*. Madrid: Editorial Ceura, 1983, p. 209-2011.
40. JAEGER JUNIOR, Augusto. *A liberdade de concorrência na União Europeia e no Mercosul*. São Paulo: Editora LTr, 2006, p. 59-60.

decisões, recomendações e pareceres[41] (art. 288 do Tratado Sobre o Funcionamento da UE), chamados de "atos típicos", derivados e subordinados aos Tratados. Os atos típicos consistem em instrumentos forjados com o fim da aplicação do direito comunitário, e diferenciam-se entre si por particulares características e pelos distintos efeitos que produzem, de acordo com o disposto nos tratados. Uma de suas principais diferenças diz respeito à sua vinculatividade, pois enquanto os regulamentos, as diretivas e as decisões são vinculantes para os Estados membros, as recomendações e os pareceres não contam com essa característica[42].

O principal instrumento utilizado pela União Europeia para implementar e harmonizar o direito do consumidor nos seus diversos Estados-Membros são as diretivas. Nos termos do art. 288 do Tratado Sobre o Funcionamento da UE, "as diretivas vinculam os Estados-Membros quanto ao resultado a alcançar, deixando às instâncias nacionais a competência quanto à forma e aos meios" a serem adotados. Isso significa que, diferentemente dos regulamentos, as diretivas não são diretamente aplicáveis aos Estados-Membros da UE[43]. Dessa forma, para que produzam seus efeitos no ordenamento dos países pertencentes à UE, as diretivas necessitam ser incorporadas nos seus ordenamentos jurídicos internos[44]. A decisão da forma e dos meios que essa incorporação será efetuada está a cargo de cada Estado, com a condição de serem adequadas à execução dos atos vinculantes da União. As diretivas europeias são compostas, a título de introdução, de "considerandos", que são exposições de motivos, e que explicam a sua razão de ser, auxiliando na interpretação dos artigos expostos.

O objetivo das diretivas é promover a aproximação das disposições legislativas dos Estados membros da UE, que tenham incidência direta no estabelecimento ou no funcionamento do mercado interno. As diretivas podem ter caráter de harmonização mínima ou caráter de harmonização máxima. As diretivas de direito do consumidor que possuem caráter minimal estabelecem um parâmetro mínimo de tutela, de forma que os Estados membros da UE podem adotar ou manter disposições mais favoráveis à proteção do consumidor no domínio por ela abrangido. As diretivas de harmonização máxima, por sua vez, não permitem que os Estados membros da UE, da sua incorporação, mantenham ou introduzam na sua legislação nacional disposições dela divergentes, sejam mais ou menos estritas, salvo disposição em contrário na própria diretiva. Essa exceção da "dis-

---

41. MARCHESI, Antonio; SCOTTO, Giuliana. *Il diritto dell'Unione Europea*. Roma: Carocci, 2009, p. 83 e seguintes; ADAM, Roberto; TIZZANO, Antonio. *Manuale di Diritto dell'Unione Europea*. 2. ed. Torino: G. Giappichelli Editore, 2017, p. 163.
42. ADAM, Roberto; TIZZANO, Antonio. *Manuale di Diritto dell'unione europea*, cit., p. 183.
43. MARCHESI, Antonia; SCOTTO, Giulia. *Il diritto dell'unione europea*: dinamiche e istituzioni dell'integrazione, cit., p. 89.
44. ADAM, Roberto; TIZZANO, Antonio. *Manuale di Diritto dell'unione europea*, cit., p. 173.

posição em contrário" levou a doutrinadores a criar a classificação de diretiva de "harmonização máxima temperada", "harmonização mista" ou "harmonização completa mas temperada"[45], pois, se assim previsto na diretiva, é permitido aos Estados membros estabelecer *standards* maiores de proteção[46].

A Diretiva 85/577/CEE, sobre a tutela do consumidor nos contratos celebrados fora do estabelecimento comercial, e a Diretiva 97/7/CE[47], sobre a tutela do consumidor nos contratos celebrados a distância, eram de harmonização mínima. O caráter minimal da Diretiva 97/7/CE, por exemplo, foi contemplado no seu art. 14, ao dispor que: "os Estados-membros podem adotar ou manter, no domínio regido pela presente diretiva, disposições mais rigorosas, compatíveis com o Tratado, para garantir um nível de proteção mais elevado para o consumidor". Tal característica é evidenciada nos seus dispositivos, segundo os quais o prazo para o exercício do direito de arrependimento era de, "no mínimo", 7 dias. Isso significava que os Estados Membros, por meio da adoção dessas diretivas minimais, podiam estabelecer, a seu critério, prazo maior para que o consumidor pudesse exercer o direito em questão.

Ocorre que, nos últimos 20 anos, a sociedade passou por uma revolução tecnológica, que repercutiu principalmente no surgimento e na disseminação dos contratos eletrônicos. Em 2008, com o objetivo de adaptação à nova realidade, e de unificação do direito do consumidor um texto único, foi elaborada uma Proposta de Diretiva do Parlamento Europeu e do Conselho[48], [COM (2008) 614 final, Bruxelas, 8.10.2008], mediante a qual se procederia com revogação das quatro diretivas minimais sobre direitos do consumidor, respectivamente: a Diretiva 85/577/CEE, relativa a contratos negociados fora dos estabelecimentos comerciais; a Diretiva 93/13/CEE, sobre cláusulas abusivas; a Diretiva 97/7/CE, relativa a contratos a distância e a Diretiva 99/44/CE, sobre as garantias de bens de consumo. No fim das contas, a proposta de unificação destas quatro diretivas não foi aprovada, restringindo-se o seu objeto inicial, por força do Parecer de 24 de janeiro de 2011.

Nesse contexto, a foi aprovada a Diretiva 2011/83/UE, por meio da qual revogaram-se as Diretivas 85/577/CEE e 97/7/CE, e modificaram-se aspectos da

---

45. RUMI, Tiziana. Art. 47. Esclusioni. In: D'AMICO, Giovanni (a cura di). *La riforma del codice del consumo. Commentario al D. Lgs. n. 21/2014*. Milano: Wolters Kluwer CEDAM, 2015, p. 79 e 80.

46. BELLELLI, Alessandra; PERUGINI, Sara. *Diritto dei consumi*: Soggetti, atto, attività, enforcement. Torino: G. Giappichelli Editore, 2015, p. 88.

47. JUSTE MENCÍA, Javier. Contratación a distancia y protección de los consumidores en el Derecho comunitario europeo (Algunas consideraciones sobre la Directiva 97/7/CE del Parlamento Europeo y del Consejo de 20 de mayo de 1997). *Diario La Ley*, 1997.

48. GUIMARÃES, Maria Raquel. *'The Long and Winding Road'*: da Proposta de Directiva relativa aos direitos dos consumidores de 2008 à Directiva 2019/771 de 20 de maio de 2019 relativa a certos aspectos dos contratos de compra e venda de bens (passando pela Proposta alterada de 2017). Disponível em: https://cije.up.pt/pt/red/ultima-edicao.

Diretiva 93/13/CEE, sobre cláusulas abusivas, e da Diretiva 1999/44/CE, sobre as garantias na venda de bens de consumo[49]. A Diretiva 2011/83/UE unificou parcialmente[50] o conteúdo das Diretivas 85/577/CEE e 97/7/CE, além de atualizar o regime jurídico dos contratos celebrados fora dos estabelecimentos comerciais e a distância[51]. Nos considerandos, o legislador comunitário esclarece que as alterações contempladas na Diretiva 2011/83/UE têm como objetivo promover um efetivo mercado interno, com o equilíbrio entre o elevado nível de tutela dos consumidores e da competitividade das empresas, assegurado o respeito ao princípio de subsidiariedade entre as normas de direito comunitário e as normas de direito interno dos estados nacionais (considerando 4). A diretiva visa, ademais, atingir o potencial das vendas transfronteiriças a distância, principalmente pela *internet*, que é limitado por fatores como a discrepância entre as legislações dos países membros da UE. Nesse sentido, o meio utilizado para elevar o nível de tutela dos consumidores, e aumentar a certeza jurídica das relações entre consumidores e profissionais (considerandos 5, 6 e 7) foi o da harmonização máxima, prevista no art. 4º da Diretiva 2011/83/UE, o qual dispõe que: "os Estados-Membros não devem manter ou introduzir na sua legislação nacional disposições divergentes das previstas na presente directiva, nomeadamente disposições mais ou menos estritas, que tenham por objectivo garantir um nível diferente de protecção dos consumidores, salvo disposição em contrário na presente directiva".

Parte da doutrina europeia aponta um possível efeito de redução do nível de proteção dos consumidores devido à implantação de diretivas de caráter de harmonização máxima, tendo em vista que os países membros da UE não poderão manter ou aprovar normas que protejam o consumidor de modo mais elevado do que as diretivas, a não ser que estas assim permitam[52]. A esse respeito, Stefano Pagliantini aponta o paradoxo entre um discurso a favor da pluralidade e dife-

---

49. FEBBRAJO, Tommaso. Obblighi di informazione e principio di effettività dopo il recepimento della direttiva 2011/83/UE sui diritti dei consumatori. In: CATERINI, Enrico; DI NELLA, Luca; FLAMINI, Antonio; MEZZASOMA, Lorenzo; POLIDORI, Stefano (a cura di). *Scritti in onore di Vito Rizzo. Persona, mercato, contratto e rapporti di consumo*. Napoli: Edizioni Scientifiche Italiane, 2017, t. II. p. 646.

50. BRAVO, Fabio. *I contratti a distanza nel codice del consumo e nella direttiva 2011/83/UE. Verso un codice europeo del consumo*. Milano: Giuffrè Editore, 2013, p. 29.

51. A Diretiva 2011/83/UE emendou as Diretivas 93/13/EEC, sobre cláusulas abusivas, e 1999/44/EC, sobre aspectos de venda e garantias dos bens de consumo, e revogou as Diretivas 85/577/EEC e 97/7/EC. Essas duas últimas diretivas que tratavam, respectivamente, de contratos firmados fora do estabelecimento comercial, e da proteção do consumidor em contratos a distância, foram revogadas e o seu conteúdo revisado e harmonizado na nova diretiva de 2011.

52. CARVALHO, Jorge Morais. *Venda de Bens de Consumo e Fornecimento de Conteúdos e Serviços Digitais – As Diretivas 2019/771 e 2019/770 e o seu Impacto no Direito Português*. Disponível em: https://cije.up.pt/pt/red/edicoes-anteriores/venda-de-bens-de-consumo-e-fornecimento-de-conteudos-e-servicos-digitais-ndash-as-diretivas-2019771-e-2019770-e-o-seu-impacto-no-direito-portugues/, p. 84.

renças dos ordenamentos jurídicos dos Estados-membros da União Europeia e a política de uma harmonização máxima, por meio da hegemonia de determinada disciplina, o que causaria um efeito de descontinuidade normativa nesses países[53]. Por outro lado, diante do aumento das transações internacionais nas relações de consumo, as diferenças entre os ordenamentos jurídicos dos Estados nacionais da UE, decorrentes das diretivas de caráter minimal, estavam gerando limitações à concorrência nos mercados dos Estados membros[54], contra o interesse geral do mercado e da categoria dos consumidores. No entanto, é marcante a tendência atual de distanciamento do modelo de harmonização mínima, característica das primeiras diretivas, para o modelo de máxima harmonização[55].

No direito italiano, a transposição das diretivas de direito do consumidor foi efetuada, inicialmente, mediante a criação de leis específicas, ou pela inclusão de normas dentro do próprio Código Civil italiano[56]. Posteriormente, o legislador italiano optou por organizar a legislação de direito do consumidor em um *Codice del Consumo*, aprovado pelo d. lgs 206, de 6 de setembro de 2005[57]. A Diretiva 2011/83/UE foi transposta ao ordenamento jurídico italiano, por exemplo, por meio do Decreto legislativo número 21, de 21 de fevereiro de 2014[58], que modificou diversos artigos do Código de Consumo italiano[59]. As normas do *Codice del Consumo* mantêm relação de subsidiariedade com o Código Civil italiano pois, de acordo com o art. 38 daquele, "para tudo o que não esteja previsto neste código, aplicam-se as disposições do código civil aos contratos celebrados entre o consumidor e o profissional"[60]. De acordo com o art. 1º das "Disposições sobre a lei em geral" do Código Civil italiano, consideram-se fontes do direito "as leis, os regulamentos, as normas corporativas e os usos"[61]. Ademais, conforme analisado no tópico anterior, a Constituição de 1948 também constitui fonte de direito do consumidor na Itália, apesar de nela não constar menção expressa sobre os direitos do consumidor.

---

53. PAGLIANTINI. Contratti di vendita di beni: armonizzazione massima, parziale e temperata della Dir. UE 2019/771. *Rivista Giurisprudenza italiana*, v. 172, fascículo 1, p. 226. 2020.
54. PONGELLI, Giacomo. La proposta di regolamento sulla vendita nel processo di creazione del diritto privato europeo. *La nuova giurisprudenza civile commentata*. n. 10, p. 665- 678. Editora CEDAM: 2012.
55. RUMI, Tiziana. *Art. 47. Esclusioni*, cit., p. 79.
56. ALPA, Guido. *Il diritto dei consumatori*, cit., p. 58.
57. D. lgs. 6 *settembre* 2005, n. 206.
58. D. lgs. 21 *settembre* 2014, n. 21.
59. PIGNALOSA, Maria Pia. *Contratti a distanza e recesso del consumatore*. Milano: Giuffrè Editore, 2016, p. 1.
60. Art. 38 do Código de Consumo italiano: "per quanto non previsto dal presente codice, ai contratti conclusi tra il consumatore ed il professionista si applicano le disposizioni del codice civile".
61. Tradução livre. De acordo com o art. 1 das "Disposizioni sulla legge in generale" do Código Civil italiano, consderam-se fontes do direito "le leggi; i regolamenti; le norme corporative e gli usi".

No ordenamento jurídico espanhol, o direito do consumidor foi previsto inicialmente no art. 51 da Constituição de 1978. A partir desta disposição constitucional, em 1984 foi aprovada a *"Ley General para la Defensa de los Consumidores – LGD"* (Lei 26/1984)[62]. Por ocasião das diversas diretivas comunitárias, o direito do consumidor espanhol também se desenvolveu mediante a sua incorporação às leis especiais esparsas, que foram posteriormente consolidadas no *"Texto Refundido de la Ley General para la Defensa de los Consumidores y Usuarios y otras leyes complementarias – TRLGDCU"* (Real Decreto Legislativo 1/2007)[63], que derrogou a Lei 26/1984. O TRLGDCU foi modificado sucessivamente por outras leis, como a Lei 3/2014, de incorporação da Diretiva 2011/83/UE[64]. Ademais, o Código Civil espanhol também constitui fonte subsidiária do direito do consumidor, cujo art. 1º considera fontes de direito: "a lei, os costumes e os princípios gerais do direito"[65].

No Brasil, conforme abordado no tópico anterior, o direito do consumidor foi inicialmente previsto na Constituição Federal de 1988. No art. 48 do Ato das Disposições Finais e Transitórias da Constituição, determinou-se que "o Congresso Nacional, dentro de cento e vinte dias da promulgação da Constituição, elaborará Código de Defesa do Consumidor". Em 1990, após trâmite legislativo, foi publicado o Código de Defesa do Consumidor brasileiro (Lei 8.078, de 11 de setembro de 1990), que contempla ampla gama de preceitos jurídicos voltados à proteção do consumidor, visando garantir a qualidade de produtos e serviços, a regulamentação da formação do contrato, da oferta e da publicidade, a coibição de práticas abusivas, com o objetivo de restabelecer o equilíbrio contratual. Ademais da Constituição Federal e do Código de Defesa do Consumidor, é também fonte do direito do consumidor brasileiro a legislação interna ordinária, como o Código Civil de 2002 (lei 10.406, de 10 de janeiro de 2002), os tratados

---

62. Hoje reformulada, por aprovação do Real Decreto Legislativo 1/2007, no *Texto Refundido de la Ley General para la Defensa de los Consumidores y Usuarios y otras leyes complementarias* – TRLGDCU.

63. De acordo com a introdução da LGDCU, "se integran en el texto refundido de la Ley General para la Defensa de los Consumidores y Usuarios y otras leyes complementarias las normas de transposición de las directivas comunitarias que, dictadas en materia de protección de los consumidores y usuarios, inciden en los aspectos contractuales regulados en la Ley 26/1984, de 19 de julio, General para la Defensa de los Consumidores y Usuarios".

64. LASARTE, Carlos. *Manual sobre protección de consumidores y usuarios.* 11 ed. Madrid: Editorial Dykinson, 2019, p. 35-56; BOTANA GARCÍA, Gema Alejandra. Comentario de urgencia a la reforma del Texto Refundido de la Ley General para la Defensa de los Consumidores y Usuarios y otras leyes complementarias. *Diario La Ley,* n. 8301, 2014; BOTANA GARCÍA, Gema Alejandra. El nuevo texto refundido de consumidores y usuarios. *Diario La Ley,* n. 6990, 2008; PINO ABAD, Manuel; SERRANO CAÑAS, José Manuel. La incorporación de la Directiva 2011/83/UE al Derecho español y su incidencia en la regulación de los Contratos Celebrados Fuera de los Establecimientos Mercantiles. *Diario La Ley,* n. 8424, 2014.

65. De acordo com o art. 1º do Código Civil español: "Las fuentes del ordenamiento jurídico español son la ley, la costumbre y los principios generales del derecho".

e convenções internacionais de que o Brasil é signatário, os regulamentos das autoridades administrativas, além dos "princípios gerais do direito, analogia, costumes e equidade" (art. 7º do CDC). Na América Latina, o direito brasileiro assumiu posição de vanguarda ao aprovar o Código de Defesa do Consumidor, que influenciou positivamente o desenvolvimento da disciplina nos demais países da região, especialmente a partir do Tratado de Assunção firmado em 1991, que constituiu o Mercosul[66].

O direito do consumidor, diferentemente do direito civil tradicional, é uma disciplina de setor, mais suscetível às mudanças econômicas e sociais. Neste meio tempo, a transformação econômica e social determinada pela revolução tecnológica, que permitiu a popularização dos computadores e a sua conexão com a *internet*, difundiu uma nova modalidade de contratação a distância: aquela eletrônica. A revolução tecnológica foi um fenômeno global, pois a *internet* conecta uma rede mundial de computadores, determinado, da mesma forma do ocorrido na União Europeia, a necessidade de atualização e adaptação do direito brasileiro à nova realidade dos contratos eletrônicos nas relações de consumo.

Por esse motivo, em 2011 foi criada uma comissão, coordenada pelo Ministro do Superior do Tribunal de Justiça Antônio Herman Benjamin, com o objetivo de propor uma atualização das disposições do Código de Defesa do Consumidor. A comissão designada elaborou três propostas de alteração do CDC, consolidadas por meio de Projetos de Lei do Senado Federal[67]. O PLS 281, de 2012, trata especificamente do tema do Comércio Eletrônico. O Projeto, se aprovado, adicionará ao CDC, ao interno de seu Capítulo V, a Seção VII, denominada "Do Comércio Eletrônico". Em 2013, com a tentativa de evitar a desproteção do consumidor no período de tramitação do PLS 281/2012, foi publicado o Decreto 7.962, que regulamenta o CDC no ramo do comércio eletrônico[68]. O Projeto de Lei 281/2012 foi aprovado pelo Senado[69], e hoje tramita sob o 3.514/2015, encontrando-se na Mesa Diretora da Câmara dos Deputados.

---

66. Na Argentina, a Lei 24.240, de "Defensa del Consumidor" foi promulgada em 1993; no Paraguai a Lei 1334, "de Defensa del Consumidor y del Usuario", foi promulgada em 1998 e, mais tardar, no Uruguai, nos anos 2000, foi publicada a Lei 17.250, de "Defensa del consumidor".
67. MENKE, Fabiano. Apontamentos sobre o comércio eletrônico no direito brasileiro. In: COELHO, Fábio Ulhoa. *Questões de direito comercial no Brasil e em Portugal*. São Paulo: Saraiva, 2014, p. 357.
68. Sobre o decreto em questão MIRAGEM, Bruno. Aspectos característicos da disciplina do comércio eletrônico de consumo: comentários ao Dec. 7.962, de 15.03.2013. *Revista de Direito do Consumidor*, São Paulo: Ed. RT, ano n. 86, p. 287-299. 2013.
69. Mais sobre a criação e trâmites do Projeto de Lei 281/2012, AZEVEDO, Fernando Costa de; KLEE, Antonia Espíndola Longoni. *Considerações sobre a proteção dos consumidores no comércio eletrônico e o atual processo de atualização do Código de Defesa do Consumidor*. São Paulo: RDC 85, p. 232 e ss. 2013.

Como se pode observar, são inúmeras as fontes que compõem cada ordenamento jurídico nacional, mesmo em se tratando do tema circunscrito do direito do consumidor. Apesar de o movimento da criação das leis de proteção os consumidores ter ocorrido em momento posterior à obra *L'età della decodificazione*, de Natalino Irti, a criação das leis especiais de defesa do consumidor também faz parte desse fenômeno descrito pelo autor, de florescimento e multiplicação de leis especiais, cuja existência paralela aos códigos civis acaba por "esvaziar parte do conteúdo das disciplinas codificadas"[70], constituindo sistemas com "lógica própria e autônoma"[71]. O tema das fontes de direito adquire especial importância e complexidade após a idade da descodificação.

Por ocasião da constitucionalização e da descodificação do direito privado, a unidade dos ordenamentos jurídicos nacionais depende de uma interpretação teleológica e sistemática de uma pluralidade de fontes do direito do consumidor, contidas na Constituição, no Código Civil e em leis especiais. Além das fontes, comuns aos diversos ordenamentos nacionais, deve-se levar em consideração os tratados internacionais e, nos países membros da União Europeia, as fontes oriundas do direito comunitário, as quais merecem uma especial atenção no presente trabalho em razão da sua especial importância para o desenvolvimento do direito do consumidor nas últimas décadas.

O movimento do direito do consumidor foi, ademais, consequência e motor da afirmação dos direitos sociais do século XX, com a passagem do Estado Liberal ao Estado Social de Direito, por meio do qual finalmente se materializou o lema da fraternidade idealizado na revolução francesa. Com a passagem ao Estado Social de Direito, supera-se a igualdade formal, mediante o reconhecimento da relevância jurídica das desigualdades econômicas e sociais, bem como da necessidade de regulação, mediante introdução de normas jurídicas em favor dos socialmente vulneráveis.

No Estado Social é reintroduzida a ideia de diferentes *status* ou posições jurídicas de pessoas enquanto sujeitos de direito (empregadores e trabalhadores; fornecedores e consumidores), com o objetivo de proteger os socialmente vulneráveis. O direito do consumidor é um dos âmbitos no qual paradigma tradicional do direito foi modificado, incorporando a necessidade de regulação estatal do mercado, nas áreas que envolvam questões de ordem pública e que interessam à sociedade como um todo. O contrato adquiriu uma função social. Segundo Lorenzo Mezzasoma, apesar de relativizar a aplicação de diversos princípios clássicos do direito, as normativas consumeristas atuam de acordo com princípios

---

70. IRTI, Natalino. *L'età della decodificazione*. Milano: Giuffrè Editore, 1999, p. 39.
71. IRTI, Natalino. *L'età della decodificazione*, cit., p. 47.

constitucionais[72], que se adequam mais à nova realidade contratual entre profissionais e consumidores. No âmbito do direito do consumidor, a União Europeia foi organismo essencial e motor para a impulsionar a difusão de leis protetivas em seus países membros.

Mais recentemente, o desenvolvimento das novas tecnologias da informação determinou sucessivas transformações na dinâmica de contratação da sociedade. Essas mudanças têm origem com o surgimento da informática, e do gradual desenvolvimento do que hoje conhecemos como *internet*. Das alterações e mutações nas relações entre os indivíduos seguiu-se, inevitavelmente, às no âmbito do direito, como necessidade de tutelar as novas situações juridicamente relevantes, decorrentes do avanço da tecnologia, anteriormente inimagináveis. A contratação de consumo por meio da *internet* e as suas particulares características impuseram novos desafios à legislação de proteção dos consumidores.

3. O CONSUMIDOR COMO SUJEITO DE DIREITO

A noção de consumidor não é unitária e, por vezes, mesmo no interior determinado ordenamento jurídico, pode assumir características diversas, a depender da área de aplicação do direito do consumidor. A definição de consumidor de produtos defeituosos, por exemplo, é ampla, e compreende não apenas o adquirente ou usuário direto de produtos ou serviços, mas, também, a tutela de consumidores indiretos, usuários de produtos potencialmente defeituosos[73]. De modo mais restrito, no contrato de compra e venda, por exemplo, o consumidor geralmente é qualificado como um adquirente, enquanto na prestação de serviços, é considerado um usuário. Não obstante, a definição dos sujeitos envolvidos na contratação tem papel fundamental para determinar se a relação será regida pelas normas tradicionais contidas nos códigos civis ou por normas protetivas de direito do consumidor.

A Diretiva 2011/83/UE define o consumidor, em seu art. 2, parágrafo 1, como: "qualquer pessoa singular que, nos contratos abrangidos pela presente diretiva, atue com fins que não se incluam no âmbito da sua actividade comercial, industrial, artesanal ou profissional". O conceito de consumidor expresso pelo legislador comunitário na Diretiva 2011/83/UE é restrito e, nas palavras de

---

72. MEZZASOMA, Lorenzo. Novità del diritto contrattuale in Italia e tutela del contraente debole. *Le Corti Umbre*, n. 3, p. 924. Edizioni Scientifiche Italiane, 2014.

73. DÍAZ ALABART, Silvia; ÁLVAREZ MORENO, M. Teresa. Art. 2. Definiciones. In: DÍAZ ALABART, Silvia (Dir.); ÁLVAREZ MORENO, M. Teresa (Coord.). *Contratos a distancia y contratos fuera del establecimiento mercantil. Comentario a la Directiva 2011/83 (adaptado a la Ley 3/2014, de modificación del TRLCU)*. Madrid: Editorial Reus, 2014, p. 25.

Raffaele Torino, minimal,[74] por restringir a qualidade de consumidor somente às pessoas físicas. Ademais, trata-se de uma definição em negativo, no sentido de que essas pessoas físicas, para serem tuteladas pelas leis de proteção do consumidor, não podem agir no âmbito da sua atividade industrial, artesanal ou profissional[75].

No considerando 13 da Diretiva 2011/83/UE é frisado que, da sua transposição por parte dos Estados membros da União Europeia, esses podem decidir no sentido de: "alargar a aplicação das regras da presente directiva a pessoas singulares ou colectivas que não são 'consumidores' na acepção da presente diretiva, como, por exemplo, as organizações não governamentais, as novas empresas ou as pequenas e médias empresas". Assim, apesar de a Diretiva 2011/83/UE não contemplar pessoas jurídicas no seu conceito de consumidor, por força do disposto no considerando 13 esse conceito poderá, dentro de cada ordenamento jurídico nacional, ser ampliado ou mantido, com o fim de ampliar a tutela das normas de direito do consumidor para além das pessoas físicas.

A qualificação de um dos sujeitos como consumidor torna-se mais complexa em se tratando de relações cujo contrato tem dupla finalidade, ou seja, aqueles em que o bem ou serviço é utilizado pelo sujeito tanto para fins pessoais quanto para fins profissionais. A Diretiva 2011/83/UE adota, nesses casos, o critério da predominância, segundo o qual os contratos com finalidade mista podem ser submetidos ao direito do consumidor, desde que predomine a finalidade de uso pessoal (considerando 17).

O Código de Consumo italiano, em seu art. 3º, define como consumidor ou usuário: a "pessoa física que age com fins estranhos à atividade empresarial, comercial, artesanal ou profissional desenvolvida"[76]. A expressão "usuário" faz referência ao consumidor *lato sensu*, de serviços[77]. Apesar dos debates na doutrina e jurisprudência italiana sobre a possibilidade de enquadrar na categoria de consumidores os sujeitos que não forem pessoas físicas, que se encontrem em situação de vulnerabilidade, hoje é pacífico que a escolha do legislador italiano foi

---

74. TORINO, Raffaele. I contratti dei consumatori nella prospettiva europea. In: ALPA, Guido (a cura di). *Contratti del Consumatore*. Milano: Giuffrè Editore, 2014, p. 73.

75. TORINO, Raffaele. *I contratti dei consumatori nella prospettiva europea*, cit., p. 74: "La definizione è inoltre orientata in senso negativo, poiché indica ciò che l'individuo non deve fare (rectius lo scopo, l'uso a cui l'individuo non deve destinare il bene o il servizio acquisito) per potere essere considerato consumatore della tutelare".

76. Nos termos do art. 3º, letra *a*, do *Codice del Consumo* italiano: "consumatore o utente: la persona fisica che agisce per scopi estranei all'attività imprenditoriale, commerciale, artigianale o professionale eventualmente svolta".

77. Na Itália, por meio do d. l. 30 luglio 1998, n. 281, foi consolidada a noção de *usuário*. MEZZASOMA, Lorenzo. Il consumatore e il professionista. In: RECINTO, Giuseppe; MEZZASOMA, Lorenzo; CHERTI, Stefano. *Diritti e tutele dei consumatori*. Napoli: Edizioni Scientifiche Italiane, 2014, p. 26.

a de limitar a definição do consumidor somente às pessoas físicas[78]. No mesmo sentido, Lorenzo Mezzasoma explica que, apesar de o conceito de vulnerabilidade ser relativo, "avaliado levando em consideração a diferença de força" entre os contraentes, o Código de Consumo italiano é enfático ao reconhecer a condição de consumidor somente às pessoas físicas[79].

O ordenamento jurídico espanhol, diferentemente, expressa uma definição mais ampla de consumidor do que o italiano. Segundo o art. 3º do TRLGDCU, são consumidores ou usuários, além da pessoa física que atue com propósito alheio à sua atividade comercial, empresarial, ou profissional, também: "as pessoas jurídicas e entes sem personalidade jurídica que atuem sem ânimo de lucro ou em um âmbito alheio a uma atividade comercial ou empresarial"[80]. Dessa forma, consideram-se consumidores, além das pessoas físicas, as pessoas jurídicas, ou mesmo as entidades sem personalidade jurídica, desde que atuem em âmbito alheio à sua atividade profissional ou comercial, ou seja, como destinatário final dos bens ou serviços[81]. Nas palavras de Luna Serrano, "a ampliação do conceito de consumidor às pessoas jurídicas, efetuada pelo direito espanhol, parece perfeitamente justificada, na medida em que essas pessoas possam encontrar-se em situação de inferioridade ou debilidade nas relações contratuais que estabeleçam com terceiros profissionais ou empresários"[82].

No direito brasileiro, o art. 2º do Código de Defesa do Consumidor define consumidor como: "toda a pessoa física ou jurídica que adquire ou utiliza produto ou serviço como destinatário final". Ou seja, o CDC considera como consumidor

---

78. CARLEO, Liliana Rossi. I soggetti. In: ROSSI CARLEO, Liliana (a cura di). *Diritto dei consumi*: Soggetti, atto, attività, enforcement. Torino: G. Giappichelli Editore, 2015, p. 40 e 41: "la chiarezza con la quale il legislatore fa riferimento alla '"persona fisica"' determina la impossibilità di considerare '"consumatore"' soggetti di diritto che non siano persone fisiche".

79. Tradução livre, a citação original é a seguinte: "valutato prendendo in considerazione la differenza di forza". MEZZASOMA, Lorenzo. *Il consumatore e il professionista*, cit., p. 23.

80. De acordo com o art. 3º do TRLGDCU: "son también consumidores a efectos de esta norma las personas jurídicas y las entidades sin personalidad jurídica que actúen sin ánimo de lucro en un ámbito ajeno a una actividad comercial o empresarial".

81. LLAMAS POMBO, Eugenio. *La Compraventa*. Madrid: La Ley, 2014, p. 779; BERCOVITZ RODRÍGUEZ-CANO, Rodrigo. Artículo 3. Concepto de consumidor y usuario. In: BERCOVITZ RODRÍGUEZ-CANO, Rodrigo (Coord.). *Comentario del Texto Refundido de la Ley General para la Defensa de los Consumidores y Usuarios y otras Leyes Complementarias*, Navarra: Editorial Aranzadi S/A, 2015.

82. Tradução livre, a citação original é a seguinte: "la ampliación del concepto de consumidor a las personas jurídicas que lleva a cabo el derecho español parece perfectamente justificada, en cuanto que tales personas pueden encontrarse en las relaciones contractuales que establecen con terceros profesionales o empresarios en una situación de inferioridad o debilidad". LUNA SERRANO, Agustín. La protección del contratante débil (con algunas precisiones de diferenciación entre los derechos español e italiano). In: CATERINI, Enrico; DI NELLA, Luca; FLAMINI, Antonio; MEZZASOMA, Lorenzo; POLIDORI, Stefano (a cura di). *Scritti in onore di Vito Rizzo. Persona, mercato, contratto e rapporti di consumo*. Napoli: Edizioni Scientifiche Italiane, 2017, t. II, p. 1111.

propriamente dito não somente quem utiliza serviços ou adquire produtos na qualidade de destinatário final, mas também o simples usuário de produtos, ou seja, aquele, mesmo não tendo adquirido o produto, o utilize. No parágrafo único, o legislador equipara ao consumidor "a coletividade de pessoas, ainda que indetermináveis, que haja intervindo nas relações de consumo"[83]. Ou seja, enquanto no *caput* do art. 2º do CDC é estabelecida uma definição *standard* de consumidor, parágrafo único é estabelecida uma sua equiparação, nas situações "de modo para permitir a aplicação da tutela protetiva do CDC em favor da coletividade, das vítimas de um acidente de consumo, ou de um contratante vulnerável, exposto ao poder e à atuação abusiva do parceiro negocial mais forte"[84].

A definição de consumidor constante no art. 2º do CDC, tem dividido a doutrina brasileira principalmente entre as correntes "finalista" e "maximalista", com algumas variantes. A discussão diz respeito sobretudo à possibilidade de uma pessoa jurídica ser considerada consumidora, e ao significado da expressão adquirir ou utilizar um produto ou serviço como "destinatário final". De acordo com a teoria maximalista, a expressão "destinatário final" deveria ser interpretada de modo extensivo. Nesta perspectiva, a disciplina do direito do consumidor visaria não somente a proteção do consumidor não profissional, enquanto sujeito socialmente vulnerável, mas também a sua proteção enquanto agente econômico do mercado como um todo[85]. Ou seja, considerar-se-iam consumidores as empresas que adquirem bens ou insumos no varejo, como o escritório de advocacia que adquire computadores para a realização de suas atividades profissionais, ou o agricultor que adquire adubo para o preparo do plantio[86]. Em síntese, pela teoria maximalista, também seriam incluídos na categoria de consumidores os empresários que adquirem, no varejo, insumos ou bens de capital.

Segundo a teoria finalista, por outro lado, o conceito de consumidor deveria ser interpretado de modo restritivo. A teoria finalista tem as suas variações, das quais surgem vertentes menos ou mais flexíveis. De acordo com uma vertente menos flexível da teoria finalista, defendida por José Geraldo Brito Filomeno, o que caracteriza o direito do consumidor é a sua condição de sujeito da relação

---

83. Art. 2 CDC brasileiro: "Consumidor é toda pessoa física ou jurídica que adquire ou utiliza produto ou serviço como destinatário final. Parágrafo único. Equipara-se a consumidor a coletividade de pessoas, ainda que indetermináveis, que haja intervindo nas relações de consumo".

84. MIRAGEM, Bruno. *Curso de direito do Consumidor*. São Paulo: Ed. RT, 2013, p. 143- 144: "de modo para permitir a aplicação da tutela protetiva do CDC em favor da coletividade, das vítimas de um acidente de consumo, ou de um contratante vulnerável, exposto ao poder e à atuação abusiva do parceiro negocial mais forte".

85. MARQUES, Claudia Lima. *Contratos no Código de Defesa do Consumidor*: o novo regime das relações contratuais. São Paulo: Ed. RT, 2016, p. 308.

86. MIRAGEM, Bruno. *Curso de direito do Consumidor*, cit., p. 143 e 158.

socialmente vulnerável, do que resulta a sua conclusão, segundo a qual somente as pessoas jurídicas sem fins lucrativos seriam enquadráveis no conceito de consumidor já que, no seu entender, o conceito de consumidor é indissociável do aspecto de fragilidade[87].

De acordo com a uma vertente mais flexível do finalismo, seria possível, excepcionalmente, que uma pessoa jurídica com fins lucrativos seja considerada consumidora, desde que se encontre em situação de vulnerabilidade em relação à contraparte[88]. Ou seja, na perspectiva desta teoria, ainda que o adquirente seja o destinatário final do bem, o seu estado ou condição de pessoa jurídica com fins lucrativos, excluiria a sua qualificação como consumidor, em razão da ausência do requisito de vulnerabilidade. Por outro lado, nestes casos, somente quando ficar demonstrado que, inobstante a condição de sociedade empresária, a pessoa jurídica se encontra em situação de vulnerabilidade, poderá ser considerada consumidora. Assim, se uma pessoa jurídica com fins lucrativos adquirir bem de capital, ou para a sua utilização como insumo, não poderia gozar da proteção do CDC[89]; por outro lado, se essa pessoa jurídica com fins lucrativos adquirir bem que não seja utilizado diretamente para o desenvolvimento de sua atividade

---

87. BRITO FILOMENO, José Geraldo. Art. 2. Introdução. In: PELLEGRINI GRINOVER, Ada; HERMAN DE V. E BENJAMIN, Antonio; FINK, Daniel Roberto; BRITO FILOMENO, José Geraldo; WATANABE, Kazuo; NERY JUNIOR, Nelson; DENARI, Zelmo. *Código de Defesa do Consumidor Comentado pelos Autores do Anteprojeto.* 12. ed. Rio de Janeiro: Editora Forense LTDA., 2019, p. 28: "Entendemos, contudo, mais racional que sejam consideradas aqui as pessoas jurídicas equiparadas aos consumidores vulneráveis, ou seja, as que não tenham fins lucrativos, mesmo porque, insista-se, a conceituação é indissociável do aspecto da mencionada fragilidade".

88. MARQUES, Claudia Lima. *Contratos no Código de Defesa do* Consumidor: o novo regime das relações contratuais, cit., p. 417: "A interpretação finalista, que defendo, tem sua base na vulnerabilidade (presumida ou comprovada) do sujeito de direitos tutelado e restringe conscientemente a figura do consumidor stricto sensu àquele que adquire um produto para uso próprio e de sua família e permite a equiparação dos arts. 17 e 29 do CDC somente com base em prova da equiparação. Consumidor seria o não profissional, pois o fim do CDC é tutelar de maneira especial um grupo da sociedade que é mais vulnerável. O sistema do CDC, em minha opinião, foi construído para o fim especial de proteger vulneráveis, os diferentes, os mais fracos, e a sua origem constitucional deve ser o guia de sua interpretação: um direito do consumidor efetivo, que concretize direitos humanos, direitos fundamentais, direitos subjetivos para o mais fraco que mereceu receber esta tutela especial constitucional, o consumidor pessoa física. Nas relações intercomerciantes, o direito do consumidor serve apenas de orientação da conduta profissional, limite à própria liberdade de iniciativa e autonomia privada"; MIRAGEM, Bruno. *Curso de direito do Consumidor,* cit., p. 147: "Nosso entendimento é de que consumidor é pessoa física ou jurídica que adquire ou utiliza produto ou serviço como destinatário final fático e econômico, isto é, sem reempregá-lo no mercado de consumo com o objetivo de lucro. Admite-se, todavia, em caráter excepcional, que agentes econômicos de pequeno porte, quando comprovadamente vulneráveis, e que não tenham o dever de conhecimento sobre as características de um determinado produto ou serviço, ou sobre as consequências de uma determinada constatação, possam ser considerados consumidores para efeito de aplicação das normas do CDC".

89. SANDRONI, Paulo. *Novo Dicionário de Economia.* São Paulo: Editora Best Seller, 1994, p. 71: "Há também o consumo no interior das empresas – especialmente nas fábricas – que utilizam insumos ou bens provenientes de outras unidades produtivas (consumo produtivo)".

econômica, poderia, eventualmente, gozar de proteção das normas do CDC. A teoria finalista é adotada pela doutrina e jurisprudência majoritária brasileiras.

Independentemente do critério adotado por cada um desses ordenamentos jurídicos para a definição de quem é o consumidor, o seu conceito sempre estará relacionado e contraposto àquele de fornecedor ou profissional, pois as normas de tutela do consumidor incidem sob relações entre desiguais, com o objetivo de proteger o contratante vulnerável. Assim, os conceitos de consumidor e de fornecedor são complementares, já que a relação de consumo pressupõe a presença de ambos[90]. É necessário, portanto, para a caracterização do contrato de consumo, a presença de diferentes *status* ou, mais precisamente, condições subjetivas juridicamente relevantes[91] entre os contratantes, ou seja, contratos B2C (*business to consumer*). Por esse motivo, não são considerados contratos de consumo os celebrados entre dois profissionais (B2B – *business to business*), nem entre dois consumidores (C2C – *consumer to consumer*).

Guido Alpa frisa que a definição de consumidor é fundada no ato, anteriormente que no *status* permanente de consumidor[92]. Isso porque a característica de consumidor que recai sob o sujeito não é estática, já que esse indivíduo, dependendo do âmbito em que atua, pode ser considerado como consumidor ou não. Tratar-se-ia, nas palavras de Francesco Delfini, de um *status* de subjetividade variável[93]. Parte da doutrina, por esse motivo, não considera a posição de consumidor um *status* jurídico, por se tratar de uma condição líquida e mutável. Aponta Pietro Perlingieri que, diferentemente do *status* permanente de pessoa e cidadão, a posição de consumidor é "uma condição ligada às circunstâncias concretas e às efetivas modalidades de contração"[94]. Quanto a esse ponto, Lorenzo Mezzasoma explica que um sujeito poderá ser considerado, diante do mesmo objeto e da mesma contraparte, tanto um consumidor quanto um profissional, de acordo com a finalidade perseguida no negócio jurídico[95].

---

90. MIRAGEM, Bruno. *Curso de direito do Consumidor*, cit., p. 144: "São considerados conceitos relacionais e dependentes. Só existirá um consumidor se também existir um fornecedor, bem como um produto ou serviço. Os conceitos em questão não se sustentam em si mesmos, nem podem ser tomados isoladamente".

91. BRAVO, Fabio. *I contratti a distanza nel codice del consumo e nella direttiva 2011/83/UE. Verso un codice europeo del consumo*, cit., p. 52.

92. ALPA, Guido. *Introduzione*, cit., p. 18.

93. DELFINI, Francesco. *Forma digitale, contratto e commercio elettronico*. Milano: Utet Giuridica, 2020, p. 9.

94. Tradução livre, a citação original é a seguinte: "una condizione legata alle circostanze concrete e alle effettive modalità di contrattazione". PERLINGIERI, Pietro. *La tutela del consumatore nella Costituzione e nel Trattato di Amsterdam*, cit., p. 18.

95. MEZZASOMA, Lorenzo. *Il consumatore e il professionista*, cit., p. 18.

4. O FORNECEDOR COMO SUJEITO DE DIREITO

Na legislação atual, como pessoa distinta do "sujeito único universal"[96], o comerciante de outrora tem sido identificado como fornecedor que revende produtos ou presta serviços ao consumidor. Na era das codificações, dividiu-se a categoria do sujeito de direito em suas grandes subdivisões: *a*) por um lado, a contraposição entre as pessoas físicas e pessoas jurídicas; *b*) por outro, a contraposição entre comerciantes e não comerciantes. Em 2002, sob a influência do direito italiano (*vide* art. 2.082, do c.c.), o Código Civil brasileiro unificou o direito privado, momento em que a categoria do comerciante foi substituída pela mais ampla de empresário, definido no art. 966 como "quem exerce profissionalmente atividade econômica organizada para a produção ou a circulação de bens ou de serviços".

Na era da descodificação do direito privado, com a afirmação dos direitos sociais, foram implementados na legislação especial os *status* de proteção social, a partir de pelo menos duas novas categorias de pessoas: os trabalhadores e os consumidores. A condição de fornecedor, da mesma forma que a de consumidor, é relacional, pois o seu conceito não é autônomo ou independente, mas definido sempre em razão da sua contraposição à condição de consumidor. No Código de Defesa do Consumidor brasileiro, contrapondo-se à categoria de consumidor foi introduzida a de "fornecedor", definida, nos termos do art. 3º, como "toda a pessoa física ou jurídica, pública ou privada, nacional ou estrangeira, bem como os entes despersonalizados, que desenvolvem atividade de produção, montagem, criação, construção, transformação, importação, exportação, distribuição ou comercialização de produtos ou prestação de serviços".

No direito europeu, o art. 2º da Diretiva 2011/83/UE, optou por identificar o fornecedor com o termo "profissional", definido como "qualquer pessoa singular ou coletiva, pública ou privada, que, nos contratos abrangidos pela presente diretiva, atue, incluindo através de outra pessoa que atue em seu nome ou por sua conta, no âmbito da sua atividade comercial, industrial, artesanal ou profissional". No direito italiano, o art. 3, letra *c*, do Código de Consumo, considera profissional, "a pessoa física ou jurídica que age no exercício da própria atividade empresarial, comercial, artesanal ou profissional, ou um seu intermediário"[97].

---

96. Expressão utilizada por VINCENTI, Umberto. *Diritto senza identità*. Lecce: Editori Laterza, 2007, p. 33: "l'articolazione delle persone in status diversi, sul piano normativo e sociale, non è scomparsa e anzi, si è rafforzata nel dopoguerra, obliterando l'aspirazione illuministica alla generalizzazione del cosiddetto "soggetto unico universale", che postula l'attribuzione della medesima capacità giuridica a qualsiasi uomo".

97. Nos termos do art. 3, letra *c*, do *Codice del Consumo* italiano: "professionista: la persona fisica o giuridica che agisce nell'esercizio della propria attività imprenditoriale, commerciale, artigianale o professionale, ovvero un suo intermediario".

No ordenamento jurídico espanhol, por outro lado, o parceiro contratual do consumidor nas relações de consumo denomina-se "empresário", e se encontra no art. 4º do TRLGDCU[98], nos seguintes termos: "toda a pessoa física ou jurídica, privada ou pública, que atue diretamente ou através de outra pessoa em seu nome ou seguindo duas instruções, com um propósito relacionado com a sua atividade comercial, empresarial, de ofício ou profissão"[99]. Comparando-se, portanto, o teor das regras contidas nesses ordenamentos jurídicos, verifica-se uma identidade entre o conceito de "profissional" no direito italiano, de "empresário" no direito espanhol e de "fornecedor" no direito brasileiro.

Na doutrina brasileira está presente o debate sobre se o conceito de "fornecedor" pressupõe ou não a habitualidade da atividade desenvolvida, ou seja, considerar ou não fornecedor o sujeito que, de modo eventual, vende bens ou presta serviços. Segundo Claudia Lima Marques, a expressão "atividades" no art. 3º, seria indicadora de certa habitualidade no fornecimento de serviços[100]. No mesmo sentido, aponta Bruno Miragem que, apesar de no corpo do art. 3º não estar presente o requisito de profissionalidade do fornecedor, a própria terminologia "fornecer", indica o exercício habitual das condutas de "produção, montagem, criação, construção, transformação, importação, exportação, distribuição ou comercialização de produtos ou prestação de serviços", motivo pelo qual, nas palavras do autor "a profissionalidade configura um requisito do conceito de fornecedor"[101]. Portanto, no direito brasileiro, o conceito de fornecedor previsto no CDC coincide com o de empresário previsto no art. 966 do Código Civil brasileiro[102]. Não por outro motivo, segundo Lorenzo Mezzasoma, a definição de profissional "é destinada incluir qualquer pessoa que exerça uma atividade profissional que, no entanto, se caracterize pelo requisito de estabilidade"[103].

---

98. BERCOVITZ RODRÍGUEZ-CANO, Rodrigo. Artículo 4. Concepto de empresario. In: BERCOVITZ RODRÍGUEZ-CANO, Rodrigo (Coord.). *Comentario del Texto Refundido de la Ley General para la Defensa de los Consumidores y Usuarios y otras Leyes Complementarias.* Navarra: Editorial Aranzadi S/A, 2015; MARÍN LÓPEZ, Manuel Jesús. El "nuevo" concepto de consumidor y empresario tras la Ley 3/2014, de reforma del TRLGDCU. *Revista CESCO de Derecho de Consumo,* n. 9, 2014.

99. Nos termos do art. 4º do TRLGDCU: "A efectos de lo dispuesto en esta norma, se considera empresario a toda persona física o jurídica, ya sea privada o pública, que actúe directamente o a través de otra persona en su nombre o siguiendo sus instrucciones, con un propósito relacionado con su actividad comercial, empresarial, oficio o profesión".

100. MARQUES, Claudia Lima. *Contratos no Código de Defesa do Consumidor:* o novo regime das relações contratuais, cit., p. 420.

101. MIRAGEM, Bruno. *Curso de direito do Consumidor,* cit., p. 165-166.

102. Art. 966 Código Civil brasileiro: "Considera-se empresário quem exerce profissionalmente atividade econômica organizada para a produção ou circulação de bens ou de serviços".

103. Tradução livre, a citação original é a seguinte: "è volta a ricomprendere qualunque soggetto che svolga una attività professionale che sia però caratterizzata dal requisito della stabilità". MEZZASOMA, Lorenzo. *Il consumatore e il professionista,* cit., p. 29.

5. O DIREITO DOS CONTRATOS NAS RELAÇÕES DE CONSUMO E A NOVA TEORIA CONTRATUAL

Este livro tem como protagonista a figura do contrato, mais especificamente, a compra e venda de consumo realizada por meios eletrônicos. O contrato, na relação de consumo, é o negócio jurídico por meio do qual o fornecedor transfere ou presta ao consumidor, enquanto destinatário final da cadeia de produção, produtos e serviços. O Código Civil brasileiro regula na sua parte geral a categoria do negócio jurídico e, como principal fonte no direito das obrigações, o contrato, que é a modalidade mais frequente dos negócios jurídicos, e instrumento jurídico mais importante da economia[104] e da vida em sociedade. O atual Código Civil não define as categorias do negócio jurídico e do contrato, mas, diversamente, o art. 81 do Código Civil de 1916 dispunha que "todo o ato lícito que tenha por fim imediato adquirir, resguardar, transferir, modificar ou extinguir direitos, se denomina ato jurídico"[105]. O Código Civil espanhol, da mesma forma que o brasileiro, não conta com uma definição de contrato, porém o Código Civil italiano o define como "o acordo de duas ou mais partes para estabelecer, regular ou extinguir entre elas uma relação jurídica patrimonial" (art. 1.321, c.c. italiano)[106].

Na doutrina, o negócio jurídico é definido simplesmente como declaração de vontade destinada à produção de efeitos jurídicos, ou seja, como explica Fernando Noronha, são "compromissos voluntariamente assumidos pelas pessoas, tendo por finalidade regulamentar os seus interesses, no exercício e dentro dos limites da respectiva autonomia privada"[107]. O contrato, por sua vez, é uma espécie de negócio jurídico, um acordo de vontades bilateral ou plurilateral destinado à produção de efeitos jurídicos. Nas palavras de Luis Díez-Picazo, contrato é a "conjunção de dois consentimentos de duas ou mais pessoas com a finalidade de ser fonte de obrigações entre elas"[108]. Em um sentido mais estrito, na perspectiva do contrato como negócio jurídico patrimonial bilateral, o contrato seria uma categoria jurídica unitária que incide exclusivamente sobre relações jurídicas de

---

104. NORONHA, Fernando. *Direito das Obrigações*. São Paulo: Saraiva, 2003, v. 1. p. 398-404.

105. JUNQUEIRA DE AZEVEDO, Antônio. *Negócio jurídico*: existência, validade e eficácia. São Paulo: Saraiva, 2002, p. 1-22. Ver também NORONHA, Fernando. *Direito das Obrigações*, cit., p. 391-420: "O negócio jurídico é precisamente o instrumento legal posto à disposição dos particulares para comporem os seus interesses, nas suas relações com outras pessoas", "são negócios jurídicos todos os contratos e ainda, embora de importância muito menor, os chamados negócios unilaterais".

106. De acordo com o art. 1321 do Código Civil italiano: "il contrato è l'accordo di due o più parti per costituire, regolare o estinguere tra loro un rapporto giuridico patrimoniale".

107. NORONHA, Fernando. *Direito das Obrigações*. v. 1, cit., p. 419.

108. Tradução livre, a citação original é a seguinte: "conjunción de los consentimientos de dos o más personas con la finalidad de ser fuente de obligaciones entre ellas". DÍEZ-PICAZO, Luis. *Sistema de derecho civil. El contrato en general. La relación obligatoria*. Undécima edición. Madrid: Editorial Tecnos, 2016, v. II, t. 1. p. 19.

caráter patrimonial. Como menciona Vincenzo Roppo, o contrato é a "necessária veste legal das operações econômicas"[109].

Ademais, é importante salientar que o contrato é fonte de direito subjetivo das obrigações[110], ao lado da responsabilidade civil e do enriquecimento sem causa[111]. É neste contexto que emerge a figura do contrato ou dos contratos como fonte de obrigações nas relações de consumo, de modo que, nas palavras de Vincenzo Roppo, "o código do consumo é, essencialmente, código dos contratos do consumidor"[112]. Na era da descodificação do direito privado, de superação princípio de igualdade formal, em nome da proteção dos consumidores nas relações de consumo, a disciplina dos direitos sociais do consumidor compreende um regime de proteção contratual que tenha por objeto tanto a prestação de serviços, quanto o fornecimento de produtos.

No século XX, o direito dos códigos sofreu profundas transformações, sob o influxo da massificação social e da emergência de novas tecnologias, que se refletem tanto sobre o conteúdo quanto na forma de contratação[113]. A sociedade de massas repercute no surgimento dos contratos em série de adesão, os quais viabilizam a contratação em grande escala, reduzindo o custo de transação. O advento das novas tecnologias, por sua vez, refletiu-se, no surgimento dos contratos eletrônicos nas relações de consumo. O comércio eletrônico acentuou ainda mais a velocidade das transações comerciais, e a contratação em série, as quais incitam questões como o declínio da autonomia da vontade e da possibilidade de genuína negociação entre as partes no momento da formação do contrato.

---

109. Tradução livre, a citação original é a seguinte: "necessaria veste legale delle operazioni economiche". ROPPO, Vincenzo. *Il contratto del duemila*. 3. ed. Torino: G. Giappichelli Editore, 2011, p. 49. Ver, também, MARIGHETTO, Andrea. *O Acesso ao Contrato: Sentido e Extensão da Função Social do Contrato*. São Paulo: Quartier Latin do Brasil, 2012, p. 74: "A função social assume o papel de garantir a movimentação da riqueza e a realização de interesses das partes, delimitando e até restringindo o conceito de autonomia privada".
110. HERNÁNDEZ GIL, Antonio. *Derecho de Obligaciones*. Madrid: Editorial Ceura, 1983, p. 209-211: "Cuando aludimos a las fuentes del Derecho tomamos en consideración las normas, el Derecho objetivamente entendido. En cambio, cuando nos referimos a las fuentes de las obligaciones, hacemos objeto de consideración directa cierta clase de deberes jurídicos y derechos subjetivos".
111. NORONHA, Fernando. *Direito das Obrigações*. v. 1. cit., p. 417. Segundo o autor: "Mesmo que o crédito seja essencialmente um direito de finalidade egoística, por estar voltado para a satisfação do interesse do credor, a verdade é que ele, como qualquer outro direito, também é concedido pelo ordenamento jurídico aos particulares tendo em vista a realização de finalidades sociais (art. 5 da Lei de Introdução ao Código Civil). Por isso também está sujeito a controle, do ponto de vista do interesse geral".
112. Tradução livre, a citação original é a seguinte: "il codice del consumo è, essenzialmente, codice dei contratti del consumatore". ROPPO, Vincenzo. *Il contratto del duemila*, cit., p. 94.
113. DÍEZ-PICAZO, Luis. *Derecho y masificación social. Tecnología y Derecho privado*. Madrid: Cuaderno Civitas, 1979.

Na atualidade, o direito codificado dos contratos é regido por três princípios fundamentais: o da autonomia privada, o da boa-fé e o da justiça contratual[114]. Na definição de Clóvis Couto e Silva, consiste a autonomia privada na *"facultas"* ou "possibilidade, embora não ilimitada, de que dispõem os particulares para resolver seus conflitos de interesses, criar associações, efetuar o escambo de bens e dinamizar, enfim, a vida em sociedade"[115]. Na era da codificação, o direito dos contratos era quase exclusivamente regido pelo princípio da autonomia de vontade, e pelos princípios dele derivantes, do *pacta sunt servanda* e da eficácia relativa dos contratos. Nesse contexto, relata Gustavo Tepedino que os princípios da boa-fé objetiva, do equilíbrio das prestações e da vulnerabilidade "não encontravam lugar, nem expressa, nem implicitamente" no Código Civil brasileiro de 1916[116].

Segundo Luis Díez-Picazo, a ideia de contrato e o reconhecimento da autonomia privada "encontram seu fundamento na própria ideia de pessoa e no respeito pela dignidade que lhe é devida"[117]. Nesse sentido, Cesare Massimo Bianca explica que a autonomia privada "ainda representa um aspecto incontornável da liberdade da pessoa, ou seja, a liberdade negocial", que, no entanto, a ideia de que seja o único princípio que rege os contratos não é mais compatível com os valores da sociedade atual[118]. Em virtude da transição do Estado Liberal para o Estado Social de Direito, em nome do princípio da solidariedade social, no direito dos contratos o princípio da autonomia privada foi limitado pelos princípios da boa-fé e da justiça contratual, os quais "autodelimitando-se reciprocamente", coexistem entre si em uma "relação de permanente tensão"[119].

---

114. NORONHA, Fernando. *Direito das Obrigações*, cit., p. 115: "no âmbito das obrigações negociais, atualmente nega-se que a vontade desempenhe papel exclusivo porque, a par do princípio da autonomia privada, há que atender aos princípios da boa-fé e da justiça (ou do equilíbrio) contratual".

115. COUTO E SILVA, Clóvis V. *A obrigação como processo*. São Paulo: José Bushatsky Editor, 1976, p. 17.

116. TEPEDINO, Gustavo. *Os contratos de consumo no Brasil*, cit. p. 125.

117. DÍEZ-PICAZO, Luis. *Fundamentos del derecho civil patrimonial I. Introducción teoría del contrato*. 6. ed. Pamplona: Registradores de España, 2007: "La idea de contrato y de obligatoriedad del contrato encuentran su fundamento en la idea misma de persona y en el respeto a la dignidad que la persona es debida. Ello implica el reconocimiento de un poder de autogobierno de los propios fines e intereses o un poder de autorreglamentación de las propias situaciones y relaciones jurídicas al que la doctrina denomina autonomía privada o autonomía de la voluntad".

118. BIANCA, Cesare Massimo. *Il contratto. Diritto Civile*. 3. ed. Milano: Giuffrè Francis Lefebvre, 2018, p. 21-24: "Oltre come potere di decidere della propria sfera giuridica personale e patrimoniale, l'autonomia privata deve essere vista come un diritto di libertà, e quindi come un diritto fondamentale della persona"; "L'autonomia privata rappresenta ancora un aspetto ineliminabile della libertà della persona, e cioè la libertà negoziale. Ma l'idea secondo la quale solo ed esclusivamente l'individuo può essere giudice dei suoi interessi non ha più riscontro nella società del nostro tempo. Il riconoscimento della libertà del singolo s'inserisce ormai in una concezione dell'ordinamento che s'ispira al prevalente valore della solidarietà sociale, quale valore di fondo della nostra Costituzione".

119. NORONHA, Fernando. *Direito das Obrigações*. v. 1, cit., p. 391.

Não por outro motivo, em nome do princípio constitucional de solidariedade, o art. 421 do Código Civil brasileiro prevê que "a liberdade contratual será exercida nos limites da função social do contrato". Isso porque, conforme destaca Fernando Noronha, apesar de o contrato ter essencialmente a finalidade da satisfação do interesse do credor, esse instituto também "é concedido pelo ordenamento jurídico aos particulares tendo em vista a realização de finalidades sociais"[120]. Ou seja, como se refere Andrea Marighetto, na verdade o conceito de "função" sempre esteve atrelado à própria ideia de contrato, ainda que possa assumir significados diferentes[121] e que o art. 421 traz questões que "dizem respeito à limitação da autonomia privada, ao interesse social e à boa-fé"[122]. Isso porque, conforme destaca Cesare Massimo Bianca, "o princípio da solidariedade justifica e mesmo impõe a intervenção da lei onde o princípio da autonomia privada não é suficiente para assegurar relações justas"[123]. Assim, de acordo com Fernando Noronha, apesar de no direito privado a finalidade social permanecer em segundo plano, os interesses do credor "não podem ser exercidos por formas que afetem a finalidade social da obrigação"[124].

Na atualidade, os princípios de probidade, da boa-fé e do equilíbrio contratual permeiam o contrato durante toda a sua existência, inclusive nas fases pré e pós-contratual. Em relação à formação da vontade negocial, conforme descreve Claudia Lima Marques, verifica-se a tendência atual de se examinar não somente a simples manifestação do consumidor, mas a "qualidade" dessa vontade manifestada[125]. No século XIX e na primeira metade do século XX, sob a incidência do princípio *caveat emptor*, havia o entendimento de que, na fase de negociação

---

120. NORONHA, Fernando. *Direito das Obrigações*. v. 1, cit., p. 26.
121. MARIGHETTO, Andrea. *O Acesso ao Contrato*: Sentido e Extensão da Função Social do Contrato, cit., p. 60.
122. MARIGHETTO, Andrea. *O Acesso ao Contrato*: Sentido e Extensão da Função Social do Contrato, cit., p. 45-60. Ademais, segundo o autor: "Ora, o contrato é executado dentro de um contexto social, cujos fundamentos e objetivos estão consagrados na CF, a qual se refere à cidadania, à dignidade da pessoa humana, aos valores sociais do trabalho e, em especial, à construção de uma sociedade livre, justa e solidária"; "O art. 421 do novo Código Civil nasceu, portanto, para limitar a autonomia privada das partes, embora sem se contrapor ao até então consolidado princípio pacta sunt servanda".
123. Tradução livre, a citação original é a seguinte: "Il principio della solidarietà giustifica e anzi impone l'intervento della legge là dove il principio dell'autonomia privata non è sufficiente ad assicurare giusti rapporti". BIANCA, Cesare Massimo. *Diritto Civile. Il contratto*. 3. ed. Milano: Giuffrè Francis Lefebvre, 2018.
124. NORONHA, Fernando. *Direito das Obrigações*. v. 1, cit., p. 25: "Nesta matéria do Direito das Obrigações, todavia, a finalidade social permanece em segundo plano, em contraste com o relevo assumido pela finalidade individual. Não obstante, é possível afirmar que o interesse geral impõe limitações aos direitos do credor: estes não podem ser exercidos por formas que afetem a finalidade social da obrigação".
125. MARQUES, Claudia Lima. *Contratos no Código de Defesa do Consumidor*: o novo regime das relações contratuais. 8. ed. São Paulo: Ed. RT, 2011, p. 742.

e conclusão do contrato, com o objetivo de evitar o erro essencial quanto ao seu objeto e as suas condições, impunha-se a cada uma das partes um dever de diligência, correspondente ao dever de se informar[126]. Neste contexto, admitiam-se como lícitas inclusive, sob a categoria do *dolus bonus*, diversas práticas comerciais hoje consideradas abusivas, consistentes na dissimulação e omissão de defeitos, ou mesmo na exaltação de qualidades inexistentes do produto. Era o tempo em que a venda no varejo era regida pelo direito que favorecia a classe dos comerciantes, pela compra e venda mercantil, não pelo direito do consumidor.

No século XX, o princípio da boa-fé difundiu-se na doutrina e na jurisprudência do direito privado, inicialmente sob a influência do direito alemão, a partir da interpretação do parágrafo 242 do BGB. Sobre o princípio da boa-fé, no direito espanhol, o Código Civil de 1889 já previa que: "os contratos se perfeccionam pelo mero consentimento, e desde então obrigam, não só ao cumprimento do expressamente pactuado, mas também a todas as consequências que, segundo a sua natureza, sejam conforme a boa-fé, ao uso e à lei" (art. 1.258)[127]. O Código Civil italiano de 1942, por sua vez, dispõe que: *a*) "as partes, na condução das tratativas e na formação do contrato, devem se comportar segundo a boa fé" (art. 1.337); *b*) "o contrato deve ser executado segundo a boa-fé" (art. 1.375)[128]. No Código Civil brasileiro: *a*) também comete ato ilícito o titular de um direito que, ao exercê-lo, excede manifestamente os limites impostos pelo seu fim econômico ou social, pela boa-fé ou pelos bons costumes (art. 187); *b*) os contratantes são obrigados a guardar, assim na conclusão do contrato, como em sua execução, os princípios de probidade e boa-fé (art. 422).

O princípio da boa-fé foi consagrado na legislação privada a partir das cláusulas gerais, sem especificação de suporte fático e de consequências jurídicas resultantes da sua aplicação, transferindo ao intérprete o encargo de verificar a sua incidência nos casos concretos. Descreve Luis Díez-Picazo que a boa-fé é "um padrão jurídico ou um modelo de conduta social, que seria aquela conduta social que a consciência social exige em cada caso, conforme a um imperativo ético dado" e que é direcionada "ao titular de um direito subjetivo, e lhe impõe

---

126. PARRA LUCÁN, María Ángeles y otros. *Negociación y perfección de los contratos*. Pamplona: Thomson Reuters Aranzadi, 2014, p. 794; ROSSI CARLEO, Liliana. Il diritto all'informazione: dalla conoscibilità al documento informatico. In: PERLINGIERI, Pietro; CATERINI, Enrico (a cura di). *Il diritto dei consumi*. Rende: Edizioni Scientifiche Italiane, 2005, v. II. p. 141.

127. Art. 1258 do Código Civil espanhol: "Los contratos se perfeccionan por el mero consentimiento, y desde entonces obligan, no sólo al cumplimiento de lo expresamente pactado, sino también a todas las consecuencias que, según su naturaleza, sean conformes a la buena fe, al uso y a la ley".

128. Tradução livre, o texto original é o seguinte: "le parti, nello svolgimento delle trattative e nella formazione del contratto, devono comportarsi secondo buona fede" (art. 1.337); "il contratto deve essere eseguito secondo buona fede" (art. 1.375).

que o direito seja exercido de acordo com as normas de lealdade, de confiança e de consideração que o sujeito passivo do direito possa razoavelmente reivindicar ou esperar"[129]. Trata-se de um princípio que adquiriu crescente importância nas últimas décadas, contrapondo-se ao positivismo jurídico e "em virtude da revisão por que passou a teoria geral das obrigações"[130].

Na era da descodificação do direito privado, e da afirmação dos direitos sociais, o direito dos contratos evoluiu: da compra e venda mercantil, regida pelo direito dos comerciantes, para uma compra e venda que continua sendo mercantil, celebrada entre comerciantes e consumidores, mas regida pelo direito dos consumidores. Sob esta nova perspectiva, que é a dos direitos sociais, aponta Liliana Rossi Carleo que se verifica uma das mais importantes mudanças aportadas pelos microssistemas de direito do consumidor, sob a incidência do princípio da boa-fé, consistente na inversão dos papéis entre os contratantes, de passagem da "presunção da cognoscibilidade ao conhecimento, do direito de informar-se ao direito de ser informado"[131]. Isso porque na sociedade de massas, em que contratos de adesão são celebrados em grande escala, as previsões genéricas contidas nas cláusulas gerais das codificações civis passaram a ser consideradas insuficientes não apenas para o funcionamento do mercado, mas especialmente para a devida proteção do consumidor[132], resultando no surgimento de um formalismo de proteção social, o denominado "formalismo informativo", tema esse que será aprofundado no próximo capítulo.

O terceiro princípio basilar dos contratos é o de justiça ou equilíbrio contratual, a partir do qual o legislador e o juiz interferem no contrato, visando restabelecer ou conservar o seu equilíbrio. Conforme descreve Cesare Massimo Bianca, o fenômeno da massificação dos contratos "marcou um declínio acentuado da

---

129. Tradução livre, a citação original é a seguinte: "un estándar jurídico o un modelo de conducta social, que sería aquella conducta social que la conciencia social exige en cada caso conforme a un imperativo ético dado" e que é direcionada "al titular de un derecho subjetivo y le impone que el derecho se ejercite de acuerdo con las normas de lealtad, de la confianza y de la consideración que el sujeto pasivo del derecho puede razonablemente pretender o esperar". DÍEZ-PICAZO, Luis. *Fundamentos del derecho civil patrimonial I. Introducción teoría del contrato*. 6. ed. Pamplona: Registradores de España, 2007, p. 61-62.

130. COUTO E SILVA, Clóvis V. *A obrigação como processo*, cit., p. 15 e 37: "há deveres que promanam da vontade e outros que decorrem da incidência do princípio da boa-fé e da proteção jurídica de interesses. Em alguns casos, porém, o conteúdo do negócio jurídico é formado imediatamente pelos deveres de boa-fé".

131. Tradução livre, a citação original é a seguinte: "presunzione dalla conoscibilità alla conoscenza, dal diritto ad informarsi ad un diritto ad essere informati". ROSSI CARLEO, Liliana. *Il diritto all'informazione: dalla conoscibilità al documento informatico*, cit., p. 142.

132. CAPOBIANCO, Ernesto. Impresa e contratto tra diritto comunitario e diritto interno. In: PERLINGIERI, Pietro; CATERINI, Enrico (a cura di). *Il diritto dei consumi*. Rende: Edizioni Scientifiche Italiane, 2004, v. I. p. 70.

liberdade negocial"[133], sendo que o regime da venda positivado no Código Civil mostrou-se inadequado para garantir o equilíbrio do contrato e o atendimento à sua função social. Esse desequilíbrio contratual é fruto, dentre outros fatores, da elaboração de contratos de adesão, formados por cláusulas gerais de contratação, sem os quais não seria viável a contratação em massa. Os contratos de adesão são contratos não negociados, em que "existe uma pré-redação do contrato por uma das partes, e à outra só é permitido aceitá-lo ou rechaçá-lo"[134], e que acabam posicionando o consumidor em submissão às cláusulas nele predispostas. No atual Código Civil brasileiro, pelas cláusulas gerais, mesmo nas relações entre iguais, o legislador conferiu ao juiz poderes para revisar o estipulado no contrato, por causas concomitantes ou supervenientes à sua formação. Em nome do princípio da justiça social, para corrigir desigualdades econômicas e sociais, o legislador interveio na ordem econômica instituindo a distinção entre trabalhadores, consumidores e empresários, entre o direito civil e os direitos contratuais do trabalho e do consumidor.

6. O IMPACTO DO COMÉRCIO ELETRÔNICO NO DIREITO DOS CONTRATOS

Nas últimas três décadas a sociedade tem passado por uma profunda transformação, em nível global, com origem no advento das novas tecnologias da informação, especialmente da informática e da *internet*. Diante do impacto e da difusão da *internet,* pode-se falar em uma verdadeira revolução tecnológica, e na passagem de uma "era industrial" a uma "era da sociedade da informação"[135]. Nesse contexto, grande parte das interações humanas se transpôs ao ciberespaço, um lugar imaterial e paralelo que se atrela e transforma cada vez mais os costumes da sociedade. Ademais, de forma incessante e exponencial, multiplicam-se os dispositivos que se conectam à *internet*, desde os tradicionais computadores e *laptops*, até os mais avançados *smartphones*[136], *tablets*, leitores digitais, reló-

---

133. Tradução livre, a citação original é a seguinte: "ha segnato un netto declino della libertà negoziale". BIANCA, Cesare Massimo. Diritto Civile. Il contratto, cit., p. 26-27.

134. Tradução livre, a citação original é a seguinte: "existe una prerredacción del contrato por una de las partes, y la otra sólo le es permitido aceptarlo o rechazarlo". DÍEZ-PICAZO, Luis. *Sistema de derecho civil. El contrato en general. La relación obligatoria.*v. II, t. 1, cit., p. 28.

135. PINOCHET OLAVE, Ruperto. *Contratos electrónicos y defensa del consumidor.* Madrid: Marcial Pons, 2001, p. 13: "En la actualidad son tan significativas y evidentes los cambios que experimenta la sociedad y su magnitud, que tal vez presenciamos la primera ocasión en la historia en que la mayoría de los ciudadanos tienen plena la transición de un período de la historia a otro, desde la era industrial a la nueva era de la sociedad de la información".

136. SAN MARTÍN, Sonia; PRODANOVA, Jana. ¿Qué factores fomentan la compra por impulso en el comercio móvil? *Revista Española de Investigación de Marketing ESIC*, n. 18, 32-42, 2014.

gios inteligentes, automóveis, eletrodomésticos, brinquedos, dentre diversos outros[137]. A tecnologia da *internet* passou a permear os mais diversos setores da vida humana, desde o modo comunicação e interação entre pessoas, até os seus hábitos e, inclusive, a forma de contratação entre consumidores e profissionais, tema objeto do estudo aqui desenvolvido.

O termo "comércio eletrônico" é bastante amplo, e faz referência não somente à contratação por meio da *internet*, mas, nas palavras de José Antonio Vega Vega, a "qualquer forma de transação econômica ou de intercâmbio de informação comercial baseada na transmissão de dados através das redes de comunicação"[138]. No mesmo sentido, explica Luis Carlos Plata López que o comércio eletrônico "abarca uma série de casos inumeráveis de atividades de caráter mercantil, que são realizadas utilizando meios ou instrumentos vinculados às tecnologias da informação"[139]. Nas palavras de Gema Botana García, entende-se "por comércio eletrônico todo o intercâmbio de dados por meios eletrônicos, esteja ou não relacionado com a atividade comercial em sentido estrito"[140]. Ou seja, comércio eletrônico é aquela atividade de caráter econômico que tem como base a tecnologia da informação[141], o que permite a transmissão

---

137. GARCÍA MEXÍA, Pablo. El derecho de internet. In: PÉREZ BES, Francisco (Coord.). *El derecho de internet*. Barcelona: Atelier libros jurídicos, 2016, p. 18 e 19: "el número y tipo de dispositivos conectados a Internet viene incrementándose exponencialmente y ahora incluyen ordenadores portátiles, teléfonos inteligentes, etiquetas RFID o lectores electrónicos, siendo pues inevitable una mayor complejidad. No se escapa que a todos los componentes citados se debiera añadir cualesquiera otros objetos susceptibles de conexión: desde electrodomésticos hasta automóviles y farolas, como demuestra la Internet de las cosas".

138. Tradução livre, a citação original é a seguinte: "a cualquier forma de transacción económica o de intercambio de información comercial basada en la transmisión de datos sobre las redes de comunicación". VEGA VEGA, Jose Antonio. *Contratos electrónicos y protección de los consumidores. Colección de derecho de las nuevas tecnologías*. Madrid: Editorial Reus S.A, 2005, p. 62. Ver, também MORENO NAVARRETE, Miguel Ángel. *Contratos electrónicos*. Madrid: Marcial Pons, 1999, p. 12, segundo o qual: "El término 'comercio electrónico', en su significado original, era sinónimo de compra electrónica. Actualmente se ha extendido y abarca todos los aspectos de los procesos de mercado y empresa habilitados por Internet y las tecnologías de la World Wide Web".

139. Tradução livre, a citação original é a seguinte: "abarca una serie casi innumerable de actividades de carácter mercantil, que se llevan a cabo utilizando medios o instrumentos vinculados a las tecnologías de la información". PLATA LÓPEZ, Luis Carlos. La protección de los consumidores en el comercio electrónico. In: GUAL ACOSTA, José Manuel; VILLABA CUÉLLAR, Juan Carlos. *Derecho del Consumo. Problemáticas Actuales*. Bogotá: Ibañez, 2013, p. 391.

140. Tradução livre, a citação original é a seguinte: "se entiende por comercio electrónico todo intercambio de datos por medios electrónicos, esté relacionado o no con la actividad comercial en sentido estricto". BOTANA GARCÍA, Gema. Noción de comercio electrónico. In: BOTANA GARCÍA, Gema Alejandra (Coord.). *Comercio electrónico y protección de los consumidores*. Madrid: La ley, 2001, p. 57.

141. BATTELLI, Ettore. I contratti del commercio online. In: RECINTO, Giuseppe; MEZZASOMA, Lorenzo; CHERTI, Stefano. *Diritti e tutele dei consumatori*. Napoli: Edizioni Scientifiche Italiane, 2014, p. 388.

de dados informáticos entre computadores conectados entre si[142], mediante fios, meios óticos e eletromagnéticos[143].

Os "contratos eletrônicos", por sua vez, pertencentes ao comércio eletrônico *stricto sensu*, são aqueles celebrados por meios de comunicação eletrônicos, com especial referência à *internet*[144]. A conjugação da informática e da *internet* permitem a desmaterialização[145] da informação e a conclusão de contratos com a transmissão da manifestação de vontade negocial por meio da rede. Nesse contexto, Miguel Ángel Davara Rodríguez define a contratação eletrônica como "aquela que se realiza mediante a utilização de algum elemento eletrônico quando este tenha, ou possa ter, uma incidência real e direta sobre a formação da vontade ou o desenvolvimento ou interpretação futura do acordo"[146]. Por sua vez, Emilio Tosi entende que a terminologia "contrato virtual", subespécie dos "contratos telemáticos"[147], parece a mais adequada para referir-se àqueles celebrados nos espaços virtuais da *internet*[148]. Ressalta José Antonio Vega Vega, no entanto, que tendo em vista a rapidez de evolução das novas tecnologias da informação, a noção de meio eletrônico deve ser ampla, de modo a "incluir em seu conceito qualquer avanço ou descobrimento que no futuro possa ocorrer"[149]. Diante da

---

142. BATTELLI, Ettore. *I contratti del commercio online*, cit., p. 396.
143. BATTELLI, Ettore. *I contratti del commercio online*, cit., p. 392.
144. No direito espanhol, a Lei 34/2002, também conhecida como LSSICE, sobre serviços da sociedade da informação e do comércio eletrônico, define o contrato eletrônico, como: "todo contrato en el que la oferta y la aceptación se transmiten por medio de equipos electrónicos de tratamiento y almacenamiento de datos, conectados a una red de telecomunicaciones".
145. MENÉNDEZ MATO, Juan Carlos. *El contrato vía internet*. Barcelona: J.M Bosch Editor, 2005, p. 32.
146. Tradução livre, a citação original é a seguinte: "aquella que se realiza mediante la utilización de algún elemento electrónico cuando éste tiene, o puede tener, una incidencia real y directa sobre la formación de la voluntad o el desarrollo o interpretación futura del acuerdo". DAVARA RODRÍGUEZ, Miguel Ángel. *Manual de Derecho Informático*. Pamplona: Aranzadi, 1997, p. 165.
147. TOSI, Emilio. Il contratto virtuale: ricostruzione della categoria negoziale. In: CLARIZIA, Renato. *I contratti informatici*. Torino: UTET giuridica, 2007, p. 81: "In una prospettiva classificatoria strutturale il contratto virtuale costituisce una sottospecie dei contratti a conclusione telematica – ossia quei contratti stipulati mediante l'utilizzo delle nuove tecnologie informatiche e telematiche di comunicazione – più specificamente ne costituisce la naturale evoluzione tecnologica e giuridica". Sobre os contratos telemáticos, segundo GEMMA, Andrea. L'accordo telematico. In: CLARIZIA, Renato. *I contratti informatici*. Torino: UTET giuridica, 2007, p. 243: "ove la fattispecie implichi oltre alla tecnologia informatica anche una trasmissione a distanza tra terminali, la nozione descrittiva di riferimento è quella di contratto telematico".
148. TOSI, Emilio. *Contratti informatici, telematici e virtuali. Nuove forme e procedimenti formativi*. Milano: Giuffrè Editore, 2010, p. 59-60. "Contratto virtuale pare, quindi, termine appropriato per definire l'insieme degli eterogenei fenomeni negoziali, accomunati tutti dall'utilizzo dello spazio virtuale di Internet - meglio degli spazi virtuali di Internet, posta elettronica, world wide web e altri resi disponibili dalla tecnologia presente e futura – quale strumento peculiare di comunicazione della volontà dei contraenti, di formazione e conclusione del contratto".
149. VEGA VEGA, José Antonio. *Contratos electrónicos y protección de los consumidores. Colección de derecho de las nuevas tecnologías*, cit., p. 59: "Por ello, medio electrónico ha de entenderse en sentido amplio, como todo aquel que permita una comunicación entre destinatarios ausentes basados en

diversidade de terminologias dentro das quais se enquadra a contratação pela *internet*, Juan Carlos Menéndez Mato nota que, exceto "contrato informático", as expressões "contrato eletrônico, telemático, online, digital", dentre outras, "se encontram em uma relação mais ou menos concêntrica"[150].

Para a melhor definição do conceito de "contrato eletrônico", é necessário distingui-lo da contratação "de bens ou serviços eletrônicos", por vezes denominada "contrato informático". A expressão contrato "de bens ou serviços eletrônicos", ou contrato "de objeto informático" se refere àquele realizado por via telemática ou não, que têm como objeto bens ou serviços informáticos[151], como *hardwares* ou *softwares*[152]. Inicialmente, a expressão "contrato informático" era utilizada para referir-se àqueles com objeto informático, apesar de hoje ser considerada por parte da doutrina equivalente à "contratação eletrônica"[153], motivo

---

medios telemáticos. En cualquier caso, hay que tener en cuenta que los avances tecnológicos es una constante de nuestra época, por lo que no podemos hacer una enumeración limitada al actual estado de la técnica para concretar una definición sobre medios electrónicos, sino que debemos incluir en su concepto cualquier avance o descubrimiento que en el futuro pueda darse".

150. MENÉNDEZ MATO, Juan Carlos. *El contrato vía internet*, cit., p. 159: "Se van a analizar los siguientes calificativos asociados a contrato: informático, electrónico, telemático, on line y digital. Todos ellos, salvo el denominado contrato informático, se encuentran en una relación más o menos concéntrica. Es decir, el más amplio de ellos, que englobaría a los restantes por su mayor especificidad, sería el contrato electrónico".

151. PARDO GATO, José Ricardo. *Las Páginas Web como Soporte de Condiciones Generales Contractuales*. Navarra: Editorial Aranzadi, 2003, p. 49: "Teniendo en cuenta que los contratos electrónicos no son los que se han dado en llamar contratos informáticos – los que tienen por objeto bienes y/o servicios informáticos, como puede ser un ordenador, una aplicación informática, el mantenimiento de una red, bases de datos etc. [...] se hace necesario restringir la definición de contrato electrónico en el sentido de que conceptúe como tales aquellos que se celebren mediante el uso de ordenadores por medio o a través de una red telemática y que el diálogo consista en la transmisión electrónica de datos y documentos"; CARRASCOSA LÓPEZ, Valentín; POZO ARRANZ, María Asunción, RODRÍGUEZ DE CASTRO, Eduardo Pedro. *La contratación informática: el nuevo horizonte contractual. Los contratos electrónicos e informáticos*. 3 ed. Granada: Editorial Comares, 2000, p. 4: "En contraposición a la llamada contratación informática, se presenta la "contratación electrónica o por medios electrónicos que el profesor DAVARA define como aquella con independencia de cual sea su objeto, que puede también ser la Informática, aunque no necesariamente, se realiza a través o con ayuda de los medios electrónicos, que no tienen por qué ser siempre ordenadores".

152. CAPO, Giovanni. I contratti ad oggetto informatico. In: VALENTINO, DANIELA. *Manuale di Diritto dell'Informatica*. Napoli: Edizioni Scientifiche Italiane, 2016.

153. MENÉNDEZ MATO, Juan Carlos. *El contrato vía internet*, cit., p. 161: "Inicialmente resultaba usual el empleo de la expresión "contrato informático" para referirse a aquel tipo de contratación en el que el objeto está representado por un bien o servicio de carácter informático [...]. Sin embargo, pronto aparecieron autores que se centraron en distinguir entre contrato informático y contrato con objeto informático o contrato de informática. Este último se correspondería con el descrito en el párrafo precedente; en cuanto al primero, denominan como tal al contrato que se ha perfeccionado mediante la ayuda de medios informáticos. Por otra parte, existe otro sector de la doctrina que prefiere mantener el significado original asignado al "contrato informático" – es decir – en cuanto poseedores de un objeto informático – y decide calificar "contrato electrónico" a aquél cuya conclusión se haya operado gracias a la intervención de procedimientos informáticos u otros medios electrónicos. Esta opción será la escogida en este trabajo [...]".

pelo qual é preferível a adoção da terminologia contrato "de objeto informático". Diferentemente do contrato "de objeto informático", a contratação eletrônica é aquela efetuada a distância, por meios eletrônicos e, como descreve Ettore Battelli, pressupõe que as manifestações de vontade "viajem por necessidade ou por vontade das partes mediante canais telemáticos"[154], especificamente pela *internet*. Partindo desse pressuposto, a contratação por meios eletrônicos pode ter como objeto uma série de bens ou serviços, relacionados ou não à informática[155], ou seja, o contrato eletrônico pode ou não ter objeto informático. Dessa forma, o "contrato eletrônico" assim se caracteriza não em razão do seu objeto, mas em função do meio de formação do contrato[156], matéria que será aprofundada no próximo capítulo.

O comércio e os contratos virtuais pressupõem tanto a existência da informática quanto da *internet*. No seu sentido estrito, enquanto a "informática" diz respeito às tecnologias da informação, envolvendo a mecânica de computadores, o armazenamento de informações e os *softwares*, a *internet* é responsável pela difusão dessas informações, conectando diversos computadores por meio de uma rede invisível. O surgimento da *internet*, em sua forma primitiva, remonta à década de 1960, nos Estados Unidos, em contexto de Guerra Fria, quando era urgente o desenvolvimento de uma rede eficiente de distribuição de informações, resiliente e menos suscetível de ser danificada em caso de ataques nucleares por parte da União Soviética. Essa resiliência seria obtida, na teoria de Paul Baran, a partir de um sistema descentralizado de comunicação, com inspiração nas células do cérebro humano que, caso parcialmente deterioradas, ainda seriam capazes de exercer funções remanescentes, desviando das áreas danificadas[157].

Em 1962, a *Advanced Research Projects Agency* – ARPA, departamento americano de defesa responsável pelo desenvolvimento de tecnologias para uso militar, passou a buscar meios de conectar os diversos computadores, como forma de permitir o acesso e a transmissão de informações entre eles. Baseado na teoria da comutação de pacotes, foi elaborada a rede ARPANET, que conectava centros universitários. A *internet* que utilizamos hoje é uma evolução do embora revolu-

---

154. Tradução livre, a citação original é a seguinte: "*viaggiano per necessità o per volontà delle parti tramite canali telematici*". BATTELLI, Ettore. *I contratti del commercio online*, cit., p. 396.

155. VEGA VEGA, José Antonio. *Contratos electrónicos y protección de los consumidores. Colección de derecho de las nuevas tecnologías*, cit., p. 64.

156. PARDO GATO, José Ricardo. *Las Páginas Web como Soporte de Condiciones Generales Contractuales*, cit., p. 49: "la contratación telemática o electrónica, que pone el acento, no tanto en el objeto sobre el que recae, sino más bien en su forma de perfeccionamiento por medio de un sistema telemático".

157. RYAN, Johnny. *A history of the internet and digital future*. London: Reaktion Books Ltd, 2010, p. 13-14.

cionário, limitado sistema da ARPANET[158]. Historicamente, um dos primeiros serviços oferecidos pela rede *internet* foi o de *e-mails* ou correios eletrônicos. Foi somente em 1989 que Tim Berners-Lee inventou a *World Wide Web* (www), que revolucionou a *internet*[159], permitindo o ordenamento e a interligação de informações. A *World Wide Web* constitui, juntamente com o correio eletrônico, um dos principais serviços oferecidos pela rede *internet*[160]. Foi a partir dos anos 90 que surgiu a primeira onda de *websites*.

Em 1993 a CERN, decidiu por colocar o *software* "*www*" sob domínio público, para que todos pudessem utilizá-lo livremente. No entanto, ainda era difícil para os usuários da *web* localizarem os conteúdos desejados. Por esse motivo, começaram a ser desenvolvidas ferramentas de pesquisa, como *Archie*, *Yahoo* e *Google*[161], com o fim de organizar o *mare magnum* de informações contidas na *internet*. Em outubro de 1981 apenas 213 computadores estavam conectados à *internet*. Dez anos depois, em 1990, o número havia crescido para 313.000 *hosts*. Em janeiro de 1994 já havia 2.217.000 computadores conectados à *web*[162]. Em 1995, a *World Wide Web* tornou-se o principal serviço fornecido pela *internet*[163]. Até 1995, o exercício de atividades comerciais na *internet* era proibido pela *National Science Foundation's Acceptable Usage Policy*. Em 1995, o *Ebay*, então denominado *Auction Web*, realizou sua primeira transação comercial pela *web*[164]. No mesmo ano, a *Amazon* realizou sua primeira venda, o livro *Fluid Concepts & Creative Analogies: Computer Models of the Fundamental Mechanisms of Thought*[165].

O ano de 2004 é marcado pela *Web 2.0*, termo forjado por Dale Dougherty para expressar uma nova fase da *web*[166]. São características da *Web 2.0* a maior interatividade entre seus usuários, a plasticidade das informações, o uso de *hiperlinks*, a ascensão dos *user-driven sites* e do *user-generated content*, em que grande parte do conteúdo é desenvolvida pelo próprio público em geral, a descentralização das fontes de informação[167], a popularização das redes sociais etc. A *Web 2.0* representa a verdadeira essência da *internet*, um espaço de difusão de

---

158. HERRERA JOANCOMARTÍ, Jordi. Nociones técnicas de Internet (capítulo I). In: PEGUERA POCH, Miquel (Coord.). *Derecho y nuevas tecnologías*. Barcelona: Editorial UOC, 2005, p. 21, 22.

159. RYAN, Johnny. *A history of the internet and digital future*, cit., p. 107.

160. HERRERA JOANCOMARTÍ, Jordi. *Nociones técnicas de internet*, cit., p. 30.

161. RYAN, Johnny. *A history of the internet and digital future*, cit., p. 118.

162. MERIT statistical data, 3 february 1994 (http://www.textfiles.com/internet/hosts.hst). Accesso il 6 luglio 2020.

163. RYAN, Johnny. *A history of the internet and digital future*, cit., p. 115.

164. RYAN, Johnny. *A history of the internet and digital future*, cit., p. 120.

165. RYAN, Johnny. *A history of the internet and digital future*, cit., p. 156.

166. RYAN, Johnny. *A history of the internet and digital future*, cit., p. 137.

167. O'REILLY, Tim. *What is Web 2.0: Design Patterns and Business Models for the Next Generation of Software*, 2007. Disponível em https://papers.ssrn.com/sol3/papers.cfm?abstract_id=1008839

informação por meio da interatividade entre usuários. Nesse sentido, Johnny Ryan aponta o declínio da difusão de informações imutáveis e centralizadas, marcada pela passividade do destinatário, como ocorre com a televisão, rádios, jornais, e a sua mutação para um sistema centrífugo, interativo e maleável[168]. Com originária finalidade militar, a versatilidade da *internet* a transmutou para as mais diversas áreas da vida em sociedade. Nos últimos 30 anos, a rede *internet* tornou-se o principal meio de comunicação a distância e ocupa cada vez maior espaço no setor das trocas econômicas, permitindo a contratação entre pessoas fisicamente distantes, como se estivessem presentes.

As comunicações por meios eletrônicos podem ocorrer simultaneamente ou não, dependendo das funcionalidades que o meio comporta. As contratações por meio de videoconferências, SMS e *whatsapp*, por exemplo, são ou podem ser simultâneas[169], diferentemente da contratação por *e-mail*. Não por outro motivo, como é estudado no próximo capítulo, enquanto a contratação por *e-mail* é regida pelas normas da contratação entre ausentes, os contratos *point and click*, por meio de *websites*, são regulados pelas normas da contratação entre presentes. Ademais, o contrato *online* pode formar-se tanto por redes abertas, como a *internet*, quanto por redes fechadas, como a *intranet*[170] e a *extranet*. Normalmente, o comércio B2C ocorre na rede aberta *internet*, enquanto o comércio B2B na rede *extranet*, não acessível a um público indeterminado. Isso não significa que não possa haver exceções, como a do comércio eletrônico B2B acessível pela *internet*, o que ocorre no *e-marketplace* vertical[171].

O contrato eletrônico pode ser classificado, ademais, levando em consideração o seu modo de execução, como pertencente ao comércio eletrônico "direto" ou ao comércio eletrônico "indireto"[172]. No comércio eletrônico direito, tanto a celebração do contrato quanto o seu cumprimento ocorrem em ambiente virtual.

---

168. RYAN, Johnny. *A history of the internet and digital future*, cit., p. 139.
169. JUNQUEIRA, Miriam. *Contratos Eletrônicos*. Rio de Janeiro: Mauad, 1997, p. 23.
170. VEGA VEGA, José Antonio. *Contratos electrónicos y protección de los consumidores. Colección de derecho de las nuevas tecnologías*, cit., p. 69.
171. TOSI, Emilio. *Il contratto virtuale*: ricostruzione della categoria negoziale, cit., p. 86.
172. PERLINGIERI, Giovanni; LAZZARELLI, Federica. Il contratto telematico. In: VALENTINO, Daniela. *Manuale di diritto dell'informatica*. Napoli: Edizioni Scientifiche italiane, 2016, p. 271: "Un'altra distinzione attiene al profilo dell'esecuzione del contratto. Si discorre di commercio elettronico diretto qualora l'intera operazione negoziale è compiuta attraverso la Rete internet. In tal caso non soltanto la conclusione ma anche l'esecuzione del contratto avviene on line, mediante atti di trasmissione di beni immateriali, i quali possono essere distribuiti direttamente attraverso il Web, senza che sia necessario ricorrere alla tradizionale spedizione postale (si pensi al download di files video o audio). Si discorre, invece, di commercio elettronico indiretto allorché è soltanto l'accordo ad essere raggiunto telematicamente. Questa ipotesi si configura in presenza di contratti aventi a oggetto beni materiali la cui consegna richiede, per necessità o per volontà dell'acquirente, l'invio mediante i mezzi di trasporto tradizionali".

Nessa hipótese, a execução *online* do contrato pressupõe a transmissão de bens imateriais, como "venda de conteúdos digitais", *softwares, e-books*, ou, no âmbito dos serviços, a contratação de *streaming*. No comércio eletrônico indireto, por sua vez, enquanto a celebração do contrato ocorre em ambiente virtual, a sua execução ocorre *offline*, tendo em vista que o objeto do contrato é de bens corpóreos, que devem posteriormente ser entregues fisicamente ao comprador, com a utilização de meios de transporte tradicionais, como ocorre na compra de livros físicos *via internet*[173].

Na atualidade, em razão da difusão do acesso à *internet* e aos dispositivos a ela conectados, a contratação eletrônica nas relações de consumo adquiriu uma importância capital, como instrumento de desenvolvimento da atividade comercial, devido às inúmeras vantagens que oferece aos consumidores em relação à tradicional contratação entre presentes. Destaca-se, entre elas, o rompimento de barreiras físicas e temporais, pois o consumidor que contrata *online* tem acesso a produtos oferecidos em diversas as partes do mundo, em lojas virtuais que funcionam 24h por dia, 7 dias por semana. As barreiras geográficas, relativizadas pela rapidez e simplicidade da contratação *online*, tornam-se simplesmente barreiras de caráter jurídico[174]. Por outro lado, a *internet* permite, por meio de seus instrumentos de busca, a comparação dos preços e características de uma vasta gama de produtos ofertados, o que acaba, ao mesmo tempo que favorecendo o consumidor, permitindo a concorrência entre grandes e pequenas empresas. Ademais, a contratação eletrônica facilita a redução dos preços dos produtos ofertados, isso porque o fornecedor reduz os seus custos inerentes ao mantenimento de estabelecimentos comerciais, e os produtos podem ser vendidos diretamente pelo fabricante ao consumidor, sem a necessidade da utilização de intermediários[175].

---

173. VEGA VEGA, José Antonio. *Contratos electrónicos y protección de los consumidores. Colección de derecho de las nuevas tecnologías*, cit., p. 61: "Dentro del comercio electrónico también podemos distinguir entre comercio electrónico directo *que se produce cuando la conclusión del contrato, la ejecución y el pago se produce on line, esto es, a través del suministro de dichos bienes o servicios por medio de la red, y comercio electrónico indirecto, cuando la conclusión se hace por medios electrónicos, pero la ejecución se realiza de forma tradicional por la entrega de bienes o la prestación de servicios*".

174. MENÉNDEZ MATO, Juan Carlos. *El contrato vía internet*, cit., p. 57: "En definitiva, se puede indicar que gracias al uso de Internet se ha logrado una superación del factor – espacio – en la contratación, entendido en su sentido estrictamente físico o geográfico; ahora bien, no en su sentido jurídico".

175. MENÉNDEZ MATO, Juan Carlos. *El contrato vía internet*, cit., p. 49 e 54: "permite el contacto directo y abierto entre los productores y los consumidores, sin necesidad de intermediarios que encarecerían el precio del producto o servicio ofertado" [...] "En teoría, la contratación a través de Internet debería facilitar la reducción de los precios de los productos y servicios ofrecidos por este medio, ya que el coste final es menor debido, sobre todo, a la falta de necesidad de empleo de intermediarios comerciales en los nuevos mercados electrónicos".

Diante dessa drástica mudança na realidade contratual, com origem no avanço das tecnologias da informação e na difusão do comércio eletrônico de consumo, se verifica uma necessidade de readequação do direito tradicional, com o fim de regular de forma eficaz a contratação a distância sob a forma eletrônica[176]. Essa necessidade de adaptação do direito se torna ainda mais evidente no âmbito do comércio eletrônico de consumo, considerando a assimetria informativa e de poder negocial entre consumidor e fornecedor, e a expressiva difusão da contratação pela *internet* no quotidiano do consumidor. Nessa conjuntura, foi publicada a Diretiva 2011/83/UE, cujo foco, dentre outras matérias, está na regulamentação da contratação de consumo a distância. No direito brasileiro, por sua vez, tramita o PL 3.514/15, que visa adaptar o CDC principalmente no tema relativo à contratação eletrônica de consumo. Por outro lado, este livro tem como protagonista a compra e venda eletrônica de consumo, figura contratual destacada no comércio eletrônico e, como será explicado no próximo tópico, categoria jurídica autônoma e distinta das demais compras e vendas do ordenamento jurídico, tendo em vista as suas diversas particularidades.

7. A COMPRA E VENDA ELETRÔNICA DE CONSUMO COMO CATEGORIA AUTÔNOMA: AS COMPRAS E VENDAS NO PLURAL

Neste livro que, como já elucidado, advém do trabalho de doutorado da autora, sustenta-se a tese de que a "compra e venda eletrônica de consumo" constitui uma autônoma categoria de contrato de compra e venda, distinta dos demais tipos de compras e vendas regulados no Código Civil e no Código do Consumidor. A tese foi concebida tendo como fonte de inspiração o evento realizado em 24 de maio de 2014, no *Polo Scientifico-Didattico di Terni*, promovido pelo curso de doutorado em Direito do Consumidor da *Università degli Studi di Perugia* e *Universidad de Salamanca*, sob a coordenação dos professores Lorenzo Mezzasoma, Eugenio Llamas Pombo e Vito Rizzo, intitulado: "*La Compravendita: realtà e prospettive*". Partindo desse pressuposto, o tópico a ser desenvolvido trata dos temas abordados no convênio, com especial referência à "compra e venda eletrônica de consumo" que, como será explicado, apesar das suas convergências

---

176. PINOCHET OLAVE, Ruperto. *Contratos electrónicos y defensa del consumidor*, cit., p. 16: "Como decimos, no cabe duda de que las nuevas tecnologías de información hacen necesarias algunas adecuaciones a la teoría general del contrato – entre otras materias – tal como en su momento lo necesitó por la aparición del Derecho del consumo, pero mientras la influencia del Derecho del consumo en la teoría general del contrato se encuentra sistematizada a través de abundantes trabajos de investigación, en el caso de las nuevas tecnologías, apenas ha comenzado"; CIACCI, Gianluigi. *Le fonti del diritto dell'informatica*. In: VALENTINO, Daniela (Coord). *Manuale di diritto dell'informatica*. 3. ed. Napoli: Edizioni Scientifiche Italiane, 2016, p. 7-30.

com o tipo contratual do Código Civil, trata-se de um novo tipo de compra e venda, possuidor de características próprias e autônomas, dentro do fenômeno da passagem da "compra e venda" às "compras e vendas", no plural.

No direito do consumidor, o regime de proteção contratual regulado no capítulo VI do CDC incide diretamente na regulamentação de todo e qualquer tipo de contrato celebrado entre o fornecedor e o consumidor, que tenha por objeto a prestação de serviços ou o fornecimento de produtos, sem levar em consideração, de modo direto, o regime jurídico dos contratos em espécie positivados no Código Civil. Como referido, o direito dos contratos nas relações de consumo constitui uma categoria de autônoma e distinta daquela do direito civil dos contratos, mas isso não significa que o direito do consumidor seja indiferente aos diversos tipos contratuais positivados no Código Civil, e que, portanto, seja irrelevante para a proteção do consumidor a determinação do tipo contratual. Neste contexto, emerge a importância da identificação e da definição da compra e venda eletrônica nas relações de consumo como categoria autônoma de contrato, distinta tanto da compra e venda civil e da mercantil, como também em relação às demais compras e vendas de consumo.

Na sociedade individualista, em que o direito de propriedade e a liberdade de iniciativa econômica são direitos fundamentais, destaca-se o contrato de compra e venda como o mais relevante instrumento de circulação de riqueza, consistindo em um acordo entre os particulares, a partir do qual se legitima a troca econômica de um bem por um preço[177]. A compra e venda surge com a difusão da economia monetária, pressupondo a invenção do dinheiro, inicialmente em substituição ao contrato de permuta das mercadorias, a simples troca de uma coisa por outra. Sob o ponto de vista sociológico e econômico, a compra e venda é a figura contratual mais difusa no âmbito da circulação de bens, onipresente no quotidiano da pessoa. Por sua vez, sob o ponto de vista jurídico, a compra e venda assume valor paradigmático na teoria dos contratos[178], sendo protótipo dos

---

177. D'AMICO, Giovanni. *La compravendita*, in *Trattato di Diritto Civile del Consiglio Nazionale del notariato.* Napoli: Editore Scientifiche Italiane, 2013, t. I. p. 14. Ver, também MARQUES, Claudia Lima. *Contratos no Código de Defesa do Consumidor*: o novo regime das relações contratuais. 8. ed. São Paulo: Ed. RT, 2011, p. 663: "A compra e venda é o contrato por excelência na sociedade de consumo, pois permite a movimentação das riquezas, dos bens, dos produtos. A compra e venda está presente vinculando os fornecedores da cadeia de produção (fabricante, montador, distribuidor, comerciante) e está presente vinculando o consumidor e o seu parceiro contratual, que denominamos aqui de fornecedor direto".

178. LUMINOSO, Angelo. *La Compravendita*. 9. ed. Torino: G. Giappichelli Editore, 2018, p. 1-3: "Tra i contratti di alienazione diretti a realizzare uno scambio di beni, il più diffuso nella pratica degli affari è sicuramente la compravendita. È anche il più importante fra tutti gli schemi contrattuali, sia per la rilevanza della sua funzione economica, sia, ancora, per il valore paradigmatico che assume nell'ambito della teoria dei contratti, sia, infine, per la ricchezza e la varietà di atteggiamenti, di sottotipi, di clausole e di regole che presenta".

contratos sinalagmáticos. Da mesma forma e, por conseguinte, a maior parte das operações entre consumidores e profissionais ocorrem por contrato de compra e venda, motivo pelo qual uma análise mais detida deste tipo contratual tem importância central na temática da proteção dos consumidores.

Na era das codificações, em nome do princípio de igualdade formal, o contrato de compra e venda foi positivado como categoria unitária, sendo abstraídas distinções de qualquer natureza. No Código Civil brasileiro, o art. 481 estabelece que "pelo contrato de compra e venda, um dos contratantes *se obriga* a transferir o domínio de certa coisa, e o outro, a pagar-lhe certo preço em dinheiro"[179]. O Código Civil italiano, por sua vez, dispõe que "a venda é o contrato que tem por objeto a transferência da propriedade de uma coisa ou a transferência de outro direito mediante a contrapartida de um preço" (art. 1.470, Código Civil italiano)[180]. O art. 1.445 do Código Civil espanhol define a compra e venda como o contrato pelo qual: "um dos contratantes se obriga a entregar uma coisa determinada, e o outro a pagar por ela um preço certo, em dinheiro ou sinal que o represente"[181]. Como se pode observar, enquanto no direito italiano a compra e venda tem efeito translativo ou real, no direito espanhol e brasileiro, de forma diversa, o contrato de compra e venda, por si só, não gera a transferência da propriedade dos bens.

No monossistema dos códigos, o conceito abstrato de compra e venda exerce uma força centrípeta, a partir da qual se confere tendencialmente tratamento jurídico unitário aos diversos tipos de compra e venda[182]. A partir de um conceito unitário de compra e venda, não se faz qualquer distinção levando-se em consideração eventuais diferenças entre os sujeitos ou de objeto, de forma, ou em relação a determinados aspectos relacionados ao tempo ou lugar de contratação ou de execução do contrato. Na era das codificações, inobstante o conceito unitário positivado nos códigos civis, não se pode olvidar que a codificação do direito comercial foi construída a partir da distinção entre a compra e venda civil e a mercantil, do que resulta a questão sobre se a venda no varejo ao consumidor seria civil ou comercial. O art. 191 do Código Mercantil de 1850 dispunha que "é unicamente considerada mercantil a compra e venda de efeitos móveis ou

---

179. Art. 481 do Código Civil brasileiro: "Pelo contrato de compra e venda, um dos contratantes se obriga a transferir o domínio de certa coisa, e o outro, a pagar-lhe certo preço em dinheiro".

180. Segundo o art. 1.470 do Código Civil italiano: "la vendita è il contratto che ha per oggetto il trasferimento della proprietà di una cosa o il trasferimento di un altro diritto verso il corrispettivo di un prezzo".

181. Segundo o art. 1.445 do Código Civil espanhol: "Por el contrato de compra y venta uno de los contratantes se obliga a entregar una cosa determinada y el otro a pagar por ella un precio cierto, en dinero o signo que lo represente".

182. LLAMAS POMBO, Eugenio. La vendita e la tutela del consumatore nell'ordinamento spagnolo. In: MEZZASOMA, Lorenzo; RIZZO, Vito; LLAMAS POMBO, Eugenio (a cura di). *La compravendita: realtà e prospettive*. Napoli: Edizioni Scientifiche Italiane s.p.a, 2015, p. 150; FERREIRA DE ALMEIDA, Carlos. *Os Direitos dos Consumidores*. Coimbra: Livraria Almeida, 1982, p. 19.

semoventes, para os revender por grosso ou a retalho [...]"[183]. Como se pode observar, pelo disposto no art. 191, a venda direta ao consumidor, ou seja, a venda ou revenda de mercadorias no varejo ou a retalho, submete-se ao regime jurídico da compra e venda mercantil. Todavia, a força centrípeta do conceito unitário de compra e venda, sob a influência do direito italiano, determinou a civilização do direito comercial, com a unificação do direito das obrigações, no Código Civil de 2002; ou melhor, a sua comercialização com a inclusão, no mesmo Código, de um livro dedicado ao direito da empresa.

Na sociedade de massas, com a transição do Estado Liberal para o Estado Social de Direito, verifica-se a afirmação dos direitos sociais com a descodificação do direito privado, associada especialmente à fragmentação da categoria dos contratos de locação de serviços e de compra e venda, originariamente regulados nos Códigos Civil e Comercial, com o surgimento dos microssistemas de direito do trabalho e do consumidor. Sob esta nova perspectiva, em que se acentua a existência de uma força centrífuga de fragmentação das categorias jurídicas unitárias, Angelo Luminoso adverte que, no seu entender, "a disciplina codicista da compra e venda já se apresenta particularmente rica, não inspirando-se em um modelo unitário, mas articulando-se em várias subespécies"[184]. Da mesma forma, Eugenio Llamas Pombo verifica que "o código civil e o código do comércio já contêm, em forma esparsa e não sistemática, genuínas disciplinas autônomas para algumas vendas que parecem escapar ao modelo de unidade"[185].

Angelo Luminoso ilustra o contrato de compra e venda, valendo-se da metáfora de "uma galáxia em contínuo movimento [...] cujos confins são difíceis

---

183. Código Mercantil brasileiro de 1850. Art. 191: "O contrato de compra e venda mercantil é perfeito e acabado logo que o comprador e o vendedor se acordam na coisa, no preço e nas condições; e desde esse momento nenhuma das partes pode arrepender-se sem consentimento da outra, ainda que a coisa se não ache entregue nem o preço pago. Fica entendido que nas vendas condicionais não se reputa o contrato perfeito senão depois de verificada a condição (art. 127). É unicamente considerada mercantil a compra e venda de efeitos móveis ou semoventes, para os revender por grosso ou retalho, na mesma espécie ou manufaturados, para alugar o seu uso; compreendendo-se na classe dos primeiros a moeda metallica e o papel moeda, títulos de Fundos públicos, acções de companhias e papeis de credito commerciaes, com tanto que nas referidas transacções o comprador ou vendedor seja comerciante".

184. Tradução livre, a citação original é a seguinte: "già la disciplina codicistica della compravendita si presenta particolarmente ricca, non ispirandosi ad un modello unitario ma articolandosi in varie sottospecie". LUMINOSO, Angelo. *La Compravendita*. 9. ed. Torino: G. Giappichelli Editore, 2018.

185. Nesses termos LLAMAS POMBO, Eugenio. *La vendita e la tutela del consumatore nell'ordinamento spagnolo*, cit., p. 149: "In realtà, proprio il codice civile e il codice del commercio già contengono, in forma sparsa e non sistematica, genuine discipline autonome per alcune vendite che sembrano sfuggire al modello di unità, apparentemente regolato negli artt. 1445 ss. c.c. Quella immobiliare, di merci o di cose mobili, delle cose fungibili, di crediti litigiosi, delle cose incorporee, di beni semoventi, di universitas rerum, vendita di eredità, di beni coniugali, la vendita di beni futuri, la vendita di cosa altrui; vendita di beni di minori e incapaci, vendita all'asta pubblica, la vendita con riserva di proprietà, la vendita con patto commissorio; la vendita con patto di riscatto, la vendita esclusiva, ecc".

de enxergar, e distinguir o que está dentro"[186]. Isso porque o sólido contrato de compra e venda civilístico passa por um processo tanto de erosão quanto de expansão e mutação da sua regulamentação, tanto dentro do Código Civil quanto fora dele. Essa diversidade de características da compra e venda no interior dos ordenamentos jurídicos, abriu caminho à ideia da existência de modelos de compra e venda diversos dos presentes nos códigos civis[187]. Não por outro motivo, relata Eugenio Llamas Pombo, "começa a perder sentido continuar a falar – da venda – como se fosse uma figura unitária", sendo mais apropriado na atualidade referir-se "às vendas", no plural[188]. Explica o autor, em sua obra *La Compraventa*, que "são tantas as diferenças que podemos encontrar na disciplina das compras e vendas, em função de quem intervenha no contrato, qual seja a natureza de seu objeto, em que âmbito geográfico se desenvolva *etc.*, que em boa técnica jurídica parece pouco útil ou pouco prático continuar referindo-se ao contrato de compra e venda como se fosse um único contrato submetido à disciplina do Código Civil, com algumas particularidades no caso da compra e venda mercantil, reguladas no Código Comercial"[189]. A mudança do conceito único "da venda" aos diversos tipos de "vendas" reflete um fenômeno mais amplo, que incide sobre todo o ordenamento jurídico: o da passagem do "monossistema", cujo núcleo é o Código Civil, ao "polissistema"[190], composto de diversas leis especiais e autônomas entre si.

Uma das inovações trazidas pela Diretiva 2011/83/UE foi a tipificação do contrato de compra e venda nas relações de consumo. A diretiva define o contrato de compra e venda como: "qualquer contrato ao abrigo do qual o profissional transfere ou se compromete a transferir a propriedade dos bens para o consumidor

---

186. Tradução livre, a citação original é a seguinte: "una galassia in continuo movimento [...] di cui fa fatica scorgere i confini e a distinguere quel che vi sta dentro". Nesses termos LUMINOSO, Angelo. Relazione Introduttiva. In: MEZZASOMA, Lorenzo; RIZZO, Vito; LLAMAS POMBO, Eugenio (a cura di). *La compravendita*: realtà e prospettive. Napoli: Edizioni Scientifiche Italiane s.p.a, 2015, p. 55-56.

187. LUMINOSO, Angelo. *Relazione Introduttiva*, cit., p. 62: "comincia, infatti, a farsi strada l'idea che tale disciplina abbia introdotto un modello di vendita nuovo e comunque diverso da quelle che emerge dal codice civile".

188. Tradução livre, a citação original é a seguinte: "comincia a perdere senso continuare a parlare – della vendita – come si fosse una figura unitaria". LLAMAS POMBO, Eugenio. La vendita e la tutela del consumatore nell'ordinamento spagnolo. In: MEZZASOMA, Lorenzo; RIZZO, Vito; LLAMAS POMBO, Eugenio (a cura di). *La compravendita*: realtà e prospettive. Napoli: Edizioni Scientifiche Italiane s.p.a, 2015, p. 145-146.

189. Tradução livre, a citação original é a seguinte: "Son tantas las diferencias que podemos encontrar en la disciplina de unas compraventas y otras, en función de quienes intervengan en el contrato, cuál sea la naturaleza de su objeto, en qué ámbito geográfico se desarrolle etc., que en buena técnica jurídica parece poco útil o, si se prefiere poco práctico, seguir aludiendo al contrato de compraventa como si se tratase de un único contrato sometido a la disciplina del CC, con algunas particularidades en el caso de la compraventa mercantil, que aparecen reguladas en el CCom". LLAMAS POMBO, Eugenio. *La Compraventa*, cit., p. 96.

190. LLAMAS POMBO, Eugenio. *La vendita e la tutela del consumatore nell'ordinamento spagnolo*, cit.

e o consumidor paga ou se compromete a pagar o respectivo preço, incluindo qualquer contrato que tenha por objeto simultaneamente bens e serviços" (art. 2º, parágrafo 1º, n. 5). Nota-se que a definição de compra e venda abrange tanto os casos em que a celebração do contrato transfere a propriedade dos bens, quanto os casos em que não transfere, com o fim de abranger as diferenças do referido contrato nos ordenamentos jurídicos dos Estados-Membros da União Europeia.

Na última parte do artigo da Diretiva 2011/83/UE, que contém a tipificação de contrato de compra e venda, lê-se: "incluindo qualquer contrato que tenha por objeto simultaneamente bens e serviços". Segundo Fabio Bravo, entende-se por esse excerto que também os contratos de causa mista, aqueles que envolvem, ao mesmo tempo, a transferência de bens e a prestação de serviços, e os que contenham objeto complexo, serão enquadrados na tipificação em questão. Podemos imaginar, a título ilustrativo, um contrato com um ourives, em que o profissional ao mesmo tempo fabrica uma joia conforme o pedido do consumidor, para sucessivamente vendê-la. Outro exemplo seria o da venda de um vestido de noiva sob medida.

Neste contexto, surge a compra e venda eletrônica nas relações de consumo como uma categoria jurídica autônoma e distinta das demais compras e vendas do ordenamento jurídico, digna de especial atenção na presente pesquisa de doutorado, devido às particularidades do seu regime jurídico. No Código Civil e/ou nas relações de consumo destacam-se as distinções entre os regimes jurídicos de venda "entre presentes", venda "entre ausentes", venda "dentro do estabelecimento comercial", venda "fora do estabelecimento comercial", venda "a distância", "venda nacional", "venda internacional", venda de "bens materiais", venda de "bens imateriais", a venda "telefônica", dentre diversas outras. Dessa forma, as vendas podem diferenciar-se tanto pelo conteúdo do contrato, quanto pela localização dos contratantes, e até mesmo pela forma do contrato[191]. Apesar da constatação dos diversos tipos de venda, nota Pietro Perlingieri que a função da compra é venda é sempre a mesma, não realizando somente interesses patrimoniais, e que, apesar dos microssistemas, não se deve perder de vista a estrutura unitária

---

191. LUMINOSO, Angelo. *La Compravendita*. 9. ed. Torino: G. Giappichelli Editore, 2018, p. 8-9: "La rilevata complessità della disciplina codicistica fa intravedere la possibilità di enucleare, all'interno dell'unitario tipo contrattuale della vendita, una pluralità di figure, Possibilità che si accresce alla luce delle novità introdotte dalle leggi speciali successive al codice e dalla prassi delle contrattazioni, dalle quali emerge una variegata gamma di sottospecie di vendita – che chiameremo convenzionalmente "vendite speciali" – e di "variazioni" attinenti ora ai soggetti, ora all'oggetto del contratto, ora alle modalità di contrattazione, ora al luogo o al tempo dell'esecuzione del contratto"; "L'altro fenomeno è quello della frammentazione del tipo contrattuale della vendita in una miriade di atteggiamenti, figure e modelli – introdotti dal codice civile, dalle leggi speciali o dalla prassi – ciascuno dei quali si presenta con speciali caratteristiche e variazioni concernenti, a seconda dei casi, i contenuti negoziali, le tecniche di contrattazione, la fattispecie formativa del contratto, gli effetti del contratto e via dicendo".

e coerente do sistema[192]. Por outro lado, apesar de todos esses tipos de compra e venda, Eugenio Llamas Pombo frisa que o consumidor, no fim das contas é, na maior parte dos casos, um simples comprador[193]. Enfim, observa-se que esse universo de vendas conta tanto com "contingências" quanto com "convergências" em relação ao modelo unitário tradicional da compra e venda[194].

O protagonismo da compra e venda de consumo se potencializa de forma vertiginosa, a partir da aceleração da globalização causada pelo advento da *internet* e do comércio eletrônico, que permitiram ao consumidor contratar a qualquer momento, a partir de qualquer lugar, modificando a perspectiva sobre as distâncias, o tempo e o espaço. Isso porque, como destaca Ettore Battelli, mesmo que seja possível a celebração de diversos tipos de contratos por meio da *internet*, devido à sua anatomia, a compra e venda é certamente, o tipo contratual "conatural do *e-commerce*"[195]. Da mesma forma, afirma Emilio Tosi que o "tipo negocial característico", embora não absorvente, do contrato telemático, é o contrato de compra e venda[196]. Ou seja, no contexto do comércio eletrônico de consumo, surge como categoria autônoma de contrato a distância, a compra e venda eletrônica, como o tipo de contrato eletrônico por excelência.

O comércio eletrônico, levando em consideração o seu modo de execução, distingue-se entre o "comércio eletrônico direto" e o "comércio eletrônico indireto". No comércio eletrônico direto, tanto a celebração do contrato quanto o seu cumprimento ocorrem por meio do ambiente virtual. No comércio eletrônico

---

192. PERLINGIERI, Pietro. Conclusioni dei lavori. In: MEZZASOMA, Lorenzo; RIZZO, Vito; LLAMAS POMBO, Eugenio. *La compravendita: realtà e prospettive*. Napoli: Editore Scientifiche Italiane s.p.a, 2015, p. 316: "Il contratto di compravendita è certamente fonte di un rapporto patrimoniale, ma lo scambio, nel quale consiste, caratterizza, senza esaurire, la sua funzione concreta che può essere articolata e complessa e come tale alla ricerca di una disciplina che non si identifica soltanto con quella specifica della vendita ma che è ricavabile dalla normativa del contratto in generale e da quella dei singoli contratti – e non soltanto di scambio, pur sempre interpretati alla luce dell'intero sistema ordinamentale".

193. LLAMAS POMBO, Eugenio. La vendita e la tutela del consumatore nell'ordinamento spagnolo. In: MEZZASOMA, Lorenzo; RIZZO, Vito; LLAMAS POMBO, Eugenio. *La compravendita*: realtà e prospettive. Napoli: Editore Scientifiche Italiane s.p.a, 2015, p. 151: "il consumatore è (non solo, ma) nella maggior parte dei casi semplicemente un compratore. Il contratto di vendita costituisce quasi sempre la strada di accesso per l'acquisizione di beni di consumo. Di conseguenza, lo studio e la regolamentazione delle vendite di consumo coinvolge, alla fine, praticamente tutti i rapporti del consumatore".

194. RIZZO, Vito. Prefazione: In: MEZZASOMA, Lorenzo; RIZZO, Vito; LLAMAS POMBO, Eugenio. *La compravendita*: realtà e prospettive. Napoli: Editore Scientifiche Italiane s.p.a, 2015, p. 6.

195. BATTELLI, Ettore. *I contratti del commercio online*, cit., p. 389: "Il tipo connaturale dell'e-commerce è la compravendita, ma nulla esclude la possibilità di concludere telematicamente anche fattispecie negoziali come, ad esempio, il trasporto [...]. In tal senso sono numerosi gli operatori economici che offrono ai loro potenziali fruitori prodotti o servizi [...] attraverso una rete di telecomunicazioni".

196. TOSI, Emilio. *Il contratto virtuale*: ricostruzione della categoria negoziale, cit., p. 92: "Tipo negoziale caratteristico, ma non assorbente, della categoria del contratto virtuale è senz'altro la vendita telematica, che costituisce l'archetipo negoziale del contratto di scambio alla base del commercio elettronico".

indireto, diferentemente, apesar de o contrato ter sido celebrado *online*, a execução do contrato ocorre *offline*. Isso porque no comércio eletrônico *indireto*, o contrato de compra e venda tem como objeto bens tangíveis, que devem posteriormente ser entregues fisicamente ao comprador, com a utilização de meios de transporte tradicionais, como ocorre na compra de livros físicos *via internet*. Por outro lado, no comércio eletrônico direto, a execução *online* do contrato pressupõe a transmissão de bens imateriais, como "venda de conteúdos digitais", *softwares*, *e-books*, ou, no âmbito dos serviços, a contratação de *streaming*.

O objeto deste livro é o contrato de compra e venda que regula o comércio eletrônico indireto. As peculiaridades da contratação eletrônica exigiram e seguem exigindo a adaptação da lei às novas realidades e técnicas de contratação, do que resultou o surgimento da "compra e venda eletrônica de consumo" e de suas regras particulares. A característica principal da "compra e venda eletrônica de consumo", que a diferencia dos demais tipos de venda, é o elemento "forma" do contrato, materializada por meios eletrônicos de comunicação, sob a "forma digital". No comércio eletrônico indireto, à forma eletrônica associa-se o aspecto da materialidade do bem de consumo vendido pela *internet*, que se reflete no regime jurídico que diz respeito ao tempo e ao lugar da execução do contrato. A peculiaridade da forma eletrônica de celebração do contrato a distância, também se reflete no regime jurídico de formação e conclusão do contrato, bem como, na submissão deste novo tipo contratual ao regime jurídico do direito de arrependimento previsto no CDC, aspectos que serão aprofundados nos capítulos que seguem. Antes disso, porém, em razão da sua importância na especificação da compra e venda eletrônica nas relações de consumo, convém aprofundar a distinção entre contratos a distância e contratos fora do estabelecimento comercial.

2
A COMPRA E VENDA ELETRÔNICA DE CONSUMO

Sumário: 1. O contrato eletrônico como categoria de contrato a distância; 2. A forma eletrônica; 3. A formação do contrato eletrônico; 4. O formalismo informativo; 5. O conteúdo da oferta no comércio eletrônico; 6. Adesão e aceitação *point and click* da oferta; 7. A compra e venda eletrônica: desumanização do contrato?

1. O CONTRATO ELETRÔNICO COMO CATEGORIA DE CONTRATO A DISTÂNCIA

A compra e venda eletrônica pode ser definida como um contrato celebrado a distância, pela *internet*. Conforme veremos no tópico 3 do presente capítulo, o regime jurídico de formação dos contratos varia levando em consideração a distinção dos contratos celebrados entre presentes e aqueles entre ausentes. No CDC brasileiro, essa distinção adquiriu importância por ocasião do disposto no seu art. 49, que regula o instituto do direito de arrependimento nos contratos celebrados fora do estabelecimento comercial e por telefone. A partir do disposto nesse artigo se realizará análise crítica, com o objetivo de verificar a sua incidência sobre os contratos eletrônicos celebrados nas relações de consumo. A análise será desenvolvida com base na legislação e doutrina comunitária, italiana e espanhola. A partir dessas premissas, intende-se introduzir no direito brasileiro uma doutrina que diferencie a contratação "a distância", da qual faz parte o "contrato eletrônico", daquela ocorrida "fora do estabelecimento comercial".

Como se pode observar, no momento em que foi introduzido o instituto do direito de arrependimento, a preocupação do legislador foi a da proteção do consumidor contra as vendas agressivas, realizadas fora do estabelecimento comercial, como à domicílio ou no local de trabalho do consumidor. Foi justamente em razão das práticas agressivas que, na União Europeia, foi aprovada a Diretiva 85/577/CEE, que considera contratos "negociados fora dos estabelecimentos comerciais", como aqueles estipulados "durante uma excursão organizada pelo comerciante fora dos seus estabelecimentos comerciais" ou "durante uma visita do comerciante: *i*) a casa do consumidor ou a casa de outro consumidor; *ii*) ao local de trabalho do consumidor" (art. 1). Ou seja, no direito comunitário, a contratação "fora do estabelecimento comercial" pressupõe a presença física simultânea dos contratantes.

No direito brasileiro, sob a influência desta diretiva, os autores do Anteprojeto criaram o disposto no art. 49 do CDC, segundo o qual o contrato poderá ser extinto unilateralmente pelo consumidor mediante o exercício do direito de arrependimento sempre que for celebrado "fora do estabelecimento comercial", "especialmente por telefone ou a domicílio"[1]. Como se pode observar, o legislador brasileiro inovou ao introduzir no direito do consumidor um regime jurídico próprio dedicado à categoria jurídica de contratos celebrados "fora do estabelecimento comercial". Ocorre que, ao exemplificar quais seriam os tipos de contratos celebrados "fora do estabelecimento comercial", o legislador incluiu nesta categoria tanto contratos "em domicílio" quanto os "por telefone". Ou seja, contraditoriamente, o legislador incluiu a venda "por telefone" como se fosse uma espécie de contrato celebrado "fora do estabelecimento comercial", do que resultou uma antinomia entre as distintas categorias de contratos celebrados "a distância" e "fora do estabelecimento comercial", este último regulado no art. 49 do CDC. Isso porque o contrato negociado "por telefone" simplesmente não se enquadra na categoria de contratos celebrados "fora do estabelecimento comercial".

Apesar disso, a partir do disposto no art. 49 do CDC, predomina o entendimento segundo o qual o contrato celebrado "a distância" seria uma espécie da categoria dos contratos celebrados "fora do estabelecimento comercial". Neste sentido, destaca-se a tese de Fabrício Germano Alves e Halissa Reis, segundo os quais a contratação fora do estabelecimento comercial "inclui internet, telefone, vendas em domicílio, entre outras que impossibilitam o consumidor de fazer um juízo de valor claro do objeto ou serviço adquirido, tal qual faria se estivesse pessoalmente"[2]. Os autores reforçam a sua tese, afirmando que "a expressão fora do estabelecimento comercial faz referência à ausência do ambiente físico do fornecedor, e consequentemente a distância do objeto da transação, o que impossibilita um juízo de valor mais apurado a respeito do produto adquirido"[3]. Em sentido

---

1. JUNQUEIRA GOMIDE, Alexandre. *Direito de Arrependimento nos Contratos de Consumo*. São Paulo: Almedina, 2014, p. 52.
2. GERMANO ALVES, Fabrício; REIS, Halissa. Aplicabilidade do direito de arrependimento no comércio eletrônico em relação aos produtos personalizados. *Cadernos de Direito*, Piracicaba, v. 17 (32), p. 131.
3. GERMANO ALVES, Fabrício; REIS, Halissa. *Aplicabilidade do direito de arrependimento no comércio eletrônico em relação aos produtos personalizados*, cit., p. 132.

oposto, interpretando o mesmo artigo 49 do CDC, Fábio Ulhoa Coelho conclui que "O artigo do CDC não deve ser aplicado ao comércio eletrônico, porque não se trata de negócio concretizado fora do estabelecimento comercial". Isso porque, no seu entender, a conclusão do contrato eletrônico não ocorre fora do estabelecimento comercial, pois "o consumidor está em casa, ou no trabalho [...] encontra-se, por isso, na mesma situação de quem se dirige ao estabelecimento físico". Por fim conclui, ainda, que "se o website não ostenta nenhuma técnica agressiva, o direito de arrependimento não se justifica"[4].

Apesar disso, na jurisprudência, predomina o entendimento mais favorável ao consumidor, segundo o qual o contrato eletrônico seria um contrato celebrado "fora do estabelecimento comercial". Neste sentido, na decisão proferida em 2006 pela 3ª Turma Recursal Cível do Tribunal de Justiça do Rio Grande do Sul, recurso 71000955773, o relator Eugenio Facchini Neto especificou no seu voto que "em se tratando de compra realizada fora do estabelecimento comercial – via Internet – cabível o exercício do direito de arrependimento pelo consumidor, nos termos do artigo 49, *caput*, do CDC"[5]. No mesmo sentido, na decisão proferida em 2021 pela 2ª Turma Recursal Cível do TJRS, ao recurso 71009896689, segundo a relatora Elaina Maria Canto da Fonseca: "considerando que a venda foi realizada fora do estabelecimento comercial, é cabível a desistência do contrato, nos moldes do art. 49 do CDC, aplicável aos contratos realizados por meio da Internet, de acordo com o entendimento doutrinário e jurisprudencial"[6].

Como se pode observar, na doutrina e na jurisprudência, os contratos celebrados via *internet* têm sido equiparados, por analogia, aos contratos por telefone, ou seja, de acordo com o art. 49 do CDC, como se fossem contratos celebrados "fora do estabelecimento comercial". No direito Europeu, os contratos "distância" e os "fora do estabelecimento comercial" sempre foram considerados contratos distintos entre si. Como referido, a Diretiva 85/577/CEE havia regulado somente

---

4. Em argumento ULHOA COELHO, Fábio. *Curso de direito comercial*. São Paulo: Saraiva, 2000, v. 3. Em sentido contrário DE LUCCA, Newton. Comércio eletrônico na perspectiva de atualização do CDC. *Revista Luso-Brasileira de Direito do Consumo*, Curitiba: Bonijuris, v. II, n. 3, p. 113-132, set. 2012..

5. Tribunal de Justiça do Rio Grande do Sul – TJRS. Turmas Recursais. Recurso Cível 71000955773, da 3ª Turma Recursal Cível. Recorrente: Terra Networks Brasil S.A. Recorrido: Luciane Ávila. Relator Desembargador Eugênio Facchini Neto. Porto Alegre, 03.10.2006. Disponível em: https://www1.tjrs.jus.br/site_php/consulta/consulta_processo.php?nome_comarca=Turmas%20Recursais&versao=&versao_fonetica=1&tipo=1&id_comarca=700&num_processo_mask=&num_processo=71000955773&codEmenta=7706337&temIntTeor=true.

6. Tribunal de Justiça do Rio Grande do Sul – TJRS. Recurso Inominado 71009896689, da 2ª Turma Recursal Cível. Recorrente: Andressa Mendes Medeiros. Recorrido: Editora Jurídica do Rio de Janeiro Ltda. Relatora Desembargadora Elaina Maria Canto da Fonseca. Porto Alegre, 31.03.2021. Disponível em: https://www1.tjrs.jus.br/site_php/consulta/consulta_processo.php?nome_comarca=Turmas%20Recursais&versao=&versao_fonetica=1&tipo=1&id_comarca=700&num_processo_mask=&num_processo=71009896689&codEmenta=7706337&temIntTeor=true.

os contratos celebrados "fora do estabelecimento comercial", razão pela qual, posteriormente, foi aprovada a Diretiva 97/7/CE, específica para a contratação "a distância", considerada aquela que "utilize exclusivamente uma ou mais técnicas de comunicação à distância até à celebração do contrato, incluindo a própria celebração" (art. 2º, parágrafo 1).

No início do século XXI, a revolução nas técnicas de comunicação determinadas pela expansão das redes de *internet* determinou surgimento de *websites* e *e-marketplaces*, popularizando o comércio *online* e a categoria do contrato eletrônico nas relações de consumo. Esta nova realidade se refletiu na elaboração da Diretiva 2011/83/UE, que substituiu as Diretivas 85/577/CEE e 97/7/CE, e cujo texto enfatizou ainda mais as diferenças entre a contratação "a distância" e "fora do estabelecimento comercial". Na Diretiva 2011/83/UE, o contrato "celebrado fora do estabelecimento comercial" passou a ser definido como aquele "celebrado na presença física simultânea do profissional e do consumidor, em local que não seja o estabelecimento comercial do profissional" (art. 2º, parágrafo 8)[7]. De acordo com o considerando 21, a proteção do consumidor nos casos de contratos celebrados "fora do estabelecimento comercial" se deve ao "elemento surpresa", já que os consumidores são abordados desprevenidamente, muitas vezes sujeitos a pressões psicológicas dos vendedores, e sem que tenham tempo para a adequada reflexão sobre orçamentos ou a aquisição de bens ofertados.

Por outro lado, o contrato celebrado a distância foi definido na Diretiva 2011/83/UE como aquele celebrado "sem a presença física simultânea do profissional e do consumidor, mediante a utilização exclusiva de um ou mais meios de comunicação a distância até ao momento da celebração do contrato, inclusive" (art. 2º, n. 7), por exemplo, por correio, *internet*, telefone ou fax (considerando 20), tem, portanto, características muito diferentes daqueles celebrados "fora do estabelecimento comercial". De acordo com o considerando 20, os *sites* que sirvam apenas para disponibilizar informações sobre o profissional, contendo o seu contato, mas que não permitam a celebração de contratos diretamente, não estão incluídos no âmbito da contratação a distância. Por outro lado, em algumas situações pode ser difícil definir se um contrato foi celebrado a distância ou presencialmente. Dentre essas situações se encontra aquela em que o consumidor visita o estabelecimento comercial apenas para recolher informações sobre os bens ou serviços, mas que as subsequentes negociações e celebração do contrato têm lugar à distância. De acordo com o considerando 20, nessas situações o contrato deve ser considerado como celebrado a distância.

---

7. Segundo o parágrafo 3 do art. 2º da diretiva, são *estabelecimentos comerciais* quaisquer instalações imóveis ou móveis de venda a retalho, onde o profissional exerça a sua atividade de forma permanente ou habitual.

Há também a hipótese em que o contrato é negociado no estabelecimento comercial do profissional, mas celebrado por meio de comunicação a distância; ou que, ainda, ao contrário, as negociações do contrato tenham sido iniciadas por meio de comunicação a distância, porém celebrado em seguida no estabelecimento comercial do profissional[8]. Nessas últimas hipóteses, no entanto, a diretiva pondera que não devem ser consideradas como contratos celebrados a distância. Por fim, a diretiva exclui do conceito de contrato celebrado a distância aquelas situações em que o consumidor, por meio de comunicação a distância, efetua reserva para prestação de serviços, como a de marcar horário para ir ao cabeleireiro. Embora o estabelecimento de todas essas diretrizes, o considerando 13 autoriza aos Estados-Membros da União Europeia a aplicar as disposições da Diretiva 2011/83/UE também a contratos que não são considerados "a distância" na sua acepção.

Nesse sentido, explica Francesco Paolo Patti que: "no âmbito dos contratos conclusos fora do estabelecimento comercial, o *ius poenitendi* é destinado a proteger o consumidor respeito à uma técnica comercial idônea a pegá-lo de surpresa [...] o consumidor, além de não estar suficientemente preparado para o encontro com o profissional, nem é movido pela intenção de estipular um contrato" [...] "Nos contratos a distância, ao contrário, o motivo do direito de arrependimento reside na distância entre os dois contratantes, da qual deriva *a*) a dificuldade para o consumidor de averiguar a seriedade do outro contraente; *b*) a impossibilidade do consumidor de examinar materialmente o bem que está prestes a adquirir; e, consequentemente *c*) a dificuldade de avaliar se o bem ofertado realmente atende às suas exigências"[9]. Da mesma forma, segundo as palavras de Ettore Battelli: "Enquanto os contratos negociados fora do estabelecimento comercial

---

8. VALENTINO, Daniela. I contratti a distanza e gli obblighi di informazione. In: PERLINGIERI, Pietro; CATERINI, Enrico (a cura di). *Il diritto dei consumi*. Rende: Edizioni Scientifiche Italiane, 2004, v. I. p. 252-254: "La disciplina non sarà applicabile se l'utilizzo delle tecniche a distanza ha caratterizzato una sola fase del procedimento negoziale"; "Le tecniche di comunicazione devono, inoltre, essere utilizzate dall'operatore sistematicamente, nell'ambito di un sistema di vendita o di prestazione di servizia a distanza organizzato dal fornitore; restano, pertanto, soggette alla precedente regolamentazione del d. leg n. 50 tutte le negoziazioni nelle quali la tecnica di comunicazione a distanza è meramente occasionale ed eventuale".

9. Tradução livre, a citação original é a seguinte: "nell'ambito dei contratti conclusi fuori dai locali commerciali, lo ius poenitendi è destinato a proteggere il consumatore rispetto ad una tecnica commerciale idonea a coglierlo di sorpresa [...] il consumatore, oltre a non essere sufficientemente preparato all'incontro con il professionista, neppure è mosso dall'intenzione di stipulare un contratto" [...] "Nei contratti a distanza, invece, il motivo di un diritto di recesso risiede nella lontananza che para i due contraenti, dalla quale deriva a) la difficoltà per il consumatore di sincerarsi della serietà dell'altro contraente; b) l'impossibilità per il consumatore di esaminare materialmente il bene che si accinge ad acquistare; e, conseguentemente c) la difficoltà di valutare se il bene offerto risponda realmente alle sue esigenze". PATTI, Francesco Paolo. Il recesso del consumatore: l'evoluzione della normativa. *Europa e diritto privato*. Milano: Giuffrè Editore, Fasc.4, 2012, p. 1013.

se caracterizam por uma típica potencialidade agressiva ligada ao chamado "efeito surpresa", que pressupõe, em linhas gerais, a presença física e contextual das partes contratantes, com a consequente possibilidade de uma margem de negociação e de documentação escrita, diferentemente, nos contratos a distância o elemento distintivo e qualificante é representado pela superação da unidade espaço-temporal entre o consumidor e o bem ofertado"[10].

Como se pode observar, no direito comunitário os contratos "a distância" e aqueles "fora do estabelecimento comercial" *stricto sensu* não se confundem, tendo em vista que a agressividade das duas formas de celebração contratual tem natureza completamente distinta. No âmbito dos contratos realizados "fora do estabelecimento comercial", com a presença física simultânea dos contratantes, o arrependimento se fundamenta, principalmente, na vulnerabilidade do consumidor diante do elemento surpresa. No âmbito dos contratos realizados "a distância", diferentemente, a mesma proteção se justifica tanto pela distância entre o consumidor e o profissional, quanto pela distância entre o consumidor e o produto a ser adquirido, o que impossibilita o consumidor de examinar os bens, verificar as suas características essenciais, e enfim, de avaliar adequadamente a conveniência do contrato a ser celebrado, dificultando a formação da vontade negocial do consumidor.

No direito brasileiro, o advento das tecnologias da informação também determinou a necessidade de adaptação do CDC à nova realidade da contratação eletrônica, o que resultou na elaboração do Projeto de Lei 3.514/2015, atualmente em tramitação no Congresso Nacional. Assim, no capítulo V do CDC, que trata "Das Práticas Comerciais", foi introduzida a seção VII, dedicada à "proteção do consumidor no comércio eletrônico e a distância". O 49 do CDC passaria a conter a seguinte disposição: "o consumidor pode desistir da contratação a distância no prazo de 7 (sete) dias a contar da aceitação da oferta, do recebimento ou da disponibilidade do produto ou serviço, o que ocorrer por último". Ocorre que, no parágrafo 2° do art. 49 do CDC, foi incluído o conceito segundo o qual a contratação "fora do estabelecimento comercial" seria um tipo de contratação "a distância", nos seguintes termos: "Por contratação a distância entende-se aquela efetivada fora do estabelecimento ou sem a presença física simultânea do consumidor e

---

10. Tradução livre, a citação original é a seguinte: "Mentre i contratti negoziati fuori dei locali commerciali si caratterizzano per una tipica potenzialità aggressiva legata al c.d "effetto sorpresa" che presuppone, in linea generale, la presenza fisica e contestuale delle parti contraenti, con la conseguente possibilità di un margine di negoziazione e di documentazione scritta, invece nei contratti a distanza l'elemento distintivo e qualificante è rappresentato dal superamento dell'unità spazio-temporale tra consumatore e professionista e tra consumatore e bene offerto". BATTELLI, Ettore. I contratti a distanza e i contratti fuori dai locali commerciali. In: RECINTO, Giuseppe; MEZZASOMA, Lorenzo; CHERTI, Stefano. *Diritti e tutele dei consumatori*. Napoli: Edizioni Scientifiche Italiane, 2014, p. 212-213.

do fornecedor, especialmente em domicílio, por telefone, por reembolso postal ou por meio eletrônico ou similar"[11].

Como se pode observar, com a intenção de corrigir o equívoco da redação do artigo vigente, o legislador está incorrendo em outro, pois a modalidade de contratação "a distância" não se confunde com contratos celebrados "fora do estabelecimento comercial[12]. A partir da nova redação contida no art. 49 do PL 3.514/2015, observa-se que o legislador substituiria, no *caput*, a categoria dos contratos celebrados "fora do estabelecimento comercial" pela categoria dos contratos celebrados "a distância" incluindo, contraditoriamente, no parágrafo 2º, a primeira como espécie da segunda. Ou seja, de modo equivocado, inverteu-se a contraditória relação entre gênero e espécie estabelecida na redação original do art. 49 do CDC, sem que fosse sanada a antinomia dela resultante.

O conflito de normas resultante da confusão entre gênero e espécie de contratos "a distância" e "fora do estabelecimento comercial", submetidos ao mesmo regime jurídico, provoca uma "lacuna de colisão"[13] que dificulta a compreensão e a aplicação do art. 49 do CDC vigente. No entanto, essa lacuna de colisão não está sendo sanada pela nova redação do art. 49 proposta no PL 3.514/2015. A persistente indistinção entre os modos de conclusão contratual dificulta o correto enquadramento jurídico dos contratos eletrônicos como contratos celebrados "a distância", os quais não podem ser confundidos com aqueles celebrados "fora do estabelecimento comercial"[14]. Essa indistinção acaba por acarretar uma despro-

---

11. Art. 49, § 2º PL 3.514/15: "Por contratação a distância entende-se aquela efetivada fora do estabelecimento ou sem a presença física simultânea do consumidor e do fornecedor, especialmente em domicílio, por telefone, por reembolso postal ou por meio eletrônico ou similar".

12. BATTELLI, Ettore. *I contratti a distanza e i contratti fuori dai locali commerciali*, cit., p. 212-213: "La caratteristica dei contratti conclusi fuori dai locali commerciali è che, di regola, mentre il commerciante prende l'iniziativa delle trattative, il consumatore è impreparato di fronte a queste trattative e si trova preso di sorpresa, cosicché non ha spesso la possibilità di confrontare la qualità e il prezzo che gli vengano proposti con altre offerte"; "Nel caso dei contratti a distanza la ratio è, invece, da ravvisare in primo luogo nell'esigenza di tutelare il consumatore che, a causa della distanza, si trovi nell'impossibilità di visionare il bene od il servizio offerto, ovvero di conoscere con sufficiente precisione le caratteristiche e le qualità e nell'oggettiva difficoltà di prendere consapevole coscienza delle relative condizioni contrattuali prima della conclusione del contratto"; "Mentre i contratti negoziati fuori dei locali commerciali si caratterizzano per una tipica potenzialità aggressiva legata al c.d. "effetto sorpresa" che presuppone, in linea generale, la presenza fisica e contestuale delle parti contraenti, con la conseguente possibilità di un margine di negoziazione e di documentazione scritta, invece nei contratti a distanza l'elemento distintivo e qualificante è rappresentato dal superamento dell'unità spazio-temporale tra consumatore e professionista e tra consumatore e bene offerto".

13. Expressão utilizada por CANARIS, Claus-Wilhelm. *Pensamento e conceito de sistema na ciência do direito*. Lisboa: Fundação Calouste Gulbenkian, 1983, p. 218-224.

14. DE LUCCA, Newton. O direito de arrependimento no âmbito do comércio eletrônico. *Revista Luso-brasileira de direito do consumo*, v. II, n. 4, dez. 2012, p. 21: "Por serem celebradas, como se afirmou, no âmbito do espaço virtual, devem ser consideradas como feitas a distância, tal como se entendeu, acertadamente, na União Europeia".

teção do consumidor pois, como afirma Guido Alpa, quando mais se distingue, mais se protege[15]. O consumidor merece tutela específica na contratação eletrônica, em razão das suas diversas particularidades, tão distintas da contratação "fora do estabelecimento comercial".

Diante de dificuldade exposta, tanto pelo art. 49 do CDC vigente quanto pelo PL 3.514/2015, cabe à doutrina e à jurisprudência, mediante interpretação sistemática, corrigir o direito vigente, para sanar esta contradição. Nesse contexto, visando conferir uma interpretação que esteja em conformidade com a disciplina de proteção do consumidor enquanto categoria socialmente vulnerável, conclui--se que identificam-se como categorias autônomas os contratos celebrados "a distância" e os contratos celebrados "fora do estabelecimento comercial", no âmbito dos quais incluem-se aqueles celebrados por telefone e os contratos eletrônicos. Dessa forma, partindo-se da premissa de que a "compra e venda eletrônica nas relações de consumo" constitui uma categoria jurídica autônoma de contrato, distinta das demais compras e vendas, sujeita a um regime jurídico diferenciado, o presente capítulo é dedicado ao estudo da formação desse novo tipo contratual.

2. A FORMA ELETRÔNICA

O incessante desenvolvimento das tecnologias da informação, fenômeno recente na história da humanidade, tem modificado a realidade social e econômica em escala global. Dentre seus diversos âmbitos de atuação, as novas tecnologias permitiram a transposição de grande parte da atividade econômica para o espaço virtual. Paralelamente ao modelo distributivo tradicional, passou a coexistir aquele que se desenvolve em meios eletrônicos, gerando competitividade entre duas realidades diversas[16]. O comércio eletrônico, ao viabilizar a celebração de contratos a distância como se fosse entre presentes, revolucionou o processo para aquisição de bens e serviços, rompendo barreiras físicas e temporais, próprias das formas tradicionais de contratação, entre consumidor e fornecedor. O advento das tecnologias da informação e da forma eletrônica refletiu-se no surgimento de um novo modo de contratação, sob a forma eletrônica, do que resulta a necessidade da análise da relação que se estabelece entre esta nova forma e a prova dos atos jurídicos em geral.

A forma, no moderno direito dos contratos, tem uma gama de significados e funções, tratando-se de uma terminologia polissemântica[17]. A doutrina identifica

---

15. ALPA, Guido. *Status e capacità*, cit., p. 3-5.
16. BATTELLI, Ettore. *I contratti del commercio online*, cit., p. 388.
17. Sobre a característica polissemântica de forma, ver PAGLIANTINI, Stefano. Il neoformalismo contrattuale dopo i D.lgs. 141/2010, 79/2011 e la Direttiva 2011/83/UE: una nozione (già) vieille renouvelée. *Persona e Mercato*. v. 4, p. 251. 2011.

pelo menos três significados distintos, acumuláveis ou não, para a definição de forma. A forma contratual, em seu sentido mais amplo, expressa Pietro Perlingieri, é "o veículo mediante o qual o conjunto de interesses das partes se torna objetivamente reconhecível"[18]. No mesmo sentido, retrata Cesare Massimo Bianca ser a forma, "o meio através do qual as partes manifestam o seu consenso"[19], representando a expressão máxima do princípio de liberdade contratual. A forma, em seu sentido *lato sensu*, portanto, é o meio pelo qual as manifestações de vontade se exteriorizam, seja por meio da fala, de gestos, da escrita ou do *point and click*, em botões virtuais, tornando-se perceptíveis e compreensíveis pelos sentidos.

Em relação a forma, é importante não confundir o conceito de forma enquanto modo de exteriorização de atos e negócios jurídicos, com a formalidade ou solenidade exigidas como requisito de validade dos atos[20]. A forma enquanto requisito de validade do negócio jurídico, aponta Francisco Amaral, rege-se por dois princípios opostos, o "formalismo", a partir do qual se exige, sob pena de nulidade[21], o respeito à forma prescrita em lei (art. 108) ou à vontade das partes (art. 109)[22], e o "consensualismo", que confere liberdade de forma (art. 107)[23]. No primeiro caso, a forma é *ad substantiam*, no segundo, a forma é *ad probationem*. Na era das codificações, firmou-se como regra preponderante o princípio do consensualismo, a partir do qual a forma assume essencialmente a função de comprovação da existência relações jurídicas[24]. Assim, no direito brasileiro, o art. 107 do Código Civil preceitua que "a validade da declaração de vontade não dependerá de forma especial, senão quando a lei expressamente a exigir". Todavia, quando o contrato tem por objeto constituição, alienação, modificação ou renúncia de direitos reais sobre imóveis, com valor não inferior a trinta vezes o

---

18. Tradução livre, a citação original é a seguinte: "il veicolo mediante il quale l'assetto di interessi composto dalle parti risulta oggettivamente riconoscibile". PERLINGIERI, Pietro. *Manuale di diritto civile*. 9. ed. Napoli: Edizioni Scientifiche Italiane, 2018, p. 512.

19. Tradução livre, a citação original é a seguinte: "*il* mezzo attraverso il quale le parti manifestano il loro consenso". BIANCA, Cesare Massimo. Istituzioni di diritto privato. Milano: Giuffrè Editore, 2014, p. 403.

20. AMARAL, Francisco. *Direito Civil*. 7. ed. São Paulo: Renovar, 2008, p. 422.

21. BIANCA, Cesare Massimo. *Istituzioni di diritto privato*, cit., p. 403.

22. Art. 1.352 c.c. italiano. "(Forme convenzionali) Se le parti hanno convenuto per iscritto di adottare una determinata forma per la futura conclusione di un contratto, si presume che la forma sia stata voluta per la validità di questo".

23. Art. 1.325 c.c italiano. "I requisiti del contratto sono: [...] 4) la forma, quando risulta che e' prescritta dalla legge sotto pena di nullità". Art. 1500 c.c. espanhol: "El contrato es real cuando, para que sea perfecto, es necesaria la tradición de la cosa a que se refiere; es solemne cuando está sujeto a la observancia de ciertas formalidades especiales, de manera que sin ellas no produce ningún efecto civil; y es consensual cuando se perfecciona por el solo consentimiento".

24. GENTILI, Aurelio. Documento elettronico: validità ed efficacia probatória. In: CLARIZIA, Renato (a cura di). *I contratti informatici*. Torino: UTET giuridica, 2007, p. 130.

maior salário mínimo, dispõe o art. 108 do Código Civil que a escritura pública é da substância do ato.

A forma, enquanto meio pelo qual se manifesta a vontade de atos ou negócios jurídicos, pode ser tácita ou expressa, verbal ou escrita, por instrumento particular ou público, dentre outras variantes. Como visto, de outra ordem, não relacionada à classificação dos contratos consensuais e formais ou solenes, se encontra a categoria autônoma dos contratos sob a forma eletrônica. O contrato sob a forma eletrônica não é, em si, um contrato formal, por não exigir a escritura pública ou a escritura privada. Isso não impede que, em determinados tipos de contratos eletrônicos, se agregue a forma sob a função solene, como requisito de validade do contrato.

Portanto, apesar de os contratos sob a forma eletrônica não serem, em si, solenes, em consonância com o mundo físico, pode haver casos específicos em que se exija procedimento especial para que se comprove a identidade das partes e as suas declarações de vontade[25]. Fabiano Menke explica que o mundo virtual reproduz o mundo físico, e utiliza esse como paradigma, motivo pelo qual naquele também vigora o princípio da liberdade de formas[26]. No entanto, a maioria dos contratos de consumo, pela sua natureza, possuem "forma convencional", característica que se reproduz na realidade virtual. Como esclarece Rocco Favale, a validade dos contratos de consumo não é subordinada à forma do contrato como requisito *ad substantiam*, apesar de a sua vestimenta poder assumir várias formas[27], como a eletrônica. O contrato de compra e venda de consumo, objeto que permeia a discussão deste livro, é um contrato consensual, não exigindo forma solene, o que se reflete na compra e venda eletrônica.

A passagem da utilização dos documentos cartáceos para os documentos informáticos é marcada pela incerteza jurídica quanto à validade deste último. Nessa transição, foi necessário o desenvolvimento de mecanismos capazes de comprovar a identidade das partes, e de garantir a imodificabilidade da documentação digital. Os contratos eletrônicos consistem na junção de declarações negociais juridicamente relevantes, contidas em um documento informático. Assim, os contratos conclusos via *internet*, seja nas relações de consumo ou entre fornecedores são, portanto, considerados documentos informáticos.

No Brasil, o reconhecimento da validade do documento informático ocorreu, inicialmente, pela Medida Provisória 2.200-2, de 24 de agosto de 2001, a partir

---

25. MENKE, Fabiano. *Apontamentos sobre o comércio eletrônico no direito brasileiro*, cit., p. 365.
26. MENKE, Fabiano. *Apontamentos sobre o comércio eletrônico no direito brasileiro*, cit., p. 365.
27. FAVALE, Rocco. Il formalismo nel diritto dei consumatori. *Contratto e Impresa*. Padova: Wolters Kluwer Italia Srl, n. 2, p. 588, lug./dic. 2012.

da qual foi instituída a Infraestrutura de Chaves Públicas Brasileira – ICP-Brasil, "para garantir a autenticidade, a integridade e a validade jurídica de documentos em forma eletrônica, das aplicações de suporte e das aplicações habilitadas que utilizem certificados digitais, bem como a realização de transações eletrônicas seguras".

Na Itália, o reconhecimento da validade e da relevância do documento informático ocorreu a partir da Lei 59, de 15 de março de 1997, denominada Lei Bassanini, em seu art. 15. Por determinação da Lei Bassanini, foi criado o d.P.R 445 de 2000, substituído pelo d.P.R 445 de 2000, o *Testo Unico delle disposizioni legislative e regolamentari in materia di documentazione amministrativa – TUDA*. Hoje, a regulação dos documentos informáticos é contida no *Codice dell'amministrazione digitale – CAD*, cujo art. 1, letra *p*, define documento informático como "a representação informática de atos, fatos ou dados juridicamente relevantes"[28]. Na Espanha, o *Real Decreto-Ley 14/1999* de 17 de setembro estabeleceu o marco da documentação e das firmas eletrônicas. Sucessivamente, a publicação da Diretiva 1999/93/CE inaugurou a temática da documentação e das firmas eletrônicas em âmbito comunitário. A referida diretiva foi transposta na Itália por meio do d. lgs. 10, de 23 de janeiro de 2002[29]. O Regulamento 910/2014, do Parlamento Europeu e do Conselho, derrogou a Diretiva 1999/93/CE.

Nesse cenário, no Brasil, na Itália e na Espanha é plenamente reconhecida a validade dos documentos eletrônicos e, de consequência, do contrato eletrônico. Podemos concluir que a forma eletrônica, característica dos contratos eletrônicos, encontra-se no campo semântico da forma *lato sensu*, por ser um meio de exteriorização da manifestação de vontade. Ainda, pode-se concluir que a característica diferencial do comércio eletrônico não se refere aos sujeitos, aos objetos, nem ao tipo contratual[30], comportando variantes em todos esses aspectos. O que caracteriza a contratação por meios virtuais é justamente a utilização da tecnologia da informação como forma de veiculação da manifestação de vontade, com o fim da formação e conclusão do contrato.

Assim, o emprego de instrumentos informáticos para fins negociais é denominado de contratação eletrônica ou telemática[31], ou seja, a característica basilar da contratação via *websites* ou por *e-mail* se encontra justamente na forma do contrato, denominada forma digital ou eletrônica. É a forma digital que distingue

---

28. Tradução livre, o texto original é o seguinte: "la rappresentazione informatica di atti, fatti o dati giuridicamente rilevanti" (art. 1, letra *p*, do *"Codice dell'amministrazione digitale – CAD"*).
29. D. lgs. 23 *gennaio* 2002, n. 10.
30. TOSI, Emilio. *Il contratto virtuale*: ricostruzione della categoria negoziale, cit., p. 80.
31. DELFINI, Francesco. *Forma Digitale, contrato e commercio elettronico*. Milano: UTET Giuridica, 2020, p. 43.

os contratos eletrônicos dos demais tipos contratuais, celebrados entre presentes ou a distância, por correspondência ou telefone.

Como descreve Emilio Tosi, "a utilização da forma informática telemática não deixa de ter efeitos sobre o procedimento de formação do contrato: o substrato tecnológico escolhido condiciona, então, não somente a forma de manifestação da vontade, mas também o procedimento formativo"[32]. Nesse sentido, tendo em vista que a forma do contrato também condiciona a sua formação, no próximo tópico será analisada justamente a temática da formação do contrato sob a forma eletrônica.

3. A FORMAÇÃO DO CONTRATO ELETRÔNICO

No direito dos contratos, com o objetivo de definir o regime jurídico que irá reger o momento da sua conclusão, é clássica a distinção dos contratos celebrados "entre presentes" e "entre ausentes". Os contratos, em geral, são celebrados entre presentes. Nas relações de consumo, os contratos celebrados "entre presentes", tradicionalmente, eram aqueles cuja celebração ocorria com a presença física simultânea das partes. O regime especial de formação do contrato "entre ausentes", por sua vez, foi criado para respaldar a contratação por meio de cartas, em que as partes não estavam presentes física e simultaneamente entre si, sendo mais complexa a verificação do exato momento de conclusão do contrato. Com o advento das novas tecnologias de comunicação e da *internet*, no entanto, surgiu uma nova possibilidade celebração de contratos entre ausentes, sob a forma eletrônica, por correio eletrônico ou *e-mail*, que revolucionou a tradicional comunicação a distância, erodindo o monopólio estatal dos correios tradicionais conferido à União no art. 21, X, da Constituição brasileira de 1988.

No século XX, a invenção do telefone propiciou a possibilidade da celebração de contratos a distância como se fosse entre "presentes". Em sintonia com essa nova modalidade de contratação, o art. 428, I, do Código Civil brasileiro disciplinou essa nova realidade ao dispor que se considera "também presente a pessoa que contrata por telefone ou por meio de comunicação semelhante". Na ocasião em que foi promulgado o novo Código Civil, o legislador ainda não havia identificado os efeitos das novas tecnologias da informação no direito dos contratos, e a consagração do contrato eletrônico como forma revolucionária de contrato a

---

32. Tradução livre, a citação original é a seguinte: "l'utilizzo della forma informatica-telematica non è priva di effetti sul procedimento formativo del contratto: il substrato tecnologico scelto condiziona, quindi, non solo la forma della manifestazione di volontà ma anche, si ribadisce, il procedimento formativo". TOSI, Emilio. *Contratti informatici, telematici e virtuali. Nuove forme e procedimenti formativi*, cit., p. 47.

distância: no entanto, pode-se afirmar que a celebração de contratos a distância por meio da *internet*, por analogia ao telefone, se enquadra nessa modalidade de contratação prevista no art. 428, I, do Código Civil, ou seja, pelo regime jurídico da contratação entre presentes.

A formação contratual é o momento e o modo em que se constitui o contrato, resultado do encontro de duas manifestações de vontade, a proposta e a aceitação. Todos os contratos têm um ciclo de vida, integrado por três marcantes fases, a de "geração", a de "perfecção" e a de "consumação"[33]. Como aponta Cesar Santolim, "a formação obrigacional é suscetível de apreciação lógica e cronológica, que seja capaz de determinar a distinção entre a contratualidade já configurada e uma fase que a precede: o pré-contrato"[34]. Dentro do período pré-contratual, que culmina na formação do contrato, pode-se distinguir os seguintes elementos que se sobressaem: 1) negociações preliminares *stricto sensu*, suprimida no caso dos contratos de adesão; 2) proposta, que é uma manifestação de vontade que expressa o desejo definitivo e completo de contratar[35] e, por fim, 3) aceitação[36], que, conjugados, resultam no nascimento do contrato. A perfecção do contrato é, conforme explica Enrique Lalaguna Domínguez: "de um lado, o momento em que se conclui o processo formativo e, de outro, o momento em que se inicia a existência do contrato e a produção de seus efeitos"[37]. É a partir deste momento que incide o princípio da eficácia obrigatória do contrato, tornando-se exigível o seu cumprimento por qualquer das partes contratantes. Na contratação eletrônica, a oferta e a aceitação, cuja junção resulta na formação do contrato, são manifestadas pelas partes em ambiente ciberespacial[38].

---

33. Sobre a formação do contrato ALVENTOSA DEL RÍO, Josefina. *Perfección del contrato*. Barcelona: Nueva Enciclopedia Jurídica Seix, 1989. DÍEZ-PICAZO, Luís; PONCE DE LEÓN. La formación del contrato. *Anuario de Derecho Civil*, 1995.

34. SANTOLIM, Cesar Viterbo Matos. *Formação e Eficácia Probatória dos Contratos por Computador*. São Paulo: Saraiva, 1995, p. 3: "a formação obrigacional é suscetível de apreciação lógica e cronológica, que seja capaz de determinar a distinção entre a contratualidade já configurada e uma fase que a precede: o pré-contrato".

35. MENÉNDEZ MATO, Juan Carlos. *La Oferta Contractual*. Navarra: Editorial Aranzadi, 1998, p. 21. Ver, também, PONTES DE MIRANDA, Francisco Cavalcanti. *Tratado de Direito Privado*. Parte Especial, Tomo XXXVIII. São Paulo: Ed. RT, 1984, p. 26, segundo o qual a oferta é: "a primeira manifestação de vontade, a que se há de seguir a aceitação, para que se conclua o negócio jurídico bilateral"; GUILLÉN CATALÁN, Raquel. *El regímen jurídico de la oferta contractual dirigida a consumidores*. Madrid: Fundación Registral, 2010.

36. PEREIRA, Caio Mário da Silva. *Instituições de Direito Civil*. Rio de Janeiro: editora Forense, 1997, v. III. p. 19.

37. Tradução livre, a citação original é a seguinte: "de un lado, el momento en que se concluye el proceso formativo y, de otro, el momento en que se inicia la existencia del contrato y la producción de sus efectos". LALAGUNA DOMINGUEZ, Enrique. *El Contrato*: estructura, formación y eficacia. Valencia: tirant lo blanch, 1997, p. 107.

38. VEGA VEGA, José Antonio. *Contratos electrónicos y protección de los consumidores. Colección de derecho de las nuevas tecnologías*, cit., p. 68; ALTMARK, Daniel Ricardo. La etapa precontractual

A hipótese da formação dos contratos via "correio eletrônico", por meio dos quais os contratantes estabelecem uma comunicação direta (*one to one*), análoga ao do tradicional correio físico, é sujeita às regras da formação dos contratos entre "ausentes"[39]. Nesse tipo de contratação por "meio de comunicação indireto"[40], o fornecedor tem o dever de, em consonância com o sistema tradicional de cartas, verificar periodicamente o seu correio eletrônico ou equivalente, tendo em vista a "presunção de conhecimento ou conhecibilidade". Apesar da possibilidade de contratação eletrônica por *e-mail* e outros canais de comunicação semelhantes, essa modalidade de *e-commerce* não é comum nas relações de consumo, devido ao grande volume de contratação, que impede a efetiva negociação entre as partes. Por esse motivo, muito mais difusa é a contratação eletrônica de consumo em *websites* e "plataformas eletrônicas", mediante o sistema *point and click*, que viabiliza a contratação massificada e automatizada.

De forma similar à contratação por telefone, a contratação eletrônica de consumo pelos *websites* e "plataformas eletrônicas" também revolucionou o modo de manifestação da vontade negocial. Isso porque a contratação por *sites* possibilita que sujeitos fisicamente "ausentes" celebrem um contrato de forma instantânea, regido pelas regras de contratação entre "presentes" prevista no art. 428, I, do Código Civil brasileiro, em analogia à contratação pelo telefone[41]. Nesse sentido, conforme dispõem os autores Valentín Carrascosa López, Maria Pozo Arranz e Eduardo Pedro Rodríguez de Castro, os contratos celebrados em *websites* são regidos pelo regime da contratação entre "presentes", tendo em vista que "é a falta de intercâmbio imediato das declarações de vontade que determina

---

en los contratos informáticos. In: ALTMARK, Daniel Ricardo (Dir.); BIELSA, Rafael A. (Coord.). *Informática y derecho. Aportes de doctrina internacional*. Buenos Aires: Ediciones Depalma, 1987. v. 1. GRIMALT SERVERA, Pedro. La formación del contrato celebrado por medios electrónicos. In: PARRA LUCÁN, María Ángeles (Dir.). *Negociación y perfección de los contratos*. Navarra: Thomson Reuters, 2014.

39. MORENO NAVARRETE, Miguel Ángel. *Contratos electrónicos*, cit., p. 37: "Si somos una empresa que ofrece a sus clientes habituales, vía correo electrónico, una serie de condiciones sobre sus productos, la respuesta no tiene que ser inmediata [...]. En este caso estamos más cerca de la contratación entre ausentes"; BATTELLI, Ettore. *I contratti del commercio online*, cit., p. 407-409. Segundo Ettore Battelli, podem-se distinguir duas grandes categorias pelas quais se formam os contratos eletrônicos, aquela por meio de comunicação direta e a por meio de comunicação indireta. Na contratação eletrônica por meio da comunicação indireta, a formação do contrato ocorre em forma análoga com a tradicional teoria de formação dos contratos prevista nos códigos civis.

40. BATTELLI, Ettore. *I contratti del commercio online*, cit., p. 407-408.

41. PERALES VISCASILLAS, Pilar. Formación del contrato. In: BOTANA GARCÍA, Gema Alejandra (Coord.). *Comercio electrónico y protección de los consumidores*. Madrid: La ley, 2001, p. 414: "La electrónica, en definitiva, no deja sino de ser el medio de expresión de una voluntad [...]. En ese sentido entendemos que se pueden proyectar a los modernos medios de comunicación la teoría general del negocio jurídico, particularmente las reglas sobre la oferta y la aceptación como determinantes de la perfección contractual".

a ausência na contratação"[42]. Nesse contexto, Miguel Ángel Moreno Navarrete conclui que, nesse tipo de contratação automatizada, não teria sentido debater sobre as teorias de conhecimento e emissão, da contratação entre ausentes, pois "a emissão da aceitação e a recepção da mesma se produzem quase em tempo real", fundindo-se no tempo[43].

Por meio dos *websites* o fornecedor constrói uma loja virtual, expondo seus produtos ou serviços, descrevendo as suas características e os respectivos preços. A oferta de produtos e serviços nos sítios eletrônicos equivale à proposta de contratação[44]. Por dirigir-se a um número indeterminado de indivíduos, a oferta de produtos *online* se classifica como uma oferta ao público[45]. As contratações por *websites* também são denominadas *point and click agreements*, em referência ao movimento do *mouse* de apontar e clicar em "botões telemáticos", "ícones" e "imagens" do *site* durante a formação do contrato. Trata-se de uma contratação mecânica, tendo em vista que o fornecedor não está de fato presente, e suas ações são automatizadas pela programação do *site*. O consumidor pode selecionar diversos produtos diferentes e adicioná-los em seu carrinho virtual, optando por realizar a compra imediatamente ou em momento posterior. Ademais do *point* e do *click*, o consumidor deve preencher formulários virtuais, identificando-se e informando, no caso do comércio eletrônico indireto, o endereço de expedição dos bens.

Segundo Carlos de Jorge Pérez, os *point and click agreements* são aqueles contratos em que, por meio do *click*, "existe um ato de vontade consciente e ativo por parte do usuário, que comprova a sua intenção de firmar o contrato para receber o produto ou serviço em questão, aderindo às cláusulas que o prestador

---

42. Tradução livre, a citação original é a seguinte: "es la falta de intercambio inmediato de declaraciones de voluntad la que determina la ausencia en la contratación". CARRASCOSA LÓPEZ, Valentín; POZO ARRANZ, María Asunción; RODRÍGUEZ DE CASTRO, Eduardo Pedro. *La contratación informática*: el nuevo horizonte contractual. Los contratos electrónicos e informáticos, cit., p. 25. Ver, também, PINOCHET OLAVE, Ruperto. *Contratos electrónicos y defensa del consumidor*, cit., p. 48-49: "creemos en definitiva que lo fundamental a la hora de determinar si un medio de contratación es clasificado como entre ausentes o entre presentes no es el hecho de que se encuentren juntos físicamente, sino el expresado, en el sentido de que puedan mantener comunicación instantánea"; MAGALHÃES MARTINS, Guilherme. *Formação dos contratos eletrônicos via internet*. 2. ed. São Paulo: Lumen Juris Editora, 2010, p. 141.
43. Tradução livre, a citação original é a seguinte: "la emisión de aceptación y la recepción de la misma se produce casi en tiempo real". MORENO NAVARRETE, Miguel Ángel. *Contratos electrónicos*, cit., p. 37. Ver, também, PINOCHET OLAVE, Ruperto. *Contratos electrónicos y defensa del consumidor*, cit., p. 56: "En todo caso, los efectos jurídicos serán prácticamente los mismos que los generados por la contratación entre presentes, pues como hemos dicho y siguiendo la teoría de la recepción, la aceptación llegará a conocimiento inmediato del oferente – memoria de su ordenador – momento desde el cual se presumirá perfeccionado el contrato".
44. DELFINI, Francesco. *Forma digitale, contratto e commercio elettronico*, cit., p. 90.
45. TOSI, Emilio. *Il contratto virtuale: ricostruzione della categoria negoziale*, cit., p. 111.

de serviço impõe para que possa continuar a transação"[46]. Dessa forma, os contratos eletrônicos *point and click* são contratos de adesão, caracterizados por sua celeridade, automaticidade e simplicidade de conclusão.

Dentre os contratos eletrônicos celebrados em *websites*, pela sistemática *point and click*, distinguem-se aqueles em *websites* ordinários, em que o fornecedor oferta produtos diretamente ao consumidor, em seu próprio *website*, e as chamadas "plataformas digitais", "plataformas eletrônicas" ou "*e-marketplace*"[47], nas quais uma série de prestadores e profissionais "ofertam seus produtos através do canal de venda que constrói a plataforma"[48], ou seja, como um verdadeiro mercado digital. Teresa Rodríguez de las Heras Ballell descreve a existência de dois tipos distintos de relações entre sujeitos nas plataformas digitais: "a vertical, entre o operador e os usuários da plataforma, e a horizontal, dos usuários entre si"[49]. As plataformas podem classificar-se entre "plataformas não transacionais" e "plataformas transacionais"[50]. Enquanto as primeiras atuam apenas com o objetivo de permitir o acesso e agrupamento de informações, nas segundas é

---

46. Tradução livre, a citação original é a seguinte: "existe un acto consciente y activo de voluntad por parte del usuario que acredita su intención de subscribir el contrato para recibir el producto o servicio que se trate, adhiriéndose a los clausulados que el prestador del servicio impone para poder continuar el proceso de transacción". JORGE PÉREZ, Carlos de. Click, browse and login agreements: ¿Sabemos qué contratamos en internet? In: BUENO DE MATA, Federico (Coord.). *Fodertics 6.0*: los nuevos retos del derecho ante la reta digital. Granada: Editorial Colmares, S.L, 2017, p. 350.

47. De acordo com o art. 3º da Diretiva 2019/2161/UE "mercato em linha" constitui "um serviço com recurso a software, nomeadamente um sítio Web, parte de um sítio Web ou uma aplicação, explorado pelo profissional ou em seu nome, que permita aos consumidores celebrar contratos à distância com outros profissionais ou consumidores".

48. Tradução livre, a citação original é a seguinte: "ofertan sus productos a través del canal de venta que construye la plataforma". Ademais, segundo autor, "podríamos concluir que las plataformas electrónicas (especialmente las transaccionales) son prestadores de servicios de la información que realizan una intermediación mediante la cual ponen a disposición de las futuras partes contratantes el canal adecuado y los medios técnicos e informáticos necesarios, para que se pueda concluirse el contrato relativo al bien o servicio que interesa". ÁLVAREZ MORENO, María Teresa. *La contratación electrónica mediante plataformas en línea*: modelo negocial (B2C), régimen jurídico y protección de los contratantes (proveedores y consumidores. Madrid: Editorial Reus, 2021, p. 12-41.

49. Tradução livre, a citação original é a seguinte: "la vertical, entre el operador y los usuarios de la plataforma y, la horizontal, los usuarios entre sí". RODRÍGUEZ DE LAS HERAS BALLELL, Teresa. La contratación en plataformas electrónicas en el marco de la estrategia para un mercado único digital en la Unión Europea. In: PASTOR GARCÍA, Alicia María; MARTENS JIMÉNEZ, Isabel; CASTILLO PARRILLA, José Antonio (Dir.). *El mercado digital en Unión Europea*, 2019, p. 105. Ver também GARCÍA MONTORO, Lourdes. El futuro del mercado digital único pasa por la regulación de las plataformas online. *Revista CESCO de Derecho de Consumo*, 2016, p. 3: "En el proceso de contratación a través de la plataforma en línea intervendrían tres partes, si bien se constituirían solamente relaciones bilaterales, a saber: contrato proveedor-cliente; contrato plataforma-proveedor; contrato plataforma-cliente".

50. ÁLVAREZ MORENO, María Teresa. *La contratación electrónica mediante plataformas en línea*: modelo negocial (B2C), régimen jurídico y protección de los contratantes (proveedores y consumidores. Madrid: Editorial Reus, 2021, p. 37.

possibilitada a efetiva celebração de um contrato. Dessa forma, as plataformas transacionais constituem "um entorno digital fechado de interação múltipla entre os usuários, gestionado centralizadamente por um operador", no qual é possível o estabelecimento de relações contratuais entre os sujeitos participantes[51].

Em conclusão, o contrato eletrônico, objeto da presente análise, pode ser definido como um contrato celebrado a distância, sob a forma eletrônica, por meio de *websites*. Este novo tipo contratual tem características distintas daquelas dos contratos celebrados entre presentes, pois é um contrato celebrado a distância. Por outro lado, também não se confunde com os tradicionais contratos celebrados a distância, via correspondência ou qualquer outra forma equivalente de comunicação a distância. Isso porque as novas tecnologias permitiram que contratos celebrados a distância fossem concluídos de forma imediata, razão pelo qual, nos termos do art. 428, I, do Código Civil, este novo tipo contratual está submetido ao regime de formação dos contratos celebrados "entre presentes".

4. O FORMALISMO INFORMATIVO

O contrato de compra e venda a distância, sob a forma eletrônica, é um contrato consensual, em que a forma é *ad probationem*. Todavia, conforme se refere Pietro Perlingieri, a forma do contrato atende a múltiplas funções, que podem conviver entre si, gerando uma gama de consequências diversas[52]. Ademais da sua função mais ampla, de instrumento de manifestação de vontade, em que se enquadra a manifestação por meio eletrônico, e da sua clássica função de requisito essencial do contrato, em contratos solenes, é perceptível a sua ascensão em um terceiro âmbito, que se denomina "formalismo informativo", "formalismo de proteção" ou "forma-conteúdo", às vezes também referido como "neoformalismo".

O formalismo informativo ou de conteúdo, nas relações de consumo, pode ser definido como um conjunto de deveres de informação previstos em lei que se impõe ao fornecedor e que integram o contrato nas relações de consumo. Nas relações de consumo, o desequilíbrio no momento da formação do contrato é

---

51. Tradução livre, a citação original é a seguinte: "un entorno digital cerrado de interacción múltiple entre los usuarios, gestionado centralizadamente por un operador". RODRÍGUEZ DE LAS HERAS BALLELL, Teresa. La contratación en plataformas electrónicas en el marco de la estrategia para un mercado único digital en la Unión Europea. In: PASTOR GARCÍA, Alicia María; MARTENS JIMÉNEZ, Isabel; CASTILLO PARRILLA, José Antonio (Dir.). *El mercado digital en Unión Europea*, 2019, p. 105-106. Ver, também, RODRÍGUEZ DE LAS HERAS BALLELL, Teresa. The Legal Anatomy of Electronic Platforms: A Prior Study to Assess the Need of Law of Platforms the EU. *The Italian Law Journal*, v. 3, n. 1, 2017.

52. PERLINGIERI, Pietro. Vincoli formali tra esigenze di tutela del consumatore e profili di carattere fiscale. *Le Corti Umbre*. Napoli: Edizioni Scientifiche Italiane, n. 2, p. 286. 2013.

caracterizado por uma profunda assimetria informativa[53] entre fornecedores e consumidores, pois enquanto o fornecedor é, no mundo dos negócios, um *expert*, o consumidor é inexperiente, vulnerável ao *dolus bonus*, um leigo que desconhece tanto as técnicas de negociação quanto às qualidades do produto a ser adquirido. Não por outro motivo, no Estado Social de Direito, o direito à informação converteu-se em direito fundamental social do consumidor, garantido em nome do princípio da justiça contratual, com o objetivo de reequilibrar a relação entre consumidores e fornecedores.

Como referido, a simples imposição do dever de informar, a partir do genérico princípio da boa-fé do direito codificado, revelou-se insuficiente para garantir uma eficaz proteção do direito à informação dos consumidores, e da consequente genuína formação da vontade negocial do consumidor, tornando-se necessária a intervenção legislativa do Estado para regulamentação dos contratos nas relações de consumo. A compra e venda eletrônica de consumo é um contrato consensual, mas a imposição do dever de informar pressupõe que o seu adimplemento pelo fornecedor ocorra sob a forma escrita, verificando-se o paradoxal fenômeno do formalismo de conteúdo, que é um formalismo de proteção, em que se exige que o conteúdo específico do dever de informar seja previsto sob a forma escrita no contrato. Parte da doutrina considera o formalismo informativo até mesmo um "terceiro modelo de forma solene"[54]. Segundo Rocco Favale, no entanto, a aceleração do formalismo não representa uma ruptura do sistema, mas um seu desdobramento, com origem remota na disciplina da forma contida no Código Civil, motivo pelo qual a denominação "neoformalismo" não seria adequada[55].

O formalismo informativo representa uma tendência de extensão dos vínculos de forma ao conteúdo do contrato, uma ampliação do espectro regulamentar da sua forma[56], que atinge desde o seu processo de formação até a sua execução. No formalismo informativo ou de proteção, a forma assume papel de adimplemento de obrigação de informação[57]. Essa nova função da forma tem como finalidade uma tutela mais ampla do contratante vulnerável, o que se consolida por meio

---

53. GALLO, Paolo. Asimmetrie informative e doveri di informazione. *Rivista di Diritto Civile*, p. 651, 2004: "Le asimmetrie informative creano dunque danni alla società nella misura in cui ostacolano l'instaurazione di un mercato, o comunque riducono il volume dei possibili scambi" "il correttivo più semplice delle asimmetrie informative è costituito dai doveri di informazione".

54. Tradução livre, a citação original é a seguinte: "terzo modello di forma solene". ROSSI CARLEO, Liliana. *Il diritto all'informazione: dalla conoscibilità al documento informatico*, cit., p. 148.

55. FAVALE, Rocco. Forme legale e tutela dei consumatori. *Le Corti Umbre*. Napoli: Edizioni Scientifiche Italiane, n. 2, p. 319 e 321. 2013.

56. FAVALE, Rocco. *Forme legali e tutela dei consumatori*, cit., p. 319.

57. PERLINGIERI, Pietro. *Manuale di diritto civile*, cit., p. 514.

da disponibilização de informações específicas[58]. A sua função é a de, diante da insuficiência da forma do acordo para garantir o equilíbrio de contratantes com diferença de poder contratual, tornar obrigatório um conteúdo mínimo no contrato, visando proteger os interesses de uma das partes[59], por meio da mitigação da assimetria informativa. Esses sujeitos cuja implantação do formalismo informativo pretende proteger podem ser consumidores, inquilinos, usuários de serviços bancários e financeiros[60], os que contratam pacotes turísticos, entre outros. Nesse contexto, os deveres de informação pré-contratuais caracterizam-se por uma transferência do momento da tutela à uma fase anterior à própria conclusão do contrato[61].

Stefano Pagliantini qualifica o formalismo de proteção como "forma-módulo", e o descreve como "o invólucro dentro qual o conjunto de obrigações informativas foram versadas"[62], por ser espécie de documento informativo *standard*. Essas obrigações informacionais dizem respeito ao conteúdo, à clareza, à compreensibilidade, aos caracteres tipográficos, e até mesmo às definições de palavras na relação contratual, o que reforça a compreensibilidade e a transparência do contrato[63]. Por tratar, além de questões puramente relativas ao conteúdo do contrato, também questões de forma, como os caracteres tipográficos e a sua dimensão, Francesco Venosta afirma que o formalismo informativo reúne "questões de forma e questões de conteúdo"[64]. Laura Modica aponta que o formalismo informativo vai além da mera multiplicação das prescrições de forma, já que o seu emprego, a sua natureza e a sua extensão são inéditos[65]. Ernesto Capobianco explica como a forma do contrato se torna um veículo de informações, dotado de funções como a proteção do consumidor, o incentivo à concorrência no mercado, e melhor eficiência do sistema econômico[66].

---

58. EGIDI, Roberto. La rilevanza dei vincoli formali nell'ambito della fiscalità immobiliare. *Le Corti Umbre*. Napoli: Edizioni Scientifiche Italiane, n. 2. p. 309. 2013.
59. FAVALE, Rocco. *Forme legali e tutela dei consumatori*, cit., p. 319.
60. FAVALE, Rocco. *Forme legali e tutela dei consumatori*, cit., p. 322.
61. GUERINONI, Ezio. *I contratti del consumatore*: principi e regole. Torino: G. Giappichelli editore, 2011, p. 301.
62. Tradução livre, a citação original é a seguinte: "l'involucro nel quale si sono convertiti o versati set di obblighi informativi". PAGLIANTINI, Stefano. *Il neoformalismo contrattuale dopo i D.lgs. 141/2010, 79/2011 e la Direttiva 2011/83/UE*: una nozione (già) vieille renouvelée, cit., p. 252; PAGLIANTINI, Stefano. Variazioni su forma e formalismo nel diritto europeo dei contratti. *Persona e Mercato*. v. 2, 2009.
63. FAVALE, Rocco. *Forme legali e tutela dei consumatori*, cit., p. 319-322.
64. Tradução livre, a citação original é a seguinte: "questioni di forma e questioni di contenuto". VENOSTA, Francesco. Profili del neoformalismo negoziale: requisiti formali diversi dalla semplice scrittura. *Obbligazioni e contratti*, 2008, 874.
65. MODICA, Lara. Formalismo negoziale e nullità: le aperture delle Corti di merito. *Contratto e Impresa* 1, p. 19. 2011.
66. CAPOBIANCO, Ernesto. *Impresa e contratto tra diritto comunitario e diritto interno*, cit., p. 72.

No entanto, frisa-se que não se trata de informações técnicas e analíticas, muitas vezes utilizadas para desviar a atenção do consumidor, fenômeno denominado de *information overload*, no qual o fornecimento de informações acaba por prejudicar o seu processo de escolha[67]. O profissional tem, ao contrário, que ilustrar, nas palavras de Daniela Valentino, sobre a "potencialidade de satisfazer as exigências do usuário"[68]. No cumprimento do dever de informar, para além da simples enumeração de um conjunto de informações por parte do fornecedor, é essencial, ademais, a questão de "como" essas informações serão transmitidas[69]. As informações devem ser comunicadas em modo claro, transparente, e em linguagem acessível para o comprador[70]. Ademais, constata Daniela Valentino, a medida, intensidade e especificidade das informações prestadas devem estar em consonância com a complexidade e as características bem em oferta, e de acordo com as necessidades do consumidor[71].

A imposição do dever de informar sob o fundamento do genérico princípio da boa-fé, positivado no art. 422 do Código Civil brasileiro e no art. 4, III, do CDC, não é suficiente para tutelar o consumidor e corrigir as falhas de mercado decorrentes da assimetria informativa. Não por outro motivo, à luz do princípio do formalismo informativo, o legislador introduziu, no art. 31 do CDC normas gerais e abstratas a partir das quais se impõe ao fornecedor o dever de informar ao consumidor, em momento anterior à conclusão do contrato, o seguinte conteúdo da oferta de produtos e serviços, de forma correta, clara, precisa e ostensiva: "suas características, qualidades, quantidade, composição, preço, garantia, prazos de validade e origem, entre outros dados, bem como sobre os riscos que apresentam à saúde e segurança dos consumidores". No direito europeu, por sua vez, a Diretiva 2011/83/UE prevê, em seu art. 5, uma série de deveres de informação a serem prestadas nos contratos "diferentes dos contratos a distância ou dos contratos celebrados fora do estabelecimento comercial", como as características principais dos bens ou serviços, a identidade do profissional, o preço total dos bens ou serviços, compreendidos os impostos, a existência de garantia legal, e, se aplicável, modalidade de pagamento, entrega e execução, a duração do contrato, e funcionalidade e interoperabilidade do conteúdo digital.

---

67. FEBBRAJO, Tommaso. *Obblighi di informazione e principio di effettività dopo il recepimento della direttiva 2011/83/UE sui diritti dei consumatori*, cit., p. 643-644.
68. Tradução livre, a citação original é a seguinte: *"potenzialità di soddisfare le esigenze dell'utente"*. VALENTINO, Daniela. *I contratti a distanza e gli obblighi di informazione*, cit., p. 264.
69. ROSSI CARLEO, Liliana. *Il diritto all'informazione*: dalla conoscibilità al documento informatico, cit., p. 140.
70. CAPOBIANCO, Ernesto. *Impresa e contratto tra diritto comunitario e diritto interno*, cit., p. 72. Capobianco explica que informações obscuras e ambíguas, ou mesmo aquelas demasiado técnicas e analíticas, podem ser um obstáculo ao dever de transparência do contrato.
71. VALENTINO, Daniela. *I contratti a distanza e gli obblighi di informazione*, cit., p. 264.

Em razão do formalismo informativo que rege o direito dos contratos nas relações de consumo, as informações relativas aos elementos essenciais do contrato se transpõem, é claro, também ao direito do consumidor, que, como nota Pietro Perlingieri, muitas vezes "acaba por implementar princípios já presentes no ordenamento"[72]. Em relação ao conteúdo a ser informado propriamente dito, primeiramente, é essencial diferenciar as informações relativas aos elementos estruturais do contrato, baseadas em princípios gerais dos códigos civis, daquelas relativas à funcionalidade e utilidade do bem, típicas dos sistemas de proteção dos consumidores, cujas violações geram efeitos jurídicos distintos[73].

As informações inerentes dos elementos estruturais dos contratos são aquelas que incidem sobre a sua validade. No Código Civil brasileiro são previstas no art. 104, segundo o qual a validade do negócio jurídico requer: I – agente capaz; II – objeto lícito, possível, determinado ou determinável; e III – forma prescrita ou não defesa em lei[74]. No Código Civil italiano, por sua vez, estão presentes no art. 1.325, que considera requisitos do contrato: "1) o acordo entre as partes; 2) a causa; 3) o objeto; 4) a forma, quando prescrita por lei sob pena de nulidade"[75]. Sendo assim, partindo-se do pressuposto de que as obrigações de informação pré-contratual posteriormente farão parte do contrato, devem, para que o contrato seja válido, especificar o objeto, de forma determinada ou determinável[76]. Essa mínima determinação diz respeito a fatores que permitem individuar o bem ou serviço, com as suas características essenciais e o seu preço, sem os quais não é possível a validade do contrato, por exemplo, a voltagem de um aparelho eletrodoméstico e o seu preço.

De outra natureza, diversa das informações sobre as características essenciais do bem ou serviço, que afetam a validade do contrato, são os deveres de informação e proteção característicos dos sistemas de proteção do consumidor, relativos à funcionalidade, finalidade e utilidade do bem. Essas informações acessórias a serem prestadas pelo empresário constituem um dos principais métodos utilizados pelas legislações de consumo com o fim de amenizar a assimetria informativa

---

72. Tradução livre, a citação original é a seguinte: "finisce per attuare principi già presenti nell'ordinamento". PERLINGIERI, Pietro. La tutela del contraente tra persona e mercato. In: PERLINGIERI, Pietro; CATERINI, Enrico (a cura di). Il Diritto dei Consumi. Rende: Edizioni Scientifiche Italiane, 2007, v. III. p. 10.
73. VALENTINO, Daniela. I contratti a distanza e gli obblighi di informazione, cit., p. 262.
74. Sob influência pandectística alemã, no Código Civil brasileiro é incorporada a teoria do fato jurídico, presente na parte geral.
75. Art. 1.325 do Código Civil italiano: "I requisiti del contratto sono:1) l'accordo delle parti; 2) la causa; 3) l'oggetto; 4) la forma, quando risulta che è prescritta dalla legge sotto pena di nullità".
76. ARIAS POU, María. Deber de información previa en la contratación electrónica por internet. Diario La Ley, n. 6689, 2007, p. 7: "se pone de manifiesto la necesidad de que la oferta contractual contenga todos los elementos esenciales de aquél".

entre os contratantes, do pressuposto de que a uma maior informação ao consumidor permite a correta formação de sua vontade contratual, com a consequente efetiva possibilidade e liberdade de escolha no mercado. Liliana Rossi Carleo, sobre o tema, aponta o caráter preventivo da informação na tutela do consumidor, como modo de evitar conflitos derivantes da pouca clareza e das incertezas nas relações contratuais[77]. Ademais da função de tutela do contratante vulnerável, a extensão das obrigações de informar nas relações de consumo também tem o papel de promoção da concorrência e de inovação no mercado[78].

No entanto, em função do advento das novas tecnologias da informação, e da sua grande influência sobre os contratos de consumo, tanto o legislador brasileiro quanto o europeu sentiram a necessidade de atualização e modernização das normas de proteção do consumidor. Um dos principais objetos dessa modernização trata do formalismo informativo nos contratos celebrados a distância, com particular referência aos contratos eletrônicos. Isso porque, quanto maior a vulnerabilidade do consumidor, que se acentua no ambiente virtual, maior a necessidade de tutelá-lo, valendo-se da forma-conteúdo.

No ordenamento jurídico brasileiro, ainda não existe formalismo informativo específico sobre a contratação de consumo a distância[79], somente sobre a contratação de consumo em geral. Nesse contexto, os reflexos das novas tecnologias da informação sobre o direito do consumidor determinaram a elaboração do PLS 281, de 2012, para alterar o Código de Defesa do Consumidor e dispor sobre o comércio eletrônico. Hoje, o projeto de lei tramita no Congresso Nacional sob o n. 3.514/2015. Por meio do PL 3.514/2015, o legislador intende modificar o CDC, para incluir uma série de deveres de informação específicos aos contratos de consumo a distância, com especial atenção àqueles celebrados via *internet*.

Por sua vez, no âmbito do direito comunitário, conforme mencionado no tópico sobre "fontes do direito do consumidor", as Diretivas 85/577/CEE, sobre a contratação "fora do estabelecimento comercial", e 97/7/CE, sobre a contratação "a distância", foram revogadas pela Diretiva 2011/83/UE, que atualizou e aprimorou o seu conteúdo. Um dos principais objetos de modernização aportados pela Diretiva 2011/83/UE foi precisamente o do formalismo informativo, que era muito mais suscito e menos articulado nas Diretivas 85/577/CEE e 97/7/CE. Nesse contexto, chama a atenção, comparando-se o texto das Diretivas 85/577/

---

77. ROSSI CARLEO, Liliana. *Il diritto all'informazione*: dalla conoscibilità al documento informatico, cit., p. 128.
78. FEBBRAJO, Tommaso. *Obblighi di informazione e principio di effettività dopo il recepimento della direttiva 2011/83/UE sui diritti dei consumatori*, cit., p. 642.
79. O Decreto 7.962/2013 prevê um formalismo informativo para a contratação no comércio eletrônico, sem mencionar a contratação "a distância".

CEE e 97/7/CE com a Diretiva 2011/83/UE, o drástico aumento dos deveres de informação a serem prestados pelo profissional ao consumidor, padrão que se repete em relação à diversas outras diretivas comunitárias na última década[80].

Como se pode observar, o conteúdo do dever de informação que se impõe ao fornecedor em momento anterior à conclusão do contrato, devido ao formalismo informativo, varia a depender do tipo de contrato de consumo. Isso porque, quanto maior a vulnerabilidade do consumidor, maior a necessidade da forma-conteúdo. Nesse contexto, o impacto das tecnologias da informação sobre as relações de consumo foi tão grande que determinou a necessidade de uma profunda adaptação da legislação consumerista à nova realidade de contratação a distância pela *internet*. Nos contratos de consumo a distância, o dever de informação é uma das principais técnicas utilizadas pelos legisladores para corrigir a assimetria informativa entre consumidor e fornecedor, e uma das características que distingue a compra e venda eletrônica de consumo como um tipo autônomo de contrato de compra e venda.

Partindo dessa premissa, será abordado o conteúdo desse formalismo informativo, tanto na Diretiva 2011/83/UE, quanto no PL 3.514/2015. O formalismo informativo abrange tanto requisitos de forma, relacionados ao modo e à vestimenta de como as informações devem ser comunicadas, quanto requisitos em relação ao próprio conteúdo dessas informações. No presente tópico será analisada a primeira categoria de formalismo informativo, não em relação ao conteúdo da informação em si, mas relacionados à sua vestimenta[81], e da maneira em que se materializam; por sua vez, no próximo tópico será estudado o conteúdo propriamente dito do formalismo informativo.

De acordo com o art. 8º, parágrafo 1º, da Diretiva 2011/83/UE, as informações relativas aos contratos celebrados a distância devem ser comunicadas pelo profissional ao consumidor em "modo apropriado ao meio de comunicação" utilizado para a sua veiculação. Tal disposição reflete o "princípio da máxima eficiência compatível com a técnica de comunicação a distância empregada". O parágrafo dispõe, ademais, que essas informações deverão ser fornecidas ao consumidor "em linguagem simples e inteligível" e que "na medida em que essas informações sejam fornecidas em suporte duradouro, elas devem ser legíveis".

---

80. FEBBRAJO, Tommaso. *Obblighi di informazione e principio di effettività dopo il recepimento della direttiva 2011/83/UE sui diritti dei consumatori*, cit., p. 642: "Un'analisi diacronica delle diverse direttiva consumeristiche mostra come lo spazio riservato agli obblighi di informazione sia andato progressivamente ampliandosi nel corso degli anni".

81. PAGLIANTINI, Stefano. Art. 51. Requisiti formali per i contratti a distanza. In: D'AMICO, Giovanni (a cura di). *La riforma del codice del consumo. Commentario al D. Lgs. n. 21/2014*. Milano: Wolters Kluwer CEDAM, 2015, p. 168.

No ordenamento jurídico brasileiro, como referido, este ainda não prevê um formalismo informativo específico para os contratos à distância. No entanto, será realizada uma comparação com o Projeto de Lei 3.514/2015, que, se aprovado, modificará o Código de Defesa do Consumidor. Quanto ao aspecto da linguagem utilizada, o art. 45-E, I, do PL 3.514/2015 dispõe que o contrato deve ser redigido em língua portuguesa, "em linguagem acessível e com fácil visualização em sua página". Dessa forma, não somente as características físicas da letra, mas também o seu conteúdo deve ser redatado com linguagem simples, ou seja, de forma a permitir a fácil compreensão por parte do consumidor.

Os parágrafos 2º, 3º, 9º do art. 8º da Diretiva 2011/83/UE tratam exclusivamente da contratação a distância sob a forma eletrônica. O referido parágrafo 2º determina que "se um contrato celebrado a distância por via electrónica colocar o consumidor na obrigação de pagar, o profissional fornece ao consumidor, de forma clara e bem visível e imediatamente antes de o consumidor efetuar a encomenda, as informações previstas no artigo 6º, n. 1, letras *a*), *e*), *o*) e *p*)". Essas informações que devem ser disponibilizadas ao consumidor em momento imediatamente anterior à conclusão do contrato eletrônico tratam sobre as características principais dos bens ou serviços, o preço total e, se aplicável, sobre a duração do contrato. Por sua vez, o art. 45-D, inciso I, do Projeto de Lei 3.514/2015 determina que caso a celebração do contrato ocorra por meio eletrônico, o fornecedor deverá disponibilizar ao consumidor, anteriormente à contratação, o sumário do contrato, com todas as informações necessárias para a formação da sua vontade negocial.

Ainda de acordo com o art. 8º, parágrafo 2º, da Diretiva 2011/83/UE, o profissional deve garantir que o consumidor reconheça expressamente o momento em que se torna vinculado ao contrato. Por exemplo, se a conclusão do contrato ocorrer mediante um *click* em um "botão virtual", ou análogo, deve ser legível a expressão "encomenda com obrigação de pagar" ou formulação correspondente, caso contrário o consumidor não é considerado vinculado pelo contrato. O legislador do PL 3.514/2015 não formulou norma equivalente, no entanto positivou, em seu art. 45-D, IV, que é obrigação do fornecedor que utilize meio eletrônico de contratação "assegurar meios técnicos adequados, eficazes e facilmente acessíveis que permitam a identificação e a correção de eventuais erros na contratação, antes de finalizá-la". Por exemplo, na contratação *point and click* deve ser possibilitado ao consumidor a visualização dos seus dados informados, para que possa conferir a sua exatidão e eventualmente corrigi-los, anteriormente à conclusão do contrato. Por fim, de acordo com o parágrafo 3º do art. 8º da Diretiva 2011/83/UE, os *websites* devem indicar de modo claro e, o mais tardar, no início do "processo de encomenda", a eventual aplicação de restrições relativas à entrega e aos meios de pagamento aceitos na contratação.

E, síntese, em nome do formalismo informativo, os contratos celebrados a distância exigem o atendimento de requisitos formais específicos, que devem ser observados pelo fornecedor na transmissão das informações contratuais. Enquanto nesse tópico foi estudado o que é o formalismo informativo, e a sua primeira categoria, consistente na sua vestimenta e modo de exteriorização, no tópico a seguir será estudada a oferta no comércio eletrônico, e a segunda categoria do formalismo informativo, consistente no seu o conteúdo propriamente dito.

5. O CONTEÚDO DA OFERTA NO COMÉRCIO ELETRÔNICO

A oferta, na definição de Francisco Cavalcanti Pontes de Miranda, é "a primeira manifestação de vontade a que se há de seguir a aceitação, para que se conclua o negócio jurídico bilateral"[82]. A oferta é uma manifestação de vontade que expressa o desejo definitivo e completo de contratar[83]. Trata-se de um negócio jurídico unilateral a partir do qual o ofertante formula a sua proposta de contratação, obrigando o estipulante ao seu cumprimento, caso seja aceita pelo oblato. Nos termos do art. 429 do CC brasileiro, a oferta ao público somente equivale à proposta quando encerra os requisitos essenciais ao contrato. Nas relações de consumo, em que se verifica o fenômeno dos contratos de adesão, em razão da contratação massificada, a oferta dirigida ao consumidor contempla as cláusulas contratuais gerais predispostas pelo fornecedor.

O art. 30 do CDC, por sua vez, estabelece que toda a informação ou publicidade, se suficientemente precisa, obriga o fornecedor, integrando o contrato. Trata-se de uma "contratualização das informações preliminares"[84], com ampliação da visão tradicional segundo a qual a prestação de informações incompleta seria caracterizada meramente como uma fase de negociações preliminares, não vinculantes[85]. Assim, mesmo a publicidade que não contenha todos os elementos do futuro contrato, será vinculante no que diz respeito às informações precisas nela contidas[86]. Como esclarece Alessandra Bellelli, a relevância que a proposta assume no mundo do direito não é limitada ao declarado, nem mesmo ao desejado

---

82. PONTES DE MIRANDA, Francisco Cavalcanti. *Tratado de Direito Privado*. Parte Especial. São Paulo: Ed. RT, 1984, t. XXXVIII, p. 26.
83. SANTOLIM, Cesar Viterbo Matos. *Formação e Eficácia Probatória dos Contratos por Computador*, cit., p. 3.
84. BRAVO, Fabio. *I contratti a distanza nel codice del consumo e nella direttiva 2011/83/UE. Verso un codice europeo del consumo*, cit., p. 164.
85. MARQUES, Claudia Lima. *Contratos no Código de Defesa do Consumidor*: o novo regime das relações contratuais, cit., p. 863.
86. AGUADO, Josep Llobet I. *El deber de información en la formación de los contratos*. Madrid: Marcial Pons, 1996; MARQUES, Claudia Lima. *Contratos no Código de Defesa do Consumidor*: o novo regime das relações contratuais, cit., p. 851.

pelas partes, mas: "deve levar em consideração a regulação de interesses que o ato é idôneo a predispor mesmo para além e, por vezes, mesmo em contraste com a intenção expressa pelas partes contratantes"[87].

Como indicado no tópico "Fontes do direito do consumidor", as Diretivas 85/577/CEE, sobre a contratação "fora do estabelecimento comercial", e 97/7/CE, sobre a contratação "a distância", foram revogadas pela Diretiva 2011/83/UE, que atualizou e aprimorou o seu conteúdo. Um dos principais objetos de modernização aportados pela Diretiva 2011/83/UE foi precisamente o do formalismo informativo, que era muito mais suscito e menos articulado nas Diretivas 85/577/CEE e 97/7/CE. Nesse contexto, chama a atenção, comparando-se o texto das Diretivas 85/577/CEE e 97/7/CE com a Diretiva 2011/83/UE, o drástico aumento dos deveres de informação a serem prestados pelo profissional ao consumidor, padrão que se repete em relação à diversas outras diretivas comunitárias na última década[88].

Neste livro, no entanto, é estudado especificamente o formalismo informativo dos contratos celebrados "a distância", dentro dos quais se encontra a contratação eletrônica. Dessa forma, será examinado o conteúdo dos artigos 6º e 8º da Diretiva 2011/83/UE, e sua transposição pelo direito italiano e espanhol. No ordenamento jurídico brasileiro, por sua vez, não existe formalismo informativo específico sobre a contratação de consumo a distância[89], somente sobre a contratação de consumo em geral. Apesar disso, como referido, o PL 3.514/2015, em tramitação, que, se aprovado, modificará o CDC brasileiro, contém normas específicas sobre as obrigações informativas na celebração do contrato a distância. Dessa forma, serão estudadas conjuntamente as regras da Diretiva 2011/83/UE e do PL 3.514/2015. A seguir, serão estudadas, conjuntamente, as regras da Diretiva 2011/83/UE e do PL 3.514/2015. Frisa-se, novamente, que o PL 3.514/2015 ainda não foi aprovado e ainda não integra o ordenamento jurídico brasileiro.

Como referido, o formalismo informativo dos contratos de consumo a distância diz respeito tanto ao "conteúdo informativo mínimo" quanto "à forma e ao momento" que esse conteúdo informativo deve ser comunicado ao consumidor.

---

87. Tradução livre, a citação original é a seguinte: "deve tener conto del regolamento di interessi che l'atto è idoneo a predisporre anche al di là e, a volte, addirittura in contrasto con l'intento esternato dai contraenti". BELLELLI, Alessandra. *Il principio di conformità tra proposta e accettazione*. Padova: CEDAM, 1992.

88. FEBBRAJO, Tommaso. *Obblighi di informazione e principio di effettività dopo il recepimento della direttiva 2011/83/UE sui diritti dei consumatori*, cit., p. 642: "Un'analisi diacronica delle diverse direttiva consumeristiche mostra come lo spazio riservato agli obblighi di informazione sia andato progressivamente ampliandosi nel corso degli anni".

89. O Decreto 7.962/2013 prevê um formalismo informativo para a contratação no comércio eletrônico, sem mencionar a contratação "a distância".

No presente tópico, será exposto o conteúdo informativo que o fornecedor deve disponibilizar ao consumidor durante a formação do contrato a distância, com particular referência ao contrato eletrônico. No que diz respeito ao conteúdo dessas informações, devido ao seu grande volume, será utilizada a categorização elaborada pelo o jurista Francesco Rende, que as divide em três categorias: *a*) as informações referentes à parte estrutural do contrato que, por sua vez, subdivide-se em informações sobre as características do produto ou serviço comercializado e informações referentes à identidade do empresário; *b*) as informações sobre elementos externos ao contrato e *c*) as informações referentes ao direito de arrependimento do consumidor[90].

Tendo em vista a distância entre o consumidor e o produto comercializado, é essencial do fornecimento adequado das principais qualidades do objeto contratual, o produto, de forma transparente e correspondente com a realidade, sendo esse o único meio para que o consumidor forme a sua genuína vontade negocial, e que o produto encontre as suas expectativas geradas pela descrição e imagens disponibilizados. Nesse contexto, a letra *a* do art. 6º da Diretiva 2011/83/ UE determina, quanto às informações referentes ao produto ou serviço, que devem ser especificadas as suas características principais "na medida adequada ao suporte utilizado e aos bens e serviços em causa". De forma similar, o art. 45-B do PL 3.514/2015 determina a necessidade de disponibilização, em local de fácil visualização, das informações contendo as "características principais do produto ou do serviço, incluídos os riscos à saúde e à segurança dos consumidores" (V).

Quanto ao aspecto do valor do produto ou serviço, de acordo com a letra *e*) do art. 6º da Diretiva 2011/83/EU, o profissional deve informar ao consumidor: "o preço total dos bens ou serviços", incluídos impostos, taxas, transporte e, quando tais custos não puderem ser calculados de forma antecipada, a indicação de que tais encargos podem ser exigíveis e a apresentação da forma de calcular o preço. O art. 45-B do PL 3.514/2015, por sua vez, determina que o fornecedor deve informar ao consumidor as "condições integrais da oferta, incluindo modalidades de pagamento" (IV) e a "discriminação, no preço, de quaisquer despesas adicionais ou acessórias, tais como as de entrega" (III). A preocupação do legislador com a exata informação do valor global da operação, para além do simples valor nominal, como a inclusão dos custos suplementares de transporte, ulteriores taxas e impostos, visa obstar práticas comerciais que, de má-fé, ocultam o preço

---

90. BALDERAS BLANCO, Santi. La eficiencia en la información precontractual sobre el derecho de desistimiento en contratos a distancia. *Diario La Ley*, n. 8394, 2014; RENDE, Francesco. Art. 49. Obblighi di informazione nei contratti a distanza o negoziati fuori dei locali commerciali. In: D'AMICO, Giovanni (a cura di). *La riforma del codice del consumo. Commentario al D. Lgs. n. 21/2014.* Milano: Wolters Kluwer CEDAM, 2015, p. 130.

definitivo, com o intuito de atrair consumidores por meio de oferta atrativa[91]. Salvatore Mazzamuto ilustra a hipótese com as ofertas de companhias aéreas, que a cada *point and click* agregam ulteriores taxas, com o aumento do preço total do bilhete[92]. Ainda, a indicação do custo total da operação tem influência nos casos em que é utilizado o crédito ao consumo[93].

Além das características do produto ou do serviço, e do seu preço integral, ainda no que diz respeito às informações relativas ao objeto do contrato, tanto a Diretiva 2011/83/UE quanto o Projeto de Lei 3.514/2015 dispõem sobre a necessidade de indicação das modalidades de pagamento, do prazo de entrega do produto e, no caso de serviços, da sua execução (art. 6º, letra *g*, Diretiva 2011/83/UE; art. 45-B, IV, PL 3.514/2015). As modalidades referem-se tanto à prestação do consumidor quanto à prestação do empresário[94], e devem ser informadas para que o consumidor possa escolher dentre as opções oferecidas de pagamento, e ponderar quanto aos possíveis riscos inerentes de cada modalidade[95]. Por fim, a diretiva dispõe, em seu art. 6º, que deve ser informado ao consumidor "*l*) a existência de uma garantia legal de conformidade dos bens; *m*) se aplicável, a existência e condições de assistência pós-venda, de serviços pós-venda e de garantias comerciais; *o*) duração do contrato, se aplicável, ou, se o contrato for de duração indeterminada ou de renovação automática, as condições para a sua rescisão". O PL 3.514/2015, por sua vez, dispõe que o fornecedor deve manter disponível "serviço adequado, facilitado e eficaz de atendimento que possibilite ao consumidor enviar ou receber comunicações, inclusive notificações, reclamações e demais informações necessárias à efetiva proteção de seus direitos"[96], no entanto é omisso quanto à respectiva informação quanto a esse atendimento.

Outro tipo de informações estruturais, a serem fornecidas, são as que dizem respeito à identidade do fornecedor. Tendo em vista a contratação a distância, o não fornecimento da sua identidade e localização do vendedor representaria

---

91. BRAVO, Fabio. *I contratti a distanza nel codice del consumo e nella direttiva 2011/83/UE. Verso un codice europeo del consumo*, cit., p. 123.
92. MAZZAMUTO, Salvatore. La nuova direttiva sui diritti del consumatore. *Europa e Diritto Privato*, 2011, 4, p. 861 ss.
93. FEBBRAJO, Tommaso. *Obblighi di informazione e principio di effettività dopo il recepimento della direttiva 2011/83/UE sui diritti dei consumatori*, cit., p. 652.
94. BRAVO, Fabio. *I contratti a distanza nel codice del consumo e nella direttiva 2011/83/UE. Verso un codice europeo del consumo*, cit., p. 124.
95. BRAVO, Fabio. *I contratti a distanza nel codice del consumo e nella direttiva 2011/83/UE. Verso un codice europeo del consumo*, cit., p. 126.
96. TARTUCE, Flávio; MONTEIRO, Gracileia. A reforma do Código de Defesa do Consumidor. Comentários ao PL 281/2012 e algumas sugestões. *Revista de Direito do Consumidor*, 99, p. 3192015. Conforme explica Flávio Tartuce e Graciela Monteiro, o art. 45-D, "a" acima, sobre manter serviço de atendimento ao consumidor, para que este possa enviar e receber comunicações, consistiria em disponibilizar um Serviço de Atendimento ao Consumidor (SAC), nos termos do Dec. 6.523/2008.

obstáculo para que o consumidor o contate, por exemplo, em caso de defeito no produto, ou na decisão do exercício do direito de arrependimento. Assim, devem ser disponibilizadas informações sobre: "*b*) a identidade do profissional, como o seu nome, firma ou denominação social, *c*) endereço geográfico no qual está estabelecido, o seu e número de telefone e de fax, bem como o seu endereço de correio eletrônico, se existirem, para permitir ao consumidor contatá-lo rapidamente e comunicar com ele de modo eficaz e, se for o caso, o endereço geográfico e a identidade do profissional por conta de quem atua; *d*) no caso de ser diferente o endereço comunicado nos termos da alínea *c*, o endereço geográfico do estabelecimento comercial do profissional e, se aplicável, o do profissional por conta de quem atua, onde o consumidor possa apresentar uma reclamação". O PL 3.514/2015, por sua vez, dispõe no art. 45-B o dever de o fornecedor disponibilizar o "nome empresarial e número de inscrição do fornecedor, quando houver, no Cadastro de Pessoas Físicas ou no Cadastro Nacional da Pessoa Jurídica" (I); "endereços físico e eletrônico e demais informações necessárias para sua localização e contato" (II).

Dentre as informações relativas a elementos externos ao contrato, destacam-se as seguintes letras do art. 6º da Diretiva 2011/83/UE: "*n*) existência de códigos de conduta relevantes, na acepção do art. 2º, letra f), da Diretiva 2005/29/CE, e modo de obter as respectivas cópias, se aplicável; *r*) se aplicável, a funcionalidade dos conteúdos digitais, incluindo as medidas de proteção técnica; *s*) se aplicável, qualquer interoperabilidade relevante dos conteúdos digitais com equipamentos e programas informáticos de que o profissional tenha ou possa razoavelmente ter conhecido; *t*) se aplicável, possibilidade de acesso a um mecanismo extrajudicial de reclamação e recurso a que o profissional esteja submetido e o modo de acesso ao mesmo".

Ainda no âmbito dos deveres de informação positivados no art. 6º, cumpre destacar aqueles relativos ao instituto do direito de arrependimento propriamente dito. A temática do direito de arrependimento é analisada nos capítulos III e IV, no entanto, os deveres de informação decorrentes da possibilidade do consumidor de rescindir unilateralmente um contrato, como descreve Francesco Paolo Patti, "é inserido em um mecanismo mais amplo de tutela, constituído de uma série de obrigações informativas"[97], que serão analisadas a seguir. No direito comunitário, de acordo com o art. 6 da Diretiva 2011/83/UE, esses deveres consistem na informação ao consumidor sobre "condições, o prazo e o procedimento de exercício desse direito, bem como o modelo de formulário de retratação apresentado no

---

97. Tradução livre, a citação original é a seguinte: "è inserito in un più ampio meccanismo di tutela costituito da una serie di obblighi informativi". PATTI, Francesco Paolo. *Il recesso del consumatore*: l'evoluzione della normativa, cit., p. 1007.

anexo I, parte B" (*h*). Na letra *k* é frisado que, ainda que inexista o direito de arrependimento, a depender dos casos previstos no art. 16, dita informação sobre a impossibilidade de retratação deve ser comunicada ao consumidor.

Dentre as informações relativas ao direito de arrependimento deverá, também, constar aquelas sobre se o consumidor arcará ou não com o custo de restituição dos bens e, caso esses bens não puderem, por sua natureza, ser devolvidos normalmente pelo correio, deverá o fornecedor indicar os custos da sua respectiva devolução (*i*). Quanto à essas informações relativas ao direito de arrependimento, o PL 3.514/2015 prevê que o fornecedor deve informar, "de forma prévia, clara e ostensiva, os meios adequados, facilitados e eficazes disponíveis para o exercício do direito de arrependimento do consumidor, que devem contemplar, ao menos, o mesmo modo utilizado para a contratação" (art. 49, § 8º), ademais de "formulário, ou *link* para formulário, facilitado e específico para preenchimento pelo consumidor em caso de exercício do direito de arrependimento" (art. 45-E, IV).

A Diretiva 2011/83/UE não prevê, com caráter geral, uma sanção para a infração dos deveres de informação constantes no art. 6º, exceto no tocante à falta de informações relativas ao direito de arrependimento e ao dever do consumidor de suportar os custos de devolução dos bens. Na hipótese do não cumprimento por parte do profissional do dever de informar ao consumidor sobre a existência do direito de retratação, os prazos, e as condições para o seu exercício, o prazo será estendido por doze meses após o termo final do período de arrependimento. Ou seja, o consumidor terá acrescido, ao prazo de 14 dias, mais o período de 12 meses para exercer o seu direito de se arrepender. Todavia, este prazo de doze meses poderá ser interrompido a partir do momento em que as informações relativas ao exercício do direito de arrependimento sejam prestadas pelo profissional, hipótese em que a contagem do prazo de legal de 14 dias para reflexão irá recomeçar[98].

Ainda, no caso de o profissional não cumprir os requisitos de informação relativos aos encargos suplementares ou outros custos referidos no n. 1, letra *e*, sobre o preço total dos bens ou serviços, ou aos custos de devolução dos bens, no caso da retratação do consumidor, referidos no n. 1, letra *i*, todos do art. 6º, o consumidor não tem de suportar os referidos custos ou encargos. À título exemplificativo, caso o profissional não esclareça previamente ao consumidor que este deverá suportar os custos da devolução dos bens no caso de retratação, mesmo no caso em que os bens não puderem ser devolvidos normalmente pelo correio, a sanção será que todos os encargos de devolução serão suportados pelo profissional.

---

98. Art. 10 e considerando 12 da Diretiva 2011/83/UE.

A Diretiva 2011/83/UE, por ser de harmonização máxima, não permite que os Estados Membros da União Europeia ampliem esse rol de informações: o que, no entanto, não impede que o profissional inclua no contrato outras informações que considere relevantes para o consumidor[99]. Quanto ao direito comunitário, não se pode considerar, no entanto, que a lista constante no art. 6º da Diretiva 2011/83/UE, tenha caráter exaustivo. Explica Francesco Rende que, na hipótese de um contrato celebrado por meios eletrônicos, há a necessidade de integração das obrigações de informações contidas na Diretiva 2011/83/UE com aquelas das Diretivas 2006/123/CE e 2000/31/CE, esta específica sobre o campo do comércio eletrônico[100]. Frisa-se, no entanto, que em caso de conflito de normas entre a Diretiva 2011/83/UE e a Diretiva 200/31/CE, prevalece a Diretiva 2011/83/UE[101].

6. ADESÃO E ACEITAÇÃO *POINT AND CLICK* DA OFERTA

O contrato de compra e venda celebrado nas relações de consumo é um contrato comercial subordinado à disciplina protetiva do direito do consumidor, em que o fornecedor é o vendedor, enquanto o consumidor é o adquirente de mercadorias ou produtos vendidos no varejo. Por ocasião da celebração da compra e venda nas relações de consumo, a proposta de contratação é predisposta pelo fornecedor, enquanto a adesão e a aceitação das condições contratuais é um ato praticado pelo consumidor. A compra e venda eletrônica é um contrato consensual cuja conclusão ocorre mediante a adesão e aceitação pelo consumidor de uma oferta ao público formulada pelo fornecedor de modo expresso, em ambiente virtual. Não por outro motivo, considerando-se que a força obrigatória do contrato ocorre imediatamente após a conclusão do contrato, de sua importância é definir o exato momento e a forma em que ocorre a aceitação da proposta pelo consumidor.

Na compra e venda tradicional, a oferta de produtos ocorre em estabelecimentos comerciais físicos, em lojas, mercados ou supermercados, centros comerciais, que são locais onde os produtos são expostos em vitrines e prateleiras pelo vendedor, de tal modo que permita ao consumidor, em momento anterior à conclusão do contrato, avaliar a qualidade dos produtos a partir do contato visual e físico. Nessa modalidade de contratação se estabelece um contato direto

---

99. HALL, Elizabeth; HOWELLS, Geraint; WATSON, Jonathon. The Consumer Rights Directive – An Assessment of its Contribution to the Development of European Contract Law. *European Review of Contract Law* (2012, v. 8, n. 2), p. 146.

100. RENDE, Francesco. *Art. 49. Obblighi di informazione nei contratti a distanza o negoziati fuori dei locali commerciali*, cit., p. 128.

101. BRAVO, Fabio. *I contratti a distanza nel codice del consumo e nella direttiva 2011/83/UE. Verso un codice europeo del consumo*, cit., p. 163.

e pessoal entre consumidor e vendedor, e tanto a negociação preliminar, para fins de aquisição do produto, quanto a eventual conclusão do contrato ocorre entre presentes, sob a forma verbal[102]. Inobstante a sua forma verbal, por ocasião da conclusão do contrato, são emitidos documentos que comprovam a operação, representados como a emissão de nota fiscal, recibo de pagamento, comprovante de entrega etc. Eventualmente, com o objetivo de documentar a venda, o fornecedor formaliza a contratação, utilizando-se de contratos de adesão predispostos sob a forma escrita, impressos em formulários cartáceos, exigindo que a proposta de venda nele contida seja aceita pelo consumidor mediante firma autógrafa.

A transposição da celebração de contratos para o ambiente virtual, via documentos eletrônicos, trouxe diversos e novos desafios para o direito. No ambiente virtual, os produtos e serviços são oferecidos para o consumidor por lojas virtuais e *"e-marketplaces"*, essas últimas também conhecidas como plataformas digitais. Enquanto as lojas virtuais são administradas pelo próprio vendedor, os *e-marketplaces* são como verdadeiros mercados digitais, onde diversos profissionais se reúnem sob uma mesma plataforma para ofertar seus produtos. O consumidor pode encontrar essas lojas e plataformas virtuais pelos *"browsers"*, instrumentos utilizados para "surfar na *internet*", com o objetivo de localizar os *websites*. Nas lojas telemáticas, o fornecedor oferta seus produtos em "vitrines virtuais", nas quais também deverá indicar as suas qualidades e características essenciais. Conforme já mencionado no subtítulo sobre a "formação do contrato eletrônico", o contrato eletrônico em *websites* é celebrado entre pessoas ausentes fisicamente, ou seja, a distância, porém em tempo real, sob o regime da contratação entre presentes.

As lojas virtuais, por meio da implantação de novos costumes, revolucionaram a forma de interação e de manifestação de vontade contratual no comércio eletrônico. A adesão e a aceitação por parte do consumidor da oferta predisposta em *websites* ocorrem, na maioria das vezes, mediante o sistema *point and click*, que se refere ao movimento do *mouse* de apontar e clicar em "botões virtuais", "ícones" e "imagens", com o intuito de aderir a um contrato predisposto pelo fornecedor[103]. Nesse sentido, a interação em *websites*, e a sua utilização como

---

102. LORENZETTI, Ricardo Luis. Informática, *cyberlaw, e-commerce*. In: DE LUCCA, Newton; SIMÃO FILHO, Adalberto. *Direito & Internet. Aspectos jurídicos relevantes*. São Paulo: EDIPRO, 2000, p. 428: "Na contratação de consumo tornou-se habitual o documento sem assinatura: os vínculos celebrados pelos consumidores com supermercados, postos de serviços, bares, casas de espetáculos, meios de transporte, tratamentos médicos e muitos outros sem assinatura alguma".

103. PERLINGIERI, Giovanni; LAZZARELLI, Federica, Formazione e conclusione del contratto telemático. In: VALENTINO, Daniela. *Manuale di diritto dell'informatica*. Napoli: Edizioni Scientifiche italiane, 2016; RULLI NETO, Antonio; RUFATO, David de Oliveira; DA SILVA, Marcelo Emerson; ASAMURA AZEVEDO, Renato. O comércio eletrônico e as novas formas contratuais: *point and click agreement e click and wrap agreement*. *Revista de Direito do Consumidor*, São Paulo: Ed. RT, n. 105. 2016; PEREIRA DE LIMA, Cíntia Rosa. *Contratos de adesão eletrônicos ("shrink-wrap" e "click-wrap") e termos e condições*

meio para a adesão contratual exige uma verdadeira "alfabetização eletrônica" do consumidor, que deve aprender a "linguagem dos computadores"[104], por um 'código linguístico simbólico não verbal, icônico"[105]. Valendo-se do *point and click*, o consumidor navega em sucessivas "janelas virtuais interativas"[106] estruturadas pelo fornecedor, nas quais seleciona os produtos desejados, podendo utilizar a ferramenta dos "carrinhos virtuais" para aglomerá-los em uma só ordem. Em seguida, o comprador se identifica, preenchendo formulários eletrônicos, por meio dos quais também poderá indicar, no caso da compra de bens materiais, o respectivo endereço para a sua expedição.

Por outro lado, se é verdade que na compra e venda eletrônica a proposta formulada pelo fornecedor ocorre sempre de modo expresso, a aceitação pelo consumidor, diversamente, pode ser tanto "expressa" quanto "tácita". Nas palavras de Pietro Perlingieri, a manifestação de vontade é expressa quando o "significante é diretamente evocativo do fato significado"; ao contrário, a manifestação é tácita, quando o significado "se pressupõe implicitamente ou indiretamente de uma declaração"[107]. Na compra e venda eletrônica a aceitação será expressa quando, na oferta predisposta pelo fornecedor, for disponibilizado um "botão virtual final" cujo acionamento, por si só, permite a conclusão do contrato pelo consumidor. Nos contratos tradicionais, a aceitação expressa ocorre mediante firma autógrafa, o que suscita a discussão sobre se o "botão virtual final", pelo qual o consumidor manifesta a sua aceitação expressa, equivaleria ou não à uma "firma eletrônica".

Existem diversos tipos de firma eletrônica, que se classificam em categorias distintas, de acordo com os níveis de segurança proporcionados por cada tipo de tecnologia. Em linhas gerais, as firmas eletrônicas têm sido classificadas em três grandes subtipos: *a*) a firma eletrônica simples, fraca ou firma eletrônica *lato sensu*; *b*) a firma eletrônica avançada; e *c*) a firma eletrônica qualificada. O Regulamento 910/2014 do Parlamento Europeu e do Conselho define a "assinatura eletrônica" *lato sensu*, como "os dados em formato eletrônico que se ligam ou estão logicamente associados a outros dados em formato eletrônico e que sejam

---

de uso ("browse-wrap"). *Revista de Direito do Consumidor*, São Paulo: Ed. RT, n. 133. p. 109-154, 2021; SICA, Salvatore; PARISI, Annamaria Giulia. La tutela del consumatore nel contratto on-line. In: GAMBINO, Alberto M. (a cura di). *Rimedi e tecniche di protezione del consumatore*. Torino: G. Giappichelli Editore, 2011, p. 29-71.

104. GAMBINO, Alberto Maria. *L'accordo telematico*. Milano: Giuffrè Editore, 1997, p. 11-12.

105. Tradução livre, a citação original é a seguinte: "codice linguistico simbolico non verbale, iconico". TOSI, Emilio. *Contratti informatici, telematici e virtuali. Nuove forme e procedimenti formativi*, cit., p. 226.

106. GAMBINO, Alberto Maria. *L'accordo telematico*, cit., p. 12: "quando nella schermata si aprono successive "finestre" virtuali, che richiedono l'interazione dell'utente".

107. Tradução livre, a citação original é a seguinte: "il significante è direttamente evocativo del fatto significato"; a manifestação é tácita, quando o significado "si presuppone implicitamente o indirettamente da una dichiarazione". PERLINGIERI, Pietro. *Manuale di diritto civile*, cit., p. 74.

utilizados pelo signatário para assinar" (art. 3, n. 10). No direito brasileiro, esse conceito amplo de firma eletrônica previsto no regulamento poderia ser equiparado à chamada "firma eletrônica simples", considerada aquela que: *a*) permite identificar o seu signatário; e que *b*) anexa ou associa dados a outros dados em formato eletrônico do signatário (Lei 14.063, de setembro de 2020).

Como exemplifica Fabiano Menke, pode ser considerada firma eletrônica simples, apesar do seu menor nível de segurança, mesmo a digitação do nome ao final de um e-mail, a assinatura de próprio punho digitalizada, a identificação em um *site* pelo uso do *login* e senha, a confirmação de código por celular, a confirmação de "aceite de termos", dentre outros[108]. Da mesma forma, Juan Carlos Menéndez Mato afirma que, devido ao seu amplo conceito, "consideram-se firmas eletrônicas desde o emprego de um PIN (*Personal Identification Number*), ou a combinação de um nome de usuário (*username*) e sua correspondente senha (*password*), até o uso de uma firma digital ou uma firma com base em valores biométricos"[109].

Por sua vez, considera-se "assinatura eletrônica avançada", no mencionado regulamento comunitário, aquela que atende aos seguintes requisitos: "*a*) Estar associada de modo único ao signatário; *b*) Permitir identificar o signatário; *c*) Ser criada utilizando dados para a criação de uma assinatura eletrônica que o signatário pode, com um elevado nível de confiança, utilizar sob o seu controlo exclusivo; e *d*) Estar ligada aos dados por ela assinados de tal modo que seja detectável qualquer alteração posterior dos dados" (art. 26 do Regulamento 910/2014 do Parlamento Europeu e do Conselho). No direito brasileiro, por sua vez, a "firma eletrônica avançada" é aquela que, de modo similar: "*a*) está associada ao signatário de maneira unívoca; *b*) utiliza dados para a criação de assinatura eletrônica cujo signatário pode, com elevado nível de confiança, operar sob o seu controle exclusivo; e *c*) está relacionada aos dados a ela associados de tal modo que qualquer modificação posterior é detectável".

Por fim, de acordo com o regulamento comunitário, a "assinatura eletrônica avançada" é um tipo de firma eletrônica qualificada, baseada num "certificado

---

108. MENKE, Fabiano. A forma dos contratos eletrônicos. *Revista de Direito Civil Contemporâneo*, v. 26, p. 6, 2021; MENKE, Fabiano. *A medida Provisória 983 e a classificação das assinaturas eletrônicas: comparação com a Medida Provisória 2.200-2 de 2001*. CryptoID, São Paulo, 2020. Disponível em: https://cryptoid. com.br/banco-de-noticias/a-mp-983-e-a-classicacao-das-assinaturas-eletronicas- comparacao-com-a-mp-2-200-2-por-fabiano-menke/; MENKE, Fabiano. A criptografia e a Infraestrutura de Chaves Públicas brasileira (ICP-Brasil). *Revista dos Tribunais*, v. 998, 2018. MENKE, Fabiano. *Assinatura eletrônica*: aspectos jurídicos no direito brasileiro. São Paulo: Ed. RT, 2005, p. 176.

109. Tradução livre, a citação original é a seguinte: "son firmas electrónicas desde el empleo de un PIN (Personal Identification Number), o la combinación de un nombre de usuario (username) y su correspondiente clave (password), hasta el uso de una firma digital o una firma asentada en valores biométricos". MENÉNDEZ MATO, Juan Carlos. *El contrato vía internet*, cit., p. 255-256.

qualificado de assinatura eletrônica" (art. 3, n. 12), que é um certificado de assinatura eletrônica "emitido por um prestador de serviços de confiança e satisfaça os requisitos estabelecidos no anexo I" (art. 3, n. 15), ou seja, com requisitos de segurança superior aos da firma eletrônica avançada. De forma semelhante, no direito brasileiro, considera-se firma eletrônica qualificada aquela que "utiliza certificado digital[110], nos termos do § 1º do art. 10 da Medida Provisória 2.200-2, de 24 de agosto de 2001"[111], ou seja, aqueles documentos "produzidos com a utilização de processo de certificação disponibilizado pela ICP-Brasil". A firma eletrônica avançada e a firma eletrônica qualificada, portanto, proporcionam nível de segurança muito mais elevado do que a firma eletrônica simples.

Nesse contexto, observa-se que o tema relativo à qualificação ou não do *point and click* sobre o "botão virtual final" como modalidade de aceitação expressa mediante assinatura eletrônica têm passado despercebido por parte da doutrina em geral. Por outro lado, nas obras em que o tema é abordado, a doutrina diverge sobre se o *click* no "botão virtual final" caracteriza-se ou não como uma modalidade de aceitação expressa mediante assinatura eletrônica. Neste particular, Giusella Dolores Finocchiaro, quanto à inclusão do *point and click* na categoria de firma eletrônica, se questiona se "é o termo – firma – a revelar-se impróprio ou se é o conceito de firma que foi modificado, aplicando-se não somente à escritura mas, mais em geral, às representações digitais". Isso porque, no seu entender, "no comércio eletrônico, um contrato pode muito bem ser concluso com um simples – clic – ou com a pressão de um botão ou seleção de um ícone, sem que haja necessariamente qualquer equivalente à subscrição"[112].

---

110. MENKE, Fabiano. *Assinatura Eletrônica no Direito Brasileiro*. São Paulo: Ed. RT, 2005, p. 48-50: "O certificado digital é uma estrutura de dados sob a forma eletrônica, assinada digitalmente por uma terceira parte confiável que associa o nome e atributos de uma pessoa a uma chave pública. [...]. O interessado é identificado mediante a sua presença física pelo terceiro de confiança – com a apresentação dos documentos necessários - e este lhe emite o certificado digital"; "Na prática, quando se recebe uma mensagem assinada digitalmente, ela geralmente está acompanhada do certificado digital do remetente, onde constará, entre outros dados, a sua chave pública".

111. Art. 10, § 1º, da Medida Provisória 2.200-2, de 24 de agosto de 2001: "Consideram-se documentos públicos ou particulares, para todos os fins legais, os documentos eletrônicos de que trata esta Medida Provisória. § 1º As declarações constantes dos documentos em forma eletrônica produzidos com a utilização de processo de certificação disponibilizado pela ICP-Brasil presumem-se verdadeiros em relação aos signatários, na forma do art. 131 da Lei 3.071, de 10 de janeiro de 1916 – Código Civil".

112. Tradução livre, a citação original é a seguinte: "è il termine – firma – a rivelarsi improprio o – se si vuole – è il concetto di firma che è cambiato, aplicandosi non solo alle scritture ma più in generale alle rappresentazioni digitali" [...] "L'uso metaforico del termina – firma – e le espressioni – firma elettronica – e – firma digitale – utilizzate dal legislatore possono risultare fuorvianti. In particolare, nella materia che qui specificamente rileva, cioè nel commercio elettronico, un contratto ben può essere concluso con un semplice – clic – o con la pressione di un tasto o con la selezione di un'icona, senza che alcun equivalente della sottoscrizione venga necessariamente in rilievo". FINOCCHIARO, Giusella Dolores. Tecniche di imputazione della volontà negoziale. In: CLARIZIA, Renato (a cura di). *I contratti informatici*. Torino: UTET giuridica, 2007, p. 203.

Todavia, o que se verifica, na verdade, é que o legislador ampliou o conceito de firma eletrônica, ao adotar o conceito de firma eletrônica simples, consistente naquela que, embora de modo não unívoco, identifica o firmatário, com associação lógica de dados em formato eletrônico (art. 3, n. 10, do Regulamento 910/2014 do Parlamento Europeu e do Conselho) (art. 4, lei brasileira 14.063 de setembro de 2020). Partindo da premissa segundo a qual o *point and click* sobre o botão virtual se enquadra na categoria de "firma eletrônica fraca"[113], Emilio Tosi conclui que "a mera pressão do botão negocial virtual – não acompanhada de ulteriores comportamentos – parece, em conclusão, corretamente reconduzível – enquanto código linguístico simbólico não verbal, icônico, socialmente relevante – à manifestação de aceitação expressa mediante declaração"[114]. Nesse sentido, o entendimento de quem escreve é que, apesar de a aceitação expressa do consumidor, pelo simples *click* no "botão virtual final", não ser considerada uma firma eletrônica "avançada" ou "qualificada", é considerada uma aceitação expressa mediante "firma eletrônica simples".

Por se tratar de um contrato consensual, o contrato eletrônico de consumo também pode ser concluído mediante aceitação tácita. A aceitação tácita é aquela que se subentende a partir de um comportamento concludente do oblato. Nas relações de consumo, é o que ocorre nos casos em que, para a celebração do contrato telemático, o fornecedor requer a digitação dos dados do cartão de crédito do consumidor. Nestes casos, a própria arquitetura do *website* é estruturada pelo fornecedor de modo que o preenchimento do formulário com os dados sobre o seu cartão de crédito constitui "*condicio sine qua non*" para a conclusão do contrato[115]. Essa modalidade de conclusão *point and click* do contrato, mediante aceitação tácita, tornou-se comum no comércio eletrônico, suscitando debate na doutrina italiana em função do disposto no art. 1.327, *comma* 1, do Código Civil italiano que dispõe: "se, a pedido do proponente, pela natureza do negócio ou segundo os usos, a prestação deva ser executada

---

113. Tradução livre, a citação original é a seguinte: "firma elettronica debole".
114. Tradução livre, a citação original é a seguinte: "la mera pressione del tasto negoziale virtuale – non accompagnata da ulteriori comportamenti – sembra, in conclusione, correttamente riconducibile – in quanto codice linguistico simbolico non verbale, iconico, socialmente rilevante – alla manifestazione di accettazione espressa mediante dichiarazione". TOSI, Emilio. *Contratti informatici, telematici e virtuali. Nuove forme e procedimenti formativi*, cit., p. 225-226.
115. GEMMA, Andrea. *L'accordo telematico*, cit., p. 265: "Anzi, se è vero che il contratto non si conclude in mancanza della digitazione della carta di credito, ciò avviene poiché è il venditore medesimo, nello strutturare il proprio sito, ad impedire la spedizione di un modulo d'ordine recante una espressa accettazione dell'offerta telematica in assenza dell'indicazione dei numeri della carta di credito". GAMBINO, Alberto Maria. *L'accordo telematico*, cit., p. 142: "questa sìcondicio sine qua non per l'operatività dello stesso – nella digitazione dei dati della carta di credito del cliente, con i quali il venditore invia per l'incasso all'emittente una nota di spesa".

sem uma prévia resposta, o contrato é concluso no tempo e no lugar em que houve início a execução"[116].

Na interpretação deste artigo, a doutrina italiana se divide entre os que consideram a aceitação tácita mediante a digitação de dados do cartão de crédito do consumidor um "comportamento concludente"[117], mediante "execução antes da resposta do aceitante", que consiste em uma "aceitação mediante execução da prestação". Nesse caso, a ativação do botão virtual final seria um "pronto aviso", e a conclusão do contrato dar-se-ia mediante o comportamento executivo do consumidor. Sob esse ponto de vista, a manifestação de vontade do consumidor, por meio do comportamento executivo, seria de natureza tácita[118], por sinais, sem firma eletrônica. Diversamente, outra corrente da doutrina italiana considera que a modalidade de conclusão *point and click* do contrato, mediante digitação dos dados do cartão de crédito, não se enquadra como uma hipótese de "execução antes da resposta do aceitante" prevista no art. 1.327 do Código Civil italiano, já que a digitação dos dados do cartão de crédito não corresponderia ao efetivo pagamento, mas a "autorização perante o emissor do cartão de crédito", implicando "mera confirmação de uma aceitação já existente"[119].

---

116. Art. 1.327, *comma* 1, do *Codice del Consumo* italiano: "Qualora, su richiesta del proponente o per la natura dell'affare o secondo gli usi, la prestazione debba eseguirsi senza una preventiva risposta, il contratto è concluso nel tempo e nel luogo in cui ha avuto inizio l'esecuzione".

117. BIANCA, Cesare Massimo. *Istituzioni di diritto privato*, cit., p. 384.

118. TOSI, Emilio. *Contratti informatici, telematici e virtuali. Nuove forme e procedimenti formativi*, cit., p. 226: "La pressione del tasto negoziale virtuale associata all'invio dei numeri della carta di credito – fattispecie ricorrente nella prassi negoziale del commercio elettronico – sembra, invece, essere assorbita dalla vis attractiva della manifestazione implicita dell'accettazione mediante comportamento concludente esecutivo ex art. 1.327 c.c. In tal caso la pressione del tasto negoziale virtuale sembra rilevare quale proto avviso ex art. 1.327, comma 2, c.c".

119. PERLINGIERI, Giovanni; LAZZARELLI, Federica. Formazione e conclusione del contratto telematico. In: VALENTINO, Daniela (a cura di). *Manuale di Diritto Dell'Informatica*. Napoli: Edizioni Scientifiche Italiane, 2016, p. 309: "Questa tesi è stata avversata con grande fermezza da parte della dottrina. Si è fatto notare che la digitazione del numero della carta di credito non equivale ad inizio della esecuzione ex art. 1.327 c.c., in quanto non è pagamento, né rilascio di un mezzo di pagamento, ma autorizzazione a riscuotere presso l'emittente della carta, quindi, implica mera conferma di un'accettazione del cliente già esistente"; "Esistono, tuttavia, diverse tipologie di pagamento che vengono impiegate sulla Rete"; TOSI, Emilio. Contratti informatici, telematici e virtuali. Nuove forme e procedimenti formativi, cit., p. 226: "Altra dottrina, ritiene, invece, che la fattispecie in esame integri un tertium genus consistente nell'accettazione con contestuale inizio di esecuzione"; GEMMA, Andrea. *L'accordo telematico*, cit., p. 264: "Tale ricostruzione è stata contrastata da chi osserva che la trasmissione dei dati della carta di credito, costituendo mera autorizzazione alla riscossione presso l'emittente, costituisce solo conferma dell'accettazione, già prestata con l'inoltro dell'ordine"; DELFINI, Francesco. *Forma Digitale, contratto e commercio elettronico*, cit., p. 90: "Malgrado la digitazione del proprio numero di carta di credito per il pagamento possa costituire comportamento di esecuzione della prestazione pecuniaria del compratore, precedente all'invio della accettazione all'offerente, nella maggior parte dei casi tale digitazione è contenuta nel modulo elettronico inviato all'offerente, che poi, sulla base della ricevuta autorizzazione del cliente all'addebito sulla propria carta di credito, interpella la società emittente per ottenere la approvazione"; DELFINI, Francesco. Documento informatico e firme elettroniche.

Ocorre que a definição sobre se a digitação dos dados do cartão de crédito pelo consumidor caracteriza ou não a confirmação de uma prévia aceitação depende da configuração da proposta formulada pelo fornecedor. O contrato eletrônico de consumo é um contrato de adesão, em que o fornecedor formula uma proposta expressa de venda, que pode contemplar ou não uma modalidade de aceitação expressa anterior ao momento de digitação dos dados do cartão de crédito pelo consumidor. Como referido, a aceitação *point and click* do consumidor pode ocorrer, de forma expressa, pela simples ativação do "botão virtual final", que corresponde à "firma eletrônica simples". Todavia, também pode ocorrer de forma tácita, quando é necessário, para a conclusão do contrato, a digitação do número do seu cartão de crédito pelo consumidor, hipótese em que o "comportamento concludente" do consumidor será caracterizado por uma "aceitação mediante execução da prestação"[120]. Portanto, a classificação da aceitação do consumidor como expressa ou tácita dependerá da arquitetura do *website* utilizado pelo fornecedor[121].

7. A COMPRA E VENDA ELETRÔNICA: DESUMANIZAÇÃO DO CONTRATO?

O advento da tecnologia da informação, que propiciou a difusão dos contratos eletrônicos, instaurou um debate, a partir do qual se questiona se a sua formação ocorreria mediante duas declarações unilaterais de vontade ou por um acordo de vontades. Na relação de consumo entre presentes, o consumidor se dirige até o estabelecimento comercial do fornecedor ou, ainda, este último se dirige ao domicílio ou local de trabalho daquele, estabelecendo-se um diálogo verbal entre os contratantes. De modo diverso, a contratação pelo consumidor em *websites*, mediante aceitação tácita ou expressa das ofertas ao público do for-

---

In: VALENTINO, Daniela (Coord.). *Manuale di diritto dell'informatica*. 3ª edição. Napoli: Edizioni Scientifiche Italiane, 2016, p. 191-214.

120. PIGNALOSA, Maria Pia. *Il consumatore calcolante. Contributo allo studio del contratto telematico*, in *Il foro napoletano*, 45, 2020, p. 70: "Quand'anche si ritenga che la digitazione degli estremi della carta di credito costituisca un atto solutorio e non già, come invece è stato osservato, un'autorizzazione a riscuotere, a non persuadere è piuttosto la circostanza che nel meccanismo del point and click, per come configurato dal legislatore, l'esecuzione non sostituisce ma segue l'accettazione".

121. GEMMA, Andrea. *L'accordo telematico*, cit., p. 265: "Vero è, invece, che nella contrattazione telematica con digitazione della carta di credito, l'esecuzione del pagamento è un tutt'uno con l'accettazione, tanto che non è possibile distinguere, non solo in senso cronologico, ma anche logico, un'anteriorità dell'esecuzione rispetto alla dichiarazione trasmessa con il modulo d'ordine" [...] "Ora, alla luce di quanto illustrato, possiamo dire che il contratto telematico è concluso in conseguenza della sola digitazione degli estremi della carta di credito? La risposta è negativa. Sia in quanto, come già osservato, nella prassi ciò non accade, sia perché la legge (art. 13, d. lgs. n. 70/2003) espressamente richiede la trasmissione di un ordine e, dunque, l'accettazione come fatto dichiarativo, non risultando sufficiente la sola spendita della carta di credito".

necedor, apesar de estar submetida ao regime de conclusão do contrato celebrado entre presentes, ocorre a distância, entre pessoas fisicamente ausentes.

Essa distância entre os contratantes impossibilita o consumidor, na compra de bens materiais, de avaliar as suas características. A distância entre os contratantes, ademais, impossibilita o contato pessoal entre vendedor e comprador. Conforme visto no decorrer deste capítulo, a interação do consumidor nos *websites* ocorre não diretamente com o fornecedor, mas por meio do *point and click*, que é um sistema *standard* automatizado. Esse novo modelo de contratação inaugurou uma nova forma de interação entre contratantes, que mescla a palavra com símbolos e ícones virtuais. A conjugação de todos esses fatores inerentes à contratação eletrônica de consumo suscita o debate sobre a chamada "desumanização do contrato".

Na última década do século passado, Natalino Irti publicou um artigo intitulado *"Scambi senza acordo"*[122], no qual afirma que a popularização de contratos celebrados sob a forma eletrônica determinou uma ascensão do contrato sem diálogo, onde o vendedor, com o auxílio externo de uma imagem, "dirige à outra uma única pergunta e atende a uma única resposta"[123]. No seu entender, a realidade das trocas econômicas pela *internet* seria baseada simplesmente na funcionalidade do anonimato e no silêncio, sem que se verifique um real acordo de vontades entre profissionais e consumidores[124]. No direito latino-americano, sob a influência de Natalino Irti, Ricardo Luis Lorenzetti aderiu à concepção segundo a qual na formação do contrato eletrônico não haveria consenso ou diálogo entre as partes, "já que o acordo deste tipo se caracteriza pela anulação da função da língua, e se passa do diálogo ao silêncio"[125]. Em outras palavras, Ricardo Luis Lorenzetti adere à tese da "desumanização do contrato", para ele, no comércio eletrônico as trocas ocorreriam sem a efetiva aceitação pelo consumidor da oferta formulada pelo fornecedor.

Em contraposição à teoria das trocas sem acordo, Giorgio Oppo elabora a réplica, *"Disumanizzazione del contratto?"*, questionando a abordagem conduzida

---

122. Cuja tradução do italiano para o português seria: "Trocas sem acordo".
123. Tradução livre, a citação original é a seguinte: "fa un'unica domanda e attende un'unica risposta". IRTI, Natalino. Scambi senza accordo. *Rivista trimestrale di diritto e procedura civile*, v. 52, fasc. 2, p. 351. 1998.
124. OPPO, Giorgio. Disumanizzazione del contratto? *Rivista di Diritto Civile*, v. 44, fasc. 5, p. 525-526, 1998: "Irti propone di collocarsi alternativamente o in una nozione di contratto allargata al di là dell'accordo o in una nozione di scambio senza contratto, ravvisando in ogni caso due decisioni unilaterali e destinate a restar tali: alternativa nella quale direi senz'altro preferibile la seconda "costruzione", perché né la scienza né la pratica si giovano di un annacquamento dei concetti e degli istituti".
125. Tradução livre, a citação original é a seguinte: "ya que el acuerdo de este tipo se caracteriza por la anulación de la función de la lengua, y se pasa del diálogo al silencio". LORENZETTI, Ricardo Luis. *Comercio Electrónico*. Buenos Aires: Abeledo Perrot, 2001, p. 168.

por Natalino Irti. No entendimento de Giorgio Oppo, a partir do art. 1.321 do Código Civil italiano, o contrato eletrônico continua sendo um acordo de vontades, que se constitui mediante a congruência de duas decisões unilaterais, que se manifestam via proposta e aceitação. De fato, apesar desses fatores inerentes ao comércio eletrônico, que causam maior desequilíbrio entre consumidor e fornecedor, não se pode considerar que tratem-se de contratos "desumanizados" ao ponto de se imaginar que não haja um acordo de vontade entre os contratantes[126]. Nesse contexto, tanto o *point and click* no "botão virtual final", quanto a "aceitação mediante execução" consistem em manifestação de vontade negocial do consumidor. Trata-se, no entanto, de um novo tipo de manifestação de vontade, inerente à contratação pela *internet*, consistente na adesão e aceitação a partir de símbolos, ícones e imagens[127]. Neste sentido, a partir da disciplina do Código Civil, Giorgio Oppo conclui que, em se tratando o contrato eletrônico de um contrato consensual, as tratativas, o diálogo, e determinada expressão linguística não constituem pressupostos de validade para a sua conclusão[128].

Na verdade, é necessária a cautela para não transformar em algo negativo, o que tem se revelado extremamente positivo para o acesso do consumidor a bens de consumo. A teoria da desumanização do contrato oferece uma perspectiva pessimista, enfatizando aspectos negativos como se, nas relações de consumo pela *internet*, o consumidor estivesse contratando sem a sua vontade. A contratação eletrônica oferece inúmeras vantagens em relação à tradicional contratação presencial, dentre as quais o rompimento de barreiras temporais e geográficas, facultando ao consumidor o acesso às ofertas de profissionais nacionais e inter-

---

126. MARQUES, Claudia Lima. *Confiança no comércio eletrônico e a proteção do consumidor. Um estudo dos negócios jurídicos de consumo no comércio eletrônico*. São Paulo: Ed. RT, 2004, p. 65-68: "Nos contratos eletrônicos, há acordo de vontade, há vontade manifestada, mesmo que de adesão e de conduta social típica. Logo, há contrato, mesmo que unilateralmente elaborado [...]". TOSI, Emilio. *Il contratto virtuale: ricostruzione della categoria negoziale*, cit., p. 110: "Ad eludere o elidere il senso del "ritorno alla parola" non vale dire che "la lingua telematica nulla ha in comune con la lingua del quotidiano parlare. Ad ammetterlo, potrebbe rispondersi che l'accordo non presuppone una o altra lingua ma solo l'espressione di voleri concordanti. Ma in realtà la lingua non è "diversa" perciò che ha – come dice Irti, "carattere funzionale". Funzionale a che cosa? Come ho detto non certo a una semplice informazione; mentre ciò che occorre e basta all'accordo è un mezzo espressivo funzionale al risultato, talché non nuoce affermare la sostituibilità della lingua anche "con icone o segni del tutto convenzionali", salvo l'impiego di una o altra lingua nel contratto formale" [...] "Il ruolo del consenso [...] conserva rilevanza dovendo, comunque, essere manifestato – direttamente o indirettamente – perché lo scambio diventi vincolanti per l'oblato".

127. TOSI, Emilio. *Contratti informatici, telematici e virtuali. Nuove forme e procedimenti formativi*, cit., p. 224: "Conseguentemente – per quanto rileva ai fini procedimentali – detta interpretazione rafforza la qualificazione del tasto negoziale virtuale quale manifestazione espressa della volontà" [...] "Si può, quindi, correttamente, affermare che la comunicazione telematica costituisce un modello comunicazionale per simboli e segnali".

128. OPPO, Giorgio. *Disumanizzazione del contratto?*, cit., p. 525-533.

nacionais, sem a necessidade de sua locomoção, a qualquer horário. Ademais, o acesso à *internet* e a utilização dos *browsers* permite ao consumidor uma mais eficiente comparação de funcionalidades e preços entre diversos produtos similares. No balanço geral, se pode afirmar que a ascensão da contratação eletrônica de consumo trouxe muito mais benefícios do que malefícios à sociedade. Apesar de se tratar, em certo ponto de vista, de um contrato "desumanizado", o contrato eletrônico permitiu aos consumidores, por meio da otimização de seu tempo, gozar de muito mais "tempo de qualidade" com seus amigos e familiares, auxiliando na "humanização" de suas vidas pessoais em época de vidas aceleradas.

Assim, mais relevante do que discutir sobre a "desumanização do contrato", é a construção de uma disciplina jurídica capaz de tutelar de forma efetiva o contratante vulnerável de forma eficaz no ambiente virtual[129]. Não por outro motivo, defende-se, na discussão aqui desenvolvida, o entendimento segundo o qual o contrato de compra e venda deve ser interpretado no plural, pois, levando em consideração as especificidades do regime jurídico que regula o contrato eletrônico nas relações de consumo, a compra e venda de consumo constitui uma categoria autônoma de contrato, sendo este o motivo pelo qual se desenvolveu, nos tópicos anteriores, uma análise individuando estas suas características distintivas.

A compra e venda eletrônica de consumo expõe o consumidor a estratégias de marketing como o denominado "*cross-selling*", em que são recomendados produtos relacionados com o da compra do consumidor[130], a partir da qual são incentivadas compras por impulso. Além do que, a distância não permite ao consumidor manter um contato direto com os produtos ofertados pelas plataformas virtuais. O desequilíbrio resultante da celebração telemática do contrato, assim como da agressividade dessa forma de contratação, como anteriormente demonstrado, sao solucionadas tanto pela implementação do formalismo informativo, quanto, como se analisa no próximo capítulo, pelo direito de arrependimento, instrumentos particulares que caracterizam a compra e venda eletrônica de consumo.

---

129. OPPO, Giorgio. *Disumanizzazione del contratto?*, cit., p. 525-533.
130. DAWSON, Sandy; KIM, Minjeong. External and internal trigger cues of impulse buying online. *Direct Marketing An International Journal*, p. 21. 2009.

3
O DIREITO DE ARREPENDIMENTO DO CONSUMIDOR

Sumário: 1. Considerações gerais; 2. As modalidades de extinção dos contratos e o direito de arrependimento; 3. O direito de arrependimento nas relações de consumo; 4. O exercício do direito de arrependimento; 5. A tempestividade do exercício do direito de arrependimento; 6. A extinção dos contratos acessórios em virtude do exercício do direito e arrependimento; 7. Exceções ao direito de arrependimento.

1. CONSIDERAÇÕES GERAIS

O "direito de arrependimento" na contratação de consumo a distância é a faculdade conferida ao consumidor de extinguir unilateralmente um contrato já celebrado, dentro de determinado período, sem qualquer penalidade ou necessidade de apresentar motivação. Trata-se de uma inovação legislativa introduzida nos microssistemas de direito do consumidor brasileiro, italiano e espanhol que integra, na qualidade de *naturalia negotii*, os contratos celebrados a distância, com o objetivo de reequilibrar as relações de consumo marcadas por esse tipo agressivo de formação contratual. Em se tratando a "compra e venda eletrônica de consumo" de um contrato concluído a distância, o direito de arrependimento do consumidor é a principal característica que a diferencia das demais compras e vendas, evidenciando a sua autonomia em relação às demais.

Sob o ponto de vista terminológico, no direito espanhol, a partir do disposto no art. 68 do TRLGDCU, utiliza-se a designação *"derecho de desistimiento"*. Na doutrina espanhola também é corrente o uso da expressão *"derecho de pentimento"*. No direito italiano, por sua vez, em conformidade com o art. 52 do *Codice del Consumo*, se identifica o instituto como *"diritto di recesso"*. No direito brasileiro, a partir do disposto no parágrafo único do art. 49 do CDC, a doutrina consagrou a expressão "direito de arrependimento". Todavia, considerando o disposto no *caput* do art. 49, que garante ao consumidor o direito de *"desistir do contrato"*, concluímos que o instituto também poderia ser identificado como "direito de desistência". Ou seja, no direito brasileiro e no direito espanhol, identifica-se o instituto por expressões que enfatizam o fundamento do direito à extinção do contrato, enquanto no direito italiano o nome indica o efeito extintivo decorrente do exercício desse direito. Em todos os países é comum a identificação desse instituto como uma derivação do direito de arrependimento ou *ius poenitendi* convencional, tradicionalmente previsto no Código Civil, mas com características inovadoras e distintas, sob a influência dos princípios que informam o direito do consumidor.

O direito do consumidor de arrepender-se de um contrato foi inicialmente introduzido, no direito comunitário, pela Diretiva 85/577/CEE, que versa sobre a contratação de consumo fora do estabelecimento comercial, tendo em vista que essa constitui uma modalidade agressiva de formação contratual, em que o consumidor é abordado desprevenidamente em seu domicílio ou local de trabalho. Foi com inspiração nessa diretiva comunitária que o legislador brasileiro optou por introduzir, no art. 49 do Código de Defesa do Consumidor, o direito de arrependimento aos contratos "celebrados fora do estabelecimento comercial", tendo em vista a maior necessidade de tutelar os consumidores naqueles contratos em que se verificam práticas agressivas de contratação, que incentivam o consumidor a celebrar contratos de forma impulsiva e sem a oportunidade de avaliar adequadamente a conveniência da operação.

Posteriormente, pela Diretiva 97/7/CE, esse instituto foi estendido, no direito comunitário, também aos contratos de consumo celebrados a distância, ou seja, aqueles em que o consumidor e o profissional se encontram ausentes fisicamente entre si[1]. No entanto, na hipótese da contratação a distância, como analisado no primeiro tópico do capítulo II, o direito de arrependimento foi implantado tendo em vista outra espécie de formação contratual agressiva, caracterizada tanto pela distância entre o consumidor e o produto, quanto pela distância entre o consumidor e o profissional. Nesse contexto, a distância entre o consumidor do produto a ser adquirido o impede de verificar as suas verdadeiras características e o seu funcionamento, representando grande desvantagem informativa na formação do contrato. Esse desequilíbrio pode ser amenizado a partir da implementação do direito do consumidor a "repensar" a transação e, eventualmente, extinguir o contrato, ou seja, de arrepender-se.

Conforme explicado no transcorrer do primeiro capítulo, no tópico "Fontes do direito do consumidor", as Diretivas 85/577/CEE e 97/7/CE foram substituídas

---

1. Sobre o direito de arrependimento na Diretiva 97/7/CE, ver: BARCA, Alessandro. *Il Diritto di recesso nei contratti del consumatore*. Milano: Giuffrè Editore, 2011.

pela Diretiva 2011/83/UE, por meio da qual se procedeu com a atualização da matéria da contratação a distância e fora do estabelecimento comercial às novas necessidades do mercado e de tutela do consumidor. De consequência, as mudanças apontadas por essa diretiva confluíram para o TRLGDCU espanhol, pela Lei 3/2014, e para o Código de Consumo italiano, com o Decreto legislativo 21, de 21 de fevereiro de 2014. Um dos principais motivos da atualização da matéria foi justamente a adaptação do instituto do direito de arrependimento à contratação a distância pela *internet* e as suas peculiaridades. No direito brasileiro, tendo em vista a necessidade de adaptação do microssistema do direito do consumidor às novas tecnologias da informação, o instituto do direito de arrependimento é atualmente objeto de reforma a partir do PL 3.514/15 que, se aprovado, modificará o art. 49 do CDC.

Um dos grandes debates entre os doutrinadores europeus, instaurado a partir do momento em que foi introduzido o direito de arrependimento como direito do consumidor, é sobre se o seu exercício incide sobre um contrato já celebrado, ou seja, sobre os efeitos desse contrato, ou se trataria de um instrumento integrante do procedimento de formação contratual. O debate tem como cerne o tema da formação do contrato e, ao seu lado, o do princípio *pacta sunt servanda*, consolidado no direito civil, segundo o qual o contrato, uma vez constituído, tem força de lei entre as partes[2]. No entanto, afinal, o direito de arrependimento impede a formação do contrato de consumo ou extingue um contrato já constituído?

Sobre o tema, as doutrinas espanhola e italiana dividiram-se em duas correntes predominantes, entre a que defende a tese "substancial" ou da "perfeição instantânea do contrato" e a que defende a teoria oposta, denominada "procedimental" ou da "perfeição diferida do contrato"[3]. Conforme a tese "procedimental", ou da "perfeiçao diferida do contrato", o direito de arrependimento seria um instrumento integrante do procedimento de formação contratual e, consequentemente, anterior à sua conclusão. Dessa forma, o direito de arrependimento não seria um mecanismo de resolução de um vínculo já perfeito[4], tendo em vista que, nesse ínterim de retratação, o vínculo contratual ainda não estaria formado, tratando-se de figura integrante da formação contratual.

---

2. LARROSA AMANTE, Miguel Ángel. *El derecho de desistimiento en la contratación de consumo.* Valencia: Tirant lo blanch, 2017, p. 79.

3. PANIZA FULLANA, Antonia. *Contratación a distancia y defensa de los consumidores.* Granada: Editorial Comares, 2003, p. 227-231: "Concentrándonos el el estudio de la naturaleza de este derecho de desistimiento se pueden mencionar dos posturas: aquella que mantiene que el contrato no se perfecciona hasta transcurrido el período en el que es posible ejercer el derecho de desistimiento y se retrasa, por tanto, el momento de perfección del contrato y aquella que, siguiendo los preceptos clásicos, entiende perfeccionado el contrato por el concurso de la oferta y la aceptación".

4. PIGNALOSA, Maria Pia. *Contratti a distanza e recesso del consumatore*, cit., p. 130.

Ou seja, de acordo com essa tese o prazo para o exercício de arrependimento pelo consumidor transcorreria em momento anterior à efetiva conclusão do contrato, obstando a sua formação. Distinguem-se, dentro da tese "procedimental", duas vertentes. A vertente "tradicional" da tese "procedimental" classifica o arrependimento como uma figura extra dentro da tradicional formação contratual. Por outro lado, contrapõe-se a vertente segundo a qual a formação contratual composta do elemento arrependimento se trataria de um procedimento especial, de natureza diferente da formação tradicional[5].

As teorias procedimentais do direito de arrependimento, que o posicionam como um ato do consumidor anterior à efetiva conclusão contratual, representam uma tentativa de conservar ileso o princípio do *pacta sunt servanda*[6]. A corrente que defende essa teoria leva em consideração o disposto no art. 12 da Diretiva 2011/83/UE, que trata dos efeitos da retratação. Conforme o disposto nesse artigo, o exercício do direito de arrependimento, além de extinguir as obrigações das partes de executar o contrato já celebrado, também determina a extinção da obrigação de "celebrar o contrato a distância ou fora do estabelecimento comercial", naqueles casos em que a oferta tenha sido apresentada pelo consumidor (art. 12, letra *b*)[7].

Essa segunda parte do artigo é fonte de diversas controvérsias relativas à natureza e aos efeitos do arrependimento. Como se pode observar, o objeto do disposto no art. 12, letra *b*, da Diretiva 2011/83/UE diz respeito à garantia de retratação que visa extinguir os efeitos de uma proposta de contrato excepcionalmente formulada pelo consumidor, o que realmente frustraria a formação do contrato. Salvatore Mazzamuto, nesse sentido, conclui ser o direito de arrependimento do consumidor a "cumulação de dois instrumentos de autotutela, o *recesso* e a ordinária revogação" da proposta, *ex art.* 1.328 do Código Civil italiano[8].

A função da hipótese prevista na letra *b* do art. 12 da diretiva, ao possibilitar a retratação de uma proposta advinda do consumidor, é a de evitar as práticas comerciais em que o profissional o induz a realizar uma proposta, ou mediante documentos com aparência de proposta, apesar de o contrato ter sido previamente e unilateralmente redigido pelo próprio profissional, e de que os contratos em *websites*, por exemplo, se perfeccionam automaticamente com o envio da ordem[9].

---

5. PIGNALOSA, Maria Pia. *Contratti a distanza e recesso del consumatore*, cit., p. 128.
6. PATTI, Francesco Paolo. *Il recesso del consumatore*: l'evoluzione della normativa, cit., p. 1031.
7. BATTELLI, Ettore. *I contratti a distanza e i contratti fuori dai locali commerciali*, cit., p. 238.
8. Tradução livre, a citação original é a seguinte: "cumulo dei due strumenti di autotutela, il recesso e l'ordinaria revoca". MAZZAMUTO, Salvatore. *La nuova direttiva sui diritti del consumatore*, cit., p. 861 ss.
9. PATTI, Francesco Paolo. *Il recesso del consumatore: l'evoluzione della normativa*, cit., p. 1007; BATTELLI, Ettore. *I contratti a distanza e i contratti fuori dai locali commerciali*, cit., p. 239.

De qualquer modo, a teoria procedimental não se sustenta, pois ainda que o contrato seja constituído a partir de uma proposta formulada pelo consumidor, o direito de extinguir o contrato após a sua conclusão, conforme o previsto no art. 12, letra *a*, da Diretiva 2011/83/EU, ainda persiste.

De outra perspectiva, segundo a teoria "substancial", o direito de arrependimento seria um instrumento para desfazer contrato já concluído[10]. Assim, não seria o arrependimento integrante da formação contratual, mas sim elemento superveniente, que atinge um contrato já celebrado, relativizando o princípio milenar do *pacta sunt servanda*. Por essa teoria, o arrependimento do consumidor atuaria sobre o plano de eficácia do contrato, sobre os seus efeitos[11]. A teoria substancial é a mais aceita pelos juristas europeus. Apesar de o legislador comunitário deixar a cargo dos Estados membros a regulação sobre a formação contratual, tal adoção se evidencia a partir do art. 9, parágrafo 2, letra *a*, da Diretiva 2011/83/UE, com a utilização do termo "celebração do contrato", também com o uso do termo "rescisão", referindo-se aos contratos acessórios, no seu art. 15, parágrafo 2.

No direito brasileiro, o direito de arrependimento é um direito fundamental social do consumidor, positivado no art. 49 do CDC, que lhe garante a faculdade de extinguir um contrato celebrado a distância. Ou seja, no ordenamento jurídico nacional, adota-se a teoria "substancial" do *ius poenitendi*, em que o direito de arrependimento nasce como efeito *ex lege* da conclusão de contratos a distância ou fora do estabelecimento comercial. Ademais, a partir do estudado no capítulo II, resta evidente que o contrato a distância, especialmente na modalidade eletrônica em *websites*, considera-se celebrado a partir da aceitação do consumidor, expressa ou tácita, pelo sistema *point and click* no botão virtual negocial, sem a qual o consumidor não estaria vinculado ao contrato. Conclui-se, portanto, que o contrato a distância forma-se a partir da junção da proposta e da aceitação do consumidor, e a possibilidade de exercitar o direito de arrependimento pressupõe anterior conclusão do contrato.

2. AS MODALIDADES DE EXTINÇÃO DOS CONTRATOS E O DIREITO DE ARREPENDIMENTO

O direito de arrependimento, nos contratos celebrados a distância, garante ao consumidor a faculdade de extinguir unilateralmente um contrato após a sua conclusão. Trata-se de uma inovação introduzida pelo legislador com o objetivo de proteger o consumidor nos contratos celebrados a distância, cuja categoria

---

10. PIGNALOSA, Maria Pia. *Contratti a distanza e recesso del consumatore*, cit., p. 143.
11. PIGNALOSA, Maria Pia. *Contratti a distanza e recesso del consumatore*, cit., p. 143.

abrange os contratos eletrônicos de consumo. Nas codificações modernas, a extinção do contrato é uma disciplina que se aplica aos contratos em geral, inclusive aos contratos formados nas relações de consumo. Partindo desse pressuposto, é necessário verificar se o direito de arrependimento nos contratos celebrados a distância se trata de um instituto que se enquadra dentre as tradicionais formas de extinção do contrato disciplinadas no direito civil, ou se constitui uma figura *sui generis*, com características próprias e distintas, criada especialmente para tutelar o consumidor diante determinados tipos de contratos e modos de formação contratual. Para tanto, será necessário revisitar os modos de extinção do contrato na teoria geral do direito[12].

Os contratos em geral podem ser extintos fundamentalmente por sua anulação ou resolução, não pelo adimplemento, que não é um modo de extinção do contrato, mas da obrigação dele decorrente. Isso porque, como esclarece Cesare Massimo Bianca, "o adimplemento das obrigações contratuais não integra a extinção do contrato mas, ao contrário, a sua execução"[13]. O direito à resolução do contrato pode ser definido como uma modalidade extintiva, em virtude do qual se verifica a sua desconstituição como consequência de um evento juridicamente relevante e superveniente à sua formação, que impede a sua conservação. Pelo critério das fontes, o direito à resolução subdivide-se em convencional e legal[14]. A resolução convencional resulta de negócio jurídico bilateral ou unilateral[15]. Na categoria da resolução negocial bilateral, incluem-se as hipóteses de distrato e de implementação de cláusula condicional resolutiva prevista de modo expresso no contrato (art. 128, Código Civil brasileiro). O distrato parte do pressuposto de que todo o contrato pode ser desfeito por um acordo de vontades, o que ocorre mediante desistência mútua (art. 472, Código Civil brasileiro).

---

12. PEREIRA, Caio Mário da Silva. *Instituições de Direito Civil*, cit., p. 89. Sobre os modos de extinção do contrato, Caio Mário da Silva Pereira explica que: "Sempre entendemos que a aproximação dos assuntos é muito maior do que aparenta, todos eles interligados pela ideia de cessação da relação contratual, embora sob a informação imediata de causa próxima diversa: convenção entre as partes, implemento de condição, falta da prestação devida, onerosidade excessiva. Não obstante a causação variegada, está sempre presente a ideia de extinção do contrato. E o assunto tem sido tratado por alguns escritores, embora nem sempre a unidade de orientação prevaleça".

13. BIANCA, Cesare Massimo. *Diritto Civile. Il Contratto*, cit., p. 732: "L'adempimento delle obbligazioni contrattuali non integra l'estinzione del contratto ma, al contrario, la sua esecuzione" [...] "I risultati conseguiti a seguito dell'esecuzione del contratto sono risultati che permangano sul presupposto del permanere del contratto, e cioè del permanere della sua efficacia".

14. MEZZETTI, Andrea; LIGI, Saverio. Art.52. In: GAMBINO, Alberto Maria; NAVA, Gilberto. *I nuovi diritti dei consumatori. Commentario al d.lgs. n. 21/2014*. Torino: G. Giappichelli Editore, 2014, p. 115.

15. DÍEZ-PICAZO, Luis. *Sistema de derecho civil. El contrato en general. La relación obligatoria*. v. II, t. 1, cit., p. 255: "Llamamos resolución a la extinción sobrevenida de una relación obligatoria que se produce como consecuencia de una declaración de voluntad o del ejercicio de una acción judicial, que no es, sin embargo, reflejo de una facultad absolutamente libre, sino que tiene que encontrarse fundada en un supuesto previsto legalmente como causa de resolución".

A resolução negocial unilateral, por sua vez, deriva de cláusula resolutiva que faculte a sua resolução mediante denúncia ou declaração unilateral de vontade com efeito resolutivo, cujo efeito é a resilição ou o *"recesso"* do contrato. Esta possibilidade está contida no art. 420 do Código Civil brasileiro, a partir do qual as partes podem convencionar a inclusão de cláusula resolutiva contemplando o direito de resilição do contrato. O art. 420 do Código Civil brasileiro, por sua vez, regulamenta a possibilidade de inclusão, no contrato, do direito de arrependimento, por meio das arras penitenciais, ao dispor que: "Se no contrato for estipulado o direito de arrependimento para qualquer das partes, as arras ou sinal terão função unicamente indenizatória. Neste caso, quem as deu perdê-las-á em benefício da outra parte; e quem as recebeu devolvê-las-á, mais o equivalente"[16]. No direito italiano, a possibilidade da inclusão do *"diritto di recesso"* no contrato é prevista no art. 1.373 do Código Civil, o qual preceitua que "se a uma das partes é atribuída a faculdade de rescindir o contrato, tal faculdade deve ser exercitada até que o contrato tenha um princípio de execução"[17].

A resolução legal do contrato, pode ser definida como direito previsto em lei que permite o desfazimento do contrato mediante declaração unilateral de vontade[18]. Em virtude do princípio do *pacta sunt servanda*, do qual resulta a força obrigatória dos contratos, em princípio o contrato não pode ser desfeito mediante declaração ou negócio unilateral de vontade, pois os contratos são feitos para serem cumpridos. Ou seja, uma vez constituído o contrato, as partes assumem o compromisso de cumprir as obrigações nele contidas, sob pena de converter-se o seu inadimplemento em responsabilidade contratual, o que exclui, em princípio, a possibilidade de motivar a sua desconstituição no arrependimento de qualquer das partes. Todavia, existem situações previstas em lei que facultam o desfazimento unilateral do contrato. O art. 473 do Código Civil dispõe que, nos casos em que a lei expressa ou implicitamente o permita, a resilição opera mediante denúncia notificada à outra parte. A resolução *ex lege*, em função dessa característica, a partir da qual se faculta a desconstituição do contrato mediante o ato unilateral, denomina-se, em sentido estrito, resilição[19] ou *recesso*.

---

16. PEREIRA, Caio Mário da Silva. *Instituições de Direito Civil.*, cit., p. 90: "Ao formularmos a teoria das arras, mostramos que, embora como função acessória, o nosso direito atribui-lhes o caráter penitencial, o que permite aos contratantes a faculdade de arrependimento, e consequente desfazimento do vínculo contratual, mediante a sua perda ou restituição duplicada".

17. Art. 1.373 do Código Civil italiano: "Se a una delle parti è attribuita la facoltà di recedere dal contratto, tale facoltà può essere esercitata finché il contratto non abbia avuto un principio di esecuzione".

18. MEZZETTI, Andrea; LIGI, Saverio. Art.52, cit., 2014, p. 115.

19. PONTES DE MIRANDA, Francisco Cavalcanti. *Tratado de Direito Privado.* Parte Especial. São Paulo: Ed. RT, 1984, t. XXV, p. 305 e ss.: "Resilição é apenas espécie de resolução [...]. Resolver é solver, como dissolver; resilir é sair. Solve-se, resolve-se, sim, na resilição, mas saindo-se, saltando-se: o que restaria para a eficácia do contrato deixa de irradiar-se, porque o figurante saltou fora, e resolveu-se [...]".

O direito de resilição ou de *recesso* legal é tripartido em "resilição determinativa", "impugnativa" e "penitencial"[20]. A resilição determinativa consiste na extinção do contrato de trato sucessivo ou de execução continuada com termo indeterminado, mediante notificação ou denúncia. É considerada ordinária, pois, em razão da sua natureza, com o objetivo de evitar vínculos de caráter perpétuo, no contrato com prestação continuada e termo indeterminado, o direito à resolução do contrato não pode ser afastado pela vontade das partes[21]. O art. 1.373 do Código Civil italiano dispõe que: "nos contratos de execução continuada ou periódica, tal faculdade pode ser exercitada também sucessivamente, mas o *recesso* não há efeito para as prestações já executadas ou em curso de execução"[22]. A resilição impugnativa, por justa causa, ou extraordinária, é a que faculta a resolução do contrato imputável a fato superveniente à sua conclusão[23]. Dentre esses eventos, encontra-se o inadimplemento (art. 475 c.c. brasileiro; art. 1.453 c.c. italiano); a impossibilidade superveniente (art. 234 c.c. brasileiro; art. 1.463 c.c. italiano) e a onerosidade excessiva (art. 478 c.c. brasileiro; art. 1.467 c.c. italiano).

É importante destacar que essas tradicionais modalidades de resilição também se aplicam às relações de consumo. Isso porque o consumidor também tem direito a desfazer um contrato de trato sucessivo para evitar a sua perpetuidade, caso em que se utilizará da "resilição determinativa", ou de desfazer um contrato por motivo de inadimplemento contratual, hipótese de "resilição impugnativa". Nesse contexto, o contrato nas relações de consumo é regido pelos mesmos princípios do direito dos contratos em geral. Não por outro motivo, a liberdade de contratar, a partir do princípio da autonomia privada, também constitui um dos pilares do direito dos contratos nas relações de consumo. Da mesma forma, em nome do princípio *pacta sunt servanda*, uma vez celebrado o contrato de consumo, em regra geral o vínculo não poderá ser desfeito mediante declaração unilateral de vontade.

Ademais, o princípio da autonomia privada também faculta a inclusão do direito de resilição convencional no contrato de consumo. Todavia, a modalidade convencional de resilição, regulada pelo direito comum, tem como pressuposto a celebração de um contrato entre partes formalmente iguais, motivo pelo qual a sua inclusão no contrato, em geral, é atribuível a ambos os polos do contrato, favorecendo quem detém maior poder de negociação. Ocorre que o contrato

---

20. PATTI, Francesco Paolo. *Il recesso del consumatore*: l'evoluzione della normativa, cit., p. 1007.
21. MEZZETTI, Andrea; LIGI, Saverio. Art.52, cit., p. 115.
22. Art. 1.373 do Código Civil italiano: "[...] Nei contratti a esecuzione continuata o periodica, tale facoltà può essere esercitata anche successivamente, ma il recesso non ha effetto per le prestazioni già eseguite o in corso di esecuzione [...]".
23. PATTI, Francesco Paolo. *Il recesso del consumatore*: l'evoluzione della normativa, cit., p. 1007.

celebrado nas relações de consumo é aquele se estabelece entre consumidores e fornecedores, considerados, à luz da legislação consumerista, como partes desiguais. Não por outro motivo, em razão do caráter protetivo, a incidência do tradicional direito de resilição nas relações de consumo sofre modificações. Por exemplo, em nome do princípio de proteção da parte socialmente vulnerável, a inclusão da resilição convencional somente pode ocorrer em favor do consumidor. A hipótese de disposição de resilição em favor do fornecedor seria considerada prática abusiva de "exigir do consumidor vantagem manifestamente excessiva" (art. 39, V, CDC brasileiro), motivo pelo qual se consideram nulas as cláusulas que "autorizem o fornecedor a cancelar o contrato unilateralmente" e que "deixem ao fornecedor a opção de concluir ou não o contrato", nos termos do art. 51, IX e XI, do CDC brasileiro.

A resilição "penitencial" ou resilição de proteção (*recesso di protezione*), por sua vez, decorrente do exercício do direito de arrependimento do consumidor, constitui uma inovação em relação às tradicionais formas de extinção do contrato, tratando-se de uma figura *sui generis*. Isso porque se trata de uma resilição *ex lege* criada, no caso da contratação de consumo a distância, com a específica função de tutela do consumidor nessa modalidade agressiva de formação contratual. Por se tratar de uma resilição de proteção, diferentemente da resilição civilista, o direito de arrependimento do consumidor é gratuito, irrestrito, irrenunciável, não permitindo ao fornecedor a cobrança de eventual indenização por retratação do contrato. O direito de arrependimento do consumidor nos contratos celebrados a distância, com especial referência àquele por meios eletrônicos, será objeto de análise específica no próximo tópico.

3. O DIREITO DE ARREPENDIMENTO NAS RELAÇÕES DE CONSUMO

O direito de arrependimento é a principal característica da "compra e venda eletrônica de consumo" que a distingue dos demais tipos de compras e vendas, tornando-a uma categoria autônoma em relação às demais. O direito de arrependimento na contratação a distância é uma inovação introduzida em diversos microssistemas de direito do consumidor, que atribui ao consumidor a faculdade de rescindir unilateralmente um contrato, válido ou anulável, dentro de determinado período e sem a necessidade de apresentar qualquer motivação. Tanto o CDC brasileiro, quanto a Diretiva 2011/83/UE e o Código de Consumo italiano não fornecem uma definição de direito de arrependimento na contratação de consumo a distância. No direito espanhol, por sua vez, o legislador definiu o direito de arrependimento como "a faculdade do consumidor e usuário de deixar sem efeito o contrato celebrado, notificando à outra parte contratante o prazo estabelecido para o exercício desse direito, sem necessidade de justificar a sua decisão e sem penalização de qualquer classe"[24] (art. 68 do TRLGDCU espanhol).

Como visto no capítulo anterior, apesar de os tradicionais direitos de resilição contratual, com algumas restrições, também serem aplicáveis às relações de consumo, esses tipos de extinção contratual não se confundem com o direito de arrependimento instituído com a função de tutela do consumidor na contratação a distância, com especial referência àquela eletrônica, objeto deste estudo. A introdução, dentro do microssistema de proteção do consumidor, de uma resilição *ex lege*, voltada para a específica tutela do contratante vulnerável, tratou-se de iniciativa revolucionária do legislador brasileiro, comunitário, italiano e espanhol, por representar a quebra do princípio *pacta sunt servanda*, consolidado no direito civil. Nesse contexto, retrata Francesco Ricci que o direito de arrependimento afasta algumas das regras do direito tradicional, de modo a favorecer o consumidor[25].

O direito de arrependimento, conferido ao consumidor na contratação a distância, trata-se, com efeito, de um novo tipo de resilição do contrato *ex lege*, considerado *sui generis* em relação aos demais modos de extinção dos contratos, tendo em vista a sua natureza protetiva. Por esse motivo, também é identificado como uma "resilição de proteção" (*recesso di protezione*). A instituição do direito de arrependimento em determinadas áreas do direito do consumidor advém da insuficiência de instrumentos como o da boa-fé e anulação do contrato por vícios do consentimento para proteger os interesses do contratante vulnerável[26]. Nesse contexto, a distância entre o consumidor e o bem adquirido não o permite verificar as suas reais características e funcionalidades, impedindo a genuína formação de sua vontade contratual. Por outro lado, também se verifica a distância entre o consumidor e o próprio vendedor, dificultando a sua mútua comunicação e identificação. Ademais, no âmbito da contratação a distância pela *internet*, a decisão do consumidor se baseia em imagens em plataformas eletrônicas, e em descrições do produto elaboradas pelo próprio fornecedor, capazes de condicionar as escolhas do comprador. Essa técnica de contratação é propícia a gerar decisões precipitadas, por impulso, sem que o consumidor tenha tido a possibilidade de refletir suficientemente sobre a real conveniência da operação.

---

24. Art. 68 do TRLGDCU: "1. El derecho de desistimiento es un contrato es la facultad del consumidor y usuario de dejar sin efecto el contrato celebrado, notificándoselo así a la otra parte contratante en el plazo establecido para el ejercicio de ese derecho, sin necesidad de justificar su decisión y sin penalización de ninguna clase".

25. RICCI, Francesco. La disciplina delle vendite a distanza ai consumatori. In: CLARIZIA, Renato (a cura di). *I contratti informatici*. Torino: UTET giuridica, 2007, p. 321.

26. PATTI, Francesco Paolo. *Il recesso del consumatore*: l'evoluzione della normativa, cit., p. 1007.

O direito de arrependimento trata-se, portanto, de um *spatium deliberandi*, ou *cooling period*[27], dentro do qual o consumidor pode refletir sobre o bem ou serviço contratado, e sobre a conveniência da operação econômica, sendo possibilitado o desfazimento do vínculo contratual. No entanto, frisa-se que, nos microssistemas de proteção do consumidor, o direito de arrependimento não tem caráter geral, mas sim excepcional[28], por ter sido destinado somente à determinados tipos contratuais ou à determinados modos de conclusão do contrato nos quais o consumidor se encontra em situação acentuada de vulnerabilidade. No direito comunitário, italiano e espanhol, levando em consideração o tipo contratual, esse direito foi instituído, por exemplo, a prescindir da forma de conclusão contratual, aos contratos de multipropriedade, de crédito ao consumo e de venda de pacotes turísticos. Por outro lado, tanto no direito brasileiro, comunitário, italiano e espanhol, o *ius poenitendi* foi instituído nos contratos celebrados "a distância" e naqueles "fora do estabelecimento comercial" tendo em vista não o conteúdo do contrato, mas a sua modalidade de formação[29]. Dessa forma, nos contratos a distância, o direito de arrependimento tem natureza "transversal", não tipológica[30], ou seja, é aplicado, em regra, a todos os tipos de contratos celebrados a distância, como na compra e venda eletrônica de consumo.

Ademais, apesar de o direito de arrependimento ter, em relação ao microssistema de direito do consumidor, caráter excepcional, em se tratando de contratos celebrados a distância, com especial referência àqueles celebrados pela *internet*, o instituto assume caráter geral[31]. Portanto, o direito de arrependimento é aplicado em regra geral à "compra e venda eletrônica de consumo", tendo em vista que se trata de um contrato celebrado a distância, por meios eletrônicos de comunicação. No âmbito da "compra e venda eletrônica de consumo", o direito

---

27. BATTELLI, Ettore. *I contratti del commercio online*, cit., p. 394.
28. BELUCHE RINCÓN, Iris. *El derecho de desistimiento del consumidor*. Valencia: Tirant lo blanch, 2009, p. 39: "El derecho a desistir que el Texto Refundido de la Ley General sintetiza no ha sido nunca, atribuido al consumidor con carácter general por el mero hecho de tener tal condición [...]. La posibilidad de desistimiento sólo juega en favor del consumidor en el ámbito de aquellas relaciones contractuales de consumo en las que convencionalmente le haya sido reconocido tal derecho [...] y en aquellas que cuentan con una regulación especial [...]"; PATTI, Francesco Paolo. *Il recesso del consumatore*: l'evoluzione della normativa, cit., p. 1010: "al recesso del consumatore viene attribuita natura eccezionale, in quanto può operare soltanto nei casi previsti".
29. BENEDETTI, Alberto Maria. Recesso del consumatore. *Enciclopedia del Diritto*, Annali IV. Milano: Giuffrè Editore, 2011, p. 957; PATTI, Francesco Paolo. *Il recesso del consumatore*: l'evoluzione della normativa, cit., p. 1007.
30. PIGNALOSA, Maria Pia. *Contratti a distanza e recesso del consumatore*, cit., p. 33: "Quanto all'ambito di applicazione oggettivo indicato dall'art. 46 cod. cons [...] conferma la natura trasversale e non tipologica della disciplina"; PATTI, Francesco Paolo. *Il recesso del consumatore*: l'evoluzione della normativa, cit., p. 1016: "Nelle due ipotesi esaminate (contratti stipulati fuori dai locali commerciali e a distanza), il legislatore europeo ha dettato una disciplina che tocca trasversalmente tutti i tipi contrattuali".
31. BATTELLI, Ettore. *I contratti a distanza e i contratti fuori dai locali commerciali*, cit., p. 238.

de arrependimento é, ao lado dos direitos de informação, um dos principais instrumentos de proteção do consumidor, diferenciando esse tipo de compra e venda das demais compras e vendas. Segundo Ezio Guerinoni, trata-se de um instrumento extremamente eficaz, já que, em contraposição com os outros instrumentos de tutela "é imediatamente acionável por parte do contratante vulnerável em via de autotutela"[32]. Ademais do objetivo direto de proteção dos interesses do consumidor, o direito de arrependimento, ao possibilitar o desfazimento de contratos que não satisfazem os interesses do consumidor, também assume a função de promover a concorrência no mercado[33].

O direito de arrependimento é um direito *ex lege*, introduzido por uma norma de ordem pública, que não pode ser afastada pela vontade das partes. A norma que institui o direito de arrependimento é imperativa, razão pela qual não pode ser derrogada ou renunciada pela vontade das partes[34]. Ou seja, na oferta formulada pelo fornecedor, não poderá ser inserida uma cláusula que preveja a exclusão ou limitação ao exercício desse direito garantido ao consumidor[35]. Em consequência, são consideradas nulas as cláusulas que limitem o direito do consumidor de arrepender-se nas condições previstas nas leis que regulam as relações de consumo[36]. O caráter inderrogável do *ius poenitendi* garante a sua efetividade, enquanto modalidade de direito de resilição de caráter protetivo *ex lege*.

O direito de arrependimento, em razão de seu caráter protetivo, é irrenunciável. No direito comunitário, o art. 25 da Diretiva 2011/83/UE destaca o seu caráter imperativo ao dispor que "os consumidores não podem renunciar aos direitos que lhes são conferidos pela transposição da presente diretiva para a legislação nacional"[37]. Em seguida, o mesmo artigo determina a não vinculatividade

---

32. Tradução livre, a citação original é a seguinte: "è immediatamente azionabile dal contrattante debole in via di autotutela". GUERINONI, Ezio. *I contratti del consumatore. Principi e regole*, cit., p. 377.

33. BEDNARZ, Zofia. Derecho de desistimiento en la contratación electrónica con consumidores: áreas problemáticas y posibilidades de mejora. *La Ley mercantil*, n. 42, p. 4, 2017: "el período de reflexión otorgado a los consumidores cumple con varias funciones en el sistema de contratación electrónica en el Mercado interno de la unión"; PATTI, Francesco Paolo. *Il recesso del consumatore*: l'evoluzione della normativa, cit., p. 1007.

34. No art. 143 do *Codice del consumo* italiano se encontra o dispositivo geral de irrenunciabilidade de direitos do consumidor, da seguinte forma: "I diritti attribuiti al consumatore dal codice sono irrinunciabili. È nulla ogni pattuizione in contrasto con le disposizioni del codice". O art. 10 do TRLGDCU espanhol, sobre a "Irrenunciabilidad de los derechos reconocidos al consumidor y usuario" por sua vez, dispõe que "La renuncia previa a los derechos que esta norma reconoce a los consumidores y usuarios es nula, siendo, asimismo, nulos los actos realizados en fraude de ley de conformidad con lo previsto en el artículo 6 del Código Civil".

35. MEZZETTI, Andrea; LIGI, Saverio. Art. 52, cit., p. 117.

36. TOMMASINI, Raffaele. Codice del consumo e ius poenitendi. In: PERLINGIERI, Pietro; CATERINI, Enrico (a cura di). *Il Diritto dei Consumi*. Rende: Edizioni Scientifiche Italiane, 2007, v. III. p. 286.

37. Artigo 25 da Diretiva 2011/83/UE: "Caráter imperativo da diretiva. Se a lei aplicável ao contrato for a lei de um Estado-Membro, os consumidores não podem renunciar aos direitos que lhes são conferidos

de eventuais cláusulas que comprometam os direitos conferidos pela diretiva. Esse artigo da diretiva foi recebido, no ordenamento jurídico italiano, pelo art. 66-*ter* do Código de Consumo[38] e, no ordenamento jurídico espanhol, no artigo 92, parágrafo 3º do TRLGDCU[39]. Por sua vez, o art. 10 do TRLGDCU dispõe que: "a renúncia prévia aos direitos que essa lei reconhece aos consumidores e usuários é nula"[40]. No direito brasileiro, o art. 51 do CDC dispõe que são nulas as cláusulas contratuais que impliquem em renúncia ou disposição de direitos dos consumidores. Como se pode observar, a irrenunciabilidade *lato sensu* garante tanto a inderrogabilidade das normas imperativas contidas na legislação consumerista, e, *ipso facto*, a nulidade de cláusulas em sentido contrário às suas disposições[41], quanto a irrenunciabilidade em sentido estrito, direitos subjetivos dos consumidores, reconhecidos na lei ou no contrato[42].

O direito conferido ao consumidor de extinguir o contrato, após a sua conclusão, caracteriza-se como um direito potestativo. Na definição de Pietro Perlingieri, o direito potestativo é aquele que "atribui ao seu titular o poder de provocar unilateralmente um evento jurídico desfavorável a outro sujeito", mediante constituição, modificação e extinção de direitos ou situações subjetivas[43]. Ou seja, o direito de arrependimento garante ao consumidor o direito potestativo de extinguir o contrato e, *ipso facto*, o direito de crédito do fornecedor, mediante ato unilateral de vontade. Dessa forma, o direito potestativo de arrependimento

---

pela transposição da presente directiva para a legislação nacional. As cláusulas contratuais que, directa ou indirectamente, excluam ou limitem os direitos resultantes da presente directiva não vinculam o consumidor".

38. PIGNALOSA, Maria Pia. *Contratti a distanza e recesso del consumatore*, cit., p. 122: "Quanto all'ultima caratteristica del recesso, l'irrinunciabilità, deve rilevarsi come la stessa discenda dall'art. 66-ter cod.cons. che esclude espressamente la facoltà di rinuncia da parte dei consumatori dei diritto loro riconosciuti, prevedendosi inoltre che eventuali clausole contrattuali che li escludano o li limitino non vincolano il consumatore".

39. Articolo 66 – *ter*, *Codice del Consumo* italiano. "Carattere imperativo. 1. Se il diritto applicabile al contratto e' quello di uno Stato membro dell'Unione europea, i consumatori residenti in Italia non possono rinunciare ai diritti conferiti loro dalle disposizioni delle Sezioni da I a IV del presente Capo. 2. Eventuali clausole contrattuali che escludano o limitino, direttamente o indirettamente, i diritti derivanti dalle disposizioni delle Sezioni da I a IV del presente Capo, non vincolano il consumatore".

40. Art. 10 do TRLGDCU: "La renuncia previa a los derechos que esta norma reconoce a los consumidores y usuarios es nula".

41. TOMMASINI, Raffaele. *Codice del consumo e ius poenitendi*, cit., p. 286: "lo ius poenitendi è, inoltre, irrinunciabile, qualunque patto contrario è nullo. Una tale inderogabilità del potere di recesso, anche quando questo è previsto, non esiste nel nostro diritto positivo tradizionale".

42. SOSA OLÁN, Henrry; RABELO HARTMANN, Fernando. *Contratación electrónica*: el derecho de desistimiento como mecanismo protector del consumidor. Ciudad del México: Tirant lo blanch, 2018, p. 177: "El derecho de desistimiento es irrenunciable para el consumidor (art. 10 TRLGDCU), pues las leyes que lo otorgan tienen carácter imperativo".

43. Tradução livre, a citação original é a seguinte: "attribuisce al suo titolare il potere di provocare unilateralmente una vicenda giuridica sfavorevole per un altro soggetto". PERLINGIERI, Pietro. *Manuale di diritto civile*, cit., p. 87.

conferido ao consumidor posiciona o fornecedor em um estado de sujeição em relação à sua decisão.

Em outras palavras, o direito potestativo de arrependimento confere ao consumidor a faculdade de extinguir o contrato, mediante ato unilateral de vontade *ad nutum* e *ad libitum*[44]. Considera-se o ato *ad nutum* e *ad libitum* porque o consumidor pode exercê-lo segundo à sua própria vontade, sem a necessidade de apresentar qualquer motivação ou justificativa. De acordo com a doutrina majoritária, trata-se, com efeito, de um direito discricionário, "válido ainda em falta de uma justa causa ou de um justificado motivo"[45].

O direito de arrependimento é, ademais, incondicionado, diversamente do que ocorre em relação ao *ius poenitendi* civilístico, pois a ele não podem ser adicionadas condições, para além das previstas em lei, com o objetivo de não obstar ou desincentivar o seu exercício por parte do consumidor, garantindo a sua efetiva liberdade de escolha[46]. Nesse sentido, ressalta Bruno Miragem que o direito do consumidor de arrepender-se não depende de situações específicas, como da existência de defeitos de conformidade ou de vícios do produto, para que seja exercitado[47]. O estabelecimento de cláusula contendo condições ao

---

44. PEÑA LÓPEZ, Fernando. Artículo 102. Derecho de desistimiento. In: BERCOVITZ RODRÍGUEZ-CANO, Rodrigo (Coord.). *Comentario del Texto Refundido de la Ley General para la Defensa de los Consumidores y Usuarios y otras Leyes Complementarias*. Navarra: Editorial Aranzadi S/A, 2015, p. 1541: "el hecho de que el desistimiento se pueda ejercitar ad nutum, esto es, sin necesidad de legar causa alguna que lo justifique, implica que es la sola voluntad del consumidor, al margen de cualquier consideración de los motivos que la originan, la que provoca la pérdida de vigencia de la relación contractual. Los únicos límites genéricos que se aplican a cualquier declaración de voluntad con eficacia jurídica: el ejercicio del derecho de desistimiento debe ser conforme la buena fe y no puede constituir abuso del derecho"; TOMMASINI, Raffaele. *Codice del consumo e ius poenitendi*, cit., p. 284: "è un diritto di pentimento che può essere esercitato *ad libitum* (libero e insindacabile) a prescindere, cioè, da qualunque motivazione o giustificazione"; SOSA OLÁN, Henrry; RABELO HARTMANN, Fernando. *Contratación electrónica*: el derecho de desistimiento como mecanismo protector del consumidor, cit., p. 172: "Es un derecho ad nutum, libre de toda condición".

45. SALVI, Gabriele. Art. 52. Diritto di recesso. In: CAPOBIANCO, Ernesto; MEZZASOMA, Lorenzo; PERLINGIERI, Giovanni. *Codice del consumo annotato con la dottrina e la giurisprudenza*. 2. ed. Napoli: Edizioni Scientifiche Italiane, 2018, p. 333: "Sul punto la dottrina si è divisa. Secondo l'opinione maggioritaria la piena discrezionalità del recesso è completa e, pertanto, esso è valido anche in mancanza di una giusta causa o un giustificato motivo, addirittura, potendo assumere i caratteri della capricciosità"; PIGNALOSA, Maria Pia. *Contratti a distanza e recesso del consumatore*, cit., p. 113: "nell'esercizio del diritto di recesso in esame il consumatore goda di un potere assolutamente discrezionale; nel ripensare la propria scelta non deve fornire alcuna motivazione"; ATELLI, Massimiliano. Il problema della sindacabilità della decisione di esercizio dello ius poenitendi attribuito "ex lege" al consumatore. *Rivista critica del diritto privato*, p. 359-394, 2001; MANCALEONI, Anna Maria. *I contratti con i consumatori tra diritto comunitario e diritto comune europeo*, 2005.

46. TOMMASINI, Raffaele. *Codice del consumo e ius poenitendi*, cit., p. 285: "il recesso è incondizionato, nel senso che non può essere subordinato al pagamento di alcun corrispettivo o penalità".

47. MIRAGEM, Bruno. *Curso de Direito do Consumidor*, cit., p. 378.

arrependimento do consumidor acarreta a sua nulidade (art. 51, IV, do CDC brasileiro; art. 68, parágrafo 1, TRLGDCU espanhol)[48].

A incondicionalidade do direito de arrependimento, ademais, também tem como consequência a sua gratuidade[49]. Dessa forma, o exercício do *ius poenitendi* não pode ser condicionado ao pagamento de valor em dinheiro ou penalidade[50] por parte do consumidor, o que poderia influenciar a sua decisão de retirada do contrato. Nesse sentido, de acordo com o art. 49, parágrafo único, do CDC brasileiro, "os valores eventualmente pagos, a qualquer título, durante o prazo de reflexão, serão devolvidos" ao consumidor. No direito comunitário, italiano e espanhol, da mesma forma, com base no princípio da gratuidade do direito de arrependimento, o consumidor não deve arcar com custos ou penalidades para o seu exercício (art. 9, Diretiva 2011/83/UE; art. 52, c.cons. italiano; art. 73, TRLGDCU espanhol).

Como consequência do princípio da gratuidade do exercício do direito de arrependimento, tanto os valores correspondentes ao custo do próprio bem, quanto aqueles relativos à sua entrega, serão restituídos ao consumidor. Enfatiza-se, no entanto, que o princípio de gratuidade do exercício do direito de arrependimento, como será aprofundado no capítulo IV, sobre o direito restitutório, não implica a inexistência de todo e qualquer custo para o consumidor[51]. A menos que assim seja convencionado no contrato, por exemplo, o consumidor não terá direito à

---

48. Art. 68 TRLGDCU "1. [...] Serán nulas de pleno derecho las cláusulas que impongan al consumidor y usuario una penalización por el ejercicio de su derecho de desistimiento".
49. SOSA OLÁN, Henrry; RABELO HARTMANN, Fernando. *Contratación electrónica*: el derecho de desistimiento como mecanismo protector del consumidor, cit., p. 188-189: "f) Sin penalización alguna para el consumidor: El ejercicio del derecho de desistimiento no implicará gasto alguno para el consumidor cuando éste decida ejercitarlo (art. 68.1 TRLGDCU) [...]".
50. GUERINONI, Ezio. *I contratti del consumatore. Principi e regole*, cit., p. 419.
51. Sobre o princípio da gratuidade do direito de arrependimento, ver: LARROSA AMANTE, Miguel Ángel. *El derecho de desistimiento en la contratación de consumo*, cit., p. 141-143: "Por un lado, la gratuidad implica la no penalización al consumidor por el ejercicio del derecho de desistimiento [...]. Ahora bien, la gratuidad no implica la ausencia de todo gasto [...], pues es evidente que el consumidor deberá de asumir de forma personal los costes de la comunicación de su ejercicio al empresario (gastos de correos o fax para la remisión del documento de desistimiento, gastos de transporte del bien en caso de devolución del mismo etc. [...] Por ello el concepto de gratuidad debe ser modulado en un sentido no absoluto sino relativo, de tal manera que lo que no tiene que soportar el consumidor son gastos de ejercicio desproporcionados o que supongan una penalización real y efectiva o dificulten el propio ejercicio del derecho, sin perjuicio de tener que abonar unos gastos mínimos que, salvo pacto en contrario, no pueden recaer al empresario y que son una consecuencia de una obligación legal impuesta al propio consumidor". SOSA OLÁN, Henrry; RABELO HARTMANN, Fernando. *Contratación electrónica*: el derecho de desistimiento como mecanismo protector del consumidor, cit., p. 188-189: "Cabe mencionar que la mayoría de las empresas que se dedican al comercio electrónico, dentro de sus condiciones generales establecen una cláusula en donde se especifica que los gastos de devolución del producto corren por cuenta del consumidor, aunque, hay algunas que no cobran ningún gasto por la devolución del producto".

restituição integral daqueles custos provenientes da escolha de uma modalidade especial de entrega, mais custosa do que a *standard* oferecida pelo fornecedor. Nessas hipóteses, tendo em vista o princípio que veda o enriquecimento sem causa, não seria restituído o valor correspondente à diferença entre a entrega *standard* e a mais custosa. Da mesma forma, o fornecedor não tem o dever de reembolsar as despesas de transporte de restituição do bem pelo consumidor ao fornecedor, tendo em vista que se trata de despesas posteriores ao exercício do direito de arrependimento pelo consumidor (art. 13, parágrafo 2, e art. 14 da Diretiva 2011/83/UE; art. 56, *comma* 2, e art. 57 do Código de Consumo italiano; art. 107, parágrafo 2, e art. 108 do TRLGDCU)[52].

Por fim, o *ius poenitendi* tem como uma das suas características a sua temporalidade, em razão da qual, uma vez constituído o contrato do qual deriva, vigora por um período de tempo limitado, após o qual se extingue pela decadência. A temporalidade é uma característica que adquire especial relevância, tendo em vista que o *ius poenitendi* visa justamente tutelar o consumidor, concedendo-lhe um breve período de tempo o direito de resilir o contrato. Isso porque, não raras vezes, o contrato é aceito pelo consumidor no impulso ou sob pressão de publicidade e de ofertas formuladas por fornecedores, operando o *ius poenitendi* como um instrumento que garante minimamente o reequilíbrio das partes no momento da celebração do contrato. No direito brasileiro o termo concedido pelo CDC ao consumidor é extremamente exíguo, de apenas 7 dias, mantido pelo Projeto de Lei 3.514/15. Na Diretiva 2011/83/EU, o prazo é de 14 dias, após o que se extingue o direito pelo seu decurso, na hipótese em que o direito de arrependimento não seja exercitado.

4.   O EXERCÍCIO DO DIREITO DE ARREPENDIMENTO

Como acima referido, o *ius poenitendi* consiste no direito conferido ao consumidor de resilir o contrato após a sua constituição. Ou seja, uma vez concluída a compra e venda eletrônica nas relações de consumo, constitui-se, por força do art. 49 do CDC, o direito do consumidor de extinguir o contrato durante o período de reflexão. Após o transcurso do prazo de reflexão, em virtude do princípio *pacta sunt servanda*, o contrato não mais poderá ser desfeito. Nesse contexto, a

---

52. Art. 13 da Diretiva 2011/83/UE: "Obrigações do profissional em caso de retratação. [...] 2. Sem prejuízo do disposto no n. 1, o profissional não é obrigado a reembolsar os custos adicionais de envio, se o consumidor tiver solicitado expressamente uma modalidade de envio diferente da modalidade padrão menos onerosa proposta pelo profissional". Artigo 14 da Diretiva 2011/83/UE: "Obrigações do consumidor em caso de retratação. [...] O consumidor suporta apenas o custo directo da devolução dos bens, salvo se o profissional concordar em suportar o referido custo ou se o profissional não tiver informado o consumidor de que este último tem de suportar o custo".

extinção do contrato é um efeito não do direito *ex lege* de arrependimento garantido ao consumidor, mas do seu exercício. Dessa forma, o exercício do direito de arrependimento, consiste no ato unilateral de vontade em que o consumidor manifesta a sua decisão de desconstituir um contrato já celebrado. Trata-se, com efeito, de um negócio jurídico unilateral, submetido aos pressupostos de validade contidos no art. 104 do Código Civil brasileiro: pressupõe o exercício por quem seja capaz, que o objeto seja lícito, possível, determinado e que, além disso, seja isento de vícios de vontade. O objeto é lícito pois está previsto em lei. É, ademais, possível e determinado, pois desconstitui um contrato preexistente celebrado entre consumidor e fornecedor. A resilição de proteção *ex lege* integra o contrato eletrônico de consumo na qualidade de *naturalia negotii*, mas o seu exercício pelo consumidor é *ex voluntate*, pois é exercitado pelo negócio ou declaração unilateral de vontade.

Além do que, como referido no tópico anterior, o *ius poenitendi* faculta ao consumidor resilir o contrato *ad nutum* e *ad libitum*, ou seja, sem justa causa, independentemente de qualquer motivação. Isso significa que o conteúdo da manifestação de vontade em que o consumidor exercita o seu direito prescinde da apresentação de justificativa. O art. 9º da Diretiva 2011/83/UE prevê expressamente que o consumidor pode exercitar o arrependimento "sem necessidade de indicar qualquer motivo". Esse dispositivo foi incorporado *ipsis litteris* no ordenamento jurídico italiano (art. 52 c. cons. italiano). No direito espanhol foi utilizada a expressão: "sem necessidade de justificar a sua decisão"[53] (art. 68 TRLGDCU). No Código de Defesa do consumidor brasileiro, diversamente, inexiste qualquer referência em relação à necessidade ou não de motivação como pressuposto para o exercício do direito de arrependimento. Apesar dessa omissão do legislador, na doutrina e na jurisprudência é pacífico o entendimento no sentido de que o seu exercício é *ad nutum* e *ad libitum*.

Em relação à forma, não se pode olvidar que no direito dos contratos em geral, assim como nas relações de consumo, prepondera o princípio do consensualismo, ou seja, a forma é *ad probationem*. Todavia, mesmo no direito civil, uma vez concluído o contrato, a liberdade de forma na resolução do contrato *ex voluntate* sofre restrições, pois vigora a regra segundo a qual o contrato se desfaz pela mesma forma da sua celebração (art. 472 Código Civil brasileiro), consagrando um princípio de identidade entre os meios de constituição e resolução dos contratos *ex voluntate*. No entanto, em razão da sua rigidez, substitui-se o

---

53. Art. 68 TRLGDCU: "1. El derecho de desistimiento de un contrato es la facultad del consumidor y usuario de dejar sin efecto el contrato celebrado, notificándoselo así a la otra parte contratante en el plazo establecido para el ejercicio de ese derecho, sin necesidad de justificar su decisión y sin penalización de ninguna clase".

princípio da identidade entre a forma de constituição e extinção do contrato, consagrado no art. 472 do Código Civil, pelo princípio de equivalência dos meios como requisito de validade da resolução *ex voluntate*[54]. Dessa forma, um contrato verbal poderá ser extinto por escrito, em meio eletrônico ou papel, ou, ainda, por escritura pública.

O princípio da equivalência de meios, inferido a partir de uma interpretação teleológica do art. 472 do Código Civil brasileiro, suscita reflexões sobre a sua incidência nas relações de consumo. Isso porque, a rigor, o art. 472 do Código Civil converte a declaração de vontade a partir da qual se desfaz o contrato em ato formal, em que a forma de extinção do contrato é *ad substantiam*, razão pela qual a sua inobservância determinaria a nulidade do ato. O Código de Defesa do Consumidor brasileiro é omisso quanto a esse aspecto, o que, em tese, seria reconduzível à conclusão da aplicabilidade do princípio da equivalência de formas no exercício do direito de arrependimento. Todavia, nas relações de consumo, o princípio da equivalência é incompatível com a natureza do direito do consumidor, por restringir de modo injustificado a liberdade de forma para o exercício do direito de arrependimento.

Em 15 de março de 2013, com o intuito de sanar as lacunas da lei de tutela do consumidor durante a tramitação do Projeto de Lei do Senado 281 de 2012 (que hoje tramita sob o n. 3.514/15), elaborou-se o Decreto 7.962/2013, cujo art. 5º dispõe que "o fornecedor deve informar, de forma clara e ostensiva, os meios adequados e eficazes para o exercício do direito de arrependimento pelo consumidor", e, nos termos do seu § 1º "o consumidor poderá exercer seu direito de arrependimento pela mesma ferramenta utilizada para a contratação, sem prejuízo de outros meios disponibilizados". Da mesma forma, no Projeto de Lei 3.514/15 está prevista a inclusão, no art. 49 do CDC, do § 8º, segundo o qual o fornecedor deve informar ao consumidor os meios adequados e eficazes para exercício do direito de arrependimento, nos quais deve estar contemplado, ao menos, o mesmo modo utilizado para a contratação.

Como se pode observar, tanto no Decreto 7.962/2013 quanto no PL 3.514/15, ao mesmo tempo que se faculta ao consumidor uma ampla gama de meios a partir dos quais pode ser exercitado o direito de arrependimento, garante-se que possa ser utilizado, ao menos, o mesmo meio da contratação, partindo-se do pressuposto de que o consumidor esteja habituado com o meio o qual optou na celebração do contrato. Dessa forma, subentende-se que prevalece a liberdade de

---

54. CIAN, Giorgio; TRABUCCHI, Alberto. *Commentario breve al cod.*. Milano: CEDAM, 1994, p. 1348: "L'atto di recesso integra un neg. recettizio unilaterale il quale, pur non chiedendo, quanto alla manifestazione di volontà, formule sacramentali, rimane tuttavia soggetto alle stesse garanzie di forma prescritte per il contr. costitutivo del rapporto al cui scioglimento il recesso sia finalizzato".

forma para manifestar a vontade de desconstituição do contrato a distância. Não por outro motivo, prevalece a regra de que na extinção do contrato eletrônico de consumo mediante o exercício pelo consumidor do *ius poenitendi*, a forma do negócio jurídico unilateral receptício é *ad probationem*, não *ad substantiam*.

Nas relações de consumo, a extinção da compra e venda eletrônica mediante o exercício do direito de arrependimento é um negócio jurídico unilateral receptício que se verifica entre pessoas ausentes. O negócio jurídico receptício pode ser definido como aquele que, para que produza efeitos, deve ser conhecido pelo seu destinatário[55]. Isto significa que, a eficácia jurídica do exercício do direito de arrependimento pelo consumidor depende da sua comunicação ao fornecedor[56]. Neste particular, em se tratando de resilição de contrato eletrônico estipulado a distância, o tema se reveste de especial complexidade, no que tange à definição do momento a partir do qual se produz a eficácia do negócio jurídico unilateral receptício.

Conforme visto, no direito brasileiro, o fornecedor deve garantir que o consumidor possa exercitar o seu direito de arrependimento, valendo-se do mesmo meio utilizado para a contratação. Portanto, na hipótese da compra e venda eletrônica de consumo formada por meio de *websites*, o fornecedor deve possibilitar ao consumidor desfazer o contrato por meio do próprio *website*, valendo-se do sistema *point and click*. No segundo capítulo deste livro, no tópico sobre a "formação do contrato eletrônico", foi verificado que na formação do contrato via *websites* a aceitação do consumidor à oferta e o seu recebimento por parte do fornecedor ocorre praticamente em tempo real, como se fosse entre presentes, razão pela qual não é necessária a aplicação das teorias da formação de contratos entre ausentes. O mesmo ocorre em relação à extinção da compra e venda eletrônica por meio de *websites*, já que a comunicação do arrependimento pelo consumidor e o seu recebimento pelo fornecedor ocorre quase simultaneamente, como se fosse entre presentes.

---

55. LARROSA AMANTE, Miguel Ángel. *El derecho de desistimiento en la contratación de consumo*, cit., p. 135. PERLINGIERI, Pietro. *Manuale di diritto civile*, cit., p. 492.

56. JUNQUEIRA DE AZEVEDO, Antônio. *Negócio jurídico*: existência, validade e eficácia, cit., p. 132: "Por outro lado, a divisão dos negócios em receptícios e não receptícios, muitas vezes aproximada do estudo da forma, não diz respeito a essa, que é constitutiva do negócio, mas sim aos fatores de eficácia, ou seja, nos negócios receptícios a recepção do destinatário é fator de eficácia do negócio, e, portanto, algo a ele extrínseco, e não elemento que formalmente o constitua. O negócio receptício, ainda não recebido, já está completo no âmbito da existência, e, se, por acaso, dele se diz que ainda não se aperfeiçoou, ou que está incompleto, é somente porque não atingiu o final do ciclo – existência, validade, eficácia – por falta de um fator de eficácia; ele, antes da sua recepção, já existe, poderá ser válido, e somente não é ainda eficaz".

Em razão do caráter protetivo do direito do consumidor, o fato de um contrato ter sido constituído por *websites* não impede que a sua extinção, em virtude do exercício do direito de arrependimento a distância, possa ser comunicada ao fornecedor por outros meios. Portanto, ainda que o contrato tenha sido celebrado pelo *website*, pode o consumidor comunicar sua decisão ao fornecedor via *e-mail* ou do envio de carta física enviada pelo correio tradicional. Todavia, como o exercício do direito de arrependimento é um negócio jurídico unilateral receptício entre pessoas distantes, verifica-se, na extinção da compra e venda eletrônica, um significativo espaço temporal entre o envio da comunicação do arrependimento e o seu recebimento pelo fornecedor, razão pela qual é importante verificar em que momento se considera desfeito o contrato.

Pela teoria da cognição, considera-se desfeito o contrato somente a partir do momento em que o fornecedor toma efetivo conhecimento desta opção pelo consumidor. Ou seja, segundo essa teoria, nem mesmo o recebimento pelo fornecedor da comunicação de opção do consumidor pela resilição do contrato garante a sua eficácia, razão pela qual se revela incompatível com a natureza protetiva do direito de arrependimento do consumidor. Neste sentido, menos rigorosa revela-se a teoria da recepção, segundo a qual o contrato se desfaz a partir do momento em que se comprova o recebimento pelo fornecedor da comunicação do arrependimento pelo consumidor[57]. Trata-se, com efeito, de um mecanismo que confere um certo equilíbrio entre as partes contratantes, pois não condiciona a eficácia do exercício do *ius poenitendi* à diligência do fornecedor em verificar o conteúdo de mensagens recebidas a partir das quais o consumidor comunicou sua decisão. Por fim, a teoria da expedição é aquela que mais favorece o consumidor, e que parece ser aquela que se adequa à natureza protetiva do instituto, por considerar que a simples comprovação de envio da comunicação da opção do consumidor pela resilição do contrato é suficiente para determinar o seu desfazimento.

No direito comunitário, a precedente Diretiva minimal 97/7/CE, não regulava a forma para o exercício do *ius poenitendi*. Na Itália, o d. lgs 185, de 22 de maio de 1999[58], em atuação da diretiva de harmonização mínima, exigia que a comunicação fosse enviada em forma escrita, mediante "carta registrada com aviso de recebimento". A comunicação poderia ser enviada por outros meios, no prazo para o exercício do arrependimento, desde que, dentro de 48 horas, fosse expedida a carta registrada com aviso de recebimento (precedente art. 64, *comma* 2, Código de Consumo italiano). No ordenamento jurídico espanhol a incorporação da Diretiva 97/7/CE, pela Lei 47/2002, ocorreu de modo diverso,

---

57. MARTÍNEZ GALLEGO, Eva María. *La formación del contrato a través de la oferta y la aceptación.* Madrid: Marcial Pons, 2000, p. 124.
58. D. lgs 22 *maggio* 1999, n. 185.

tendo sido garantida a liberdade de forma para o exercício do *ius poenitendi*, nos seguintes termos: "o exercício do *derecho de desistimiento* não estará sujeito a formalidade alguma, bastando que seja acreditado por qualquer forma admitida no direito"[59] (art. 44, parágrafo 2, Lei 47/2002).

A disposição no ordenamento jurídico italiano, segundo a qual o direito de arrependimento deveria ser exercitado pela manifestação de vontade por carta registrada com aviso de recebimento, passou a ser considerada defasada, em conflito com as leis de tutela do consumidor e com os avanços tecnológicos. Tal descompasso se acentuou com a equiparação, no direito italiano, dos documentos eletrônicos ao físico, por meio do *Codice dell'amministrazione digitale* (d. lgs. 82/2005)[60]. A *"obsolescência tecnológica"*[61] das antigas disposições em matéria de contratos a distância, como se refere Marco Scialdone, evidencia a importância da Diretiva 2011/83/UE em se tratando do comércio eletrônico, pelo fato de a *internet* ter se tornado o principal meio de comunicação utilizado pelos consumidores na contratação a distância.

Mais recentemente, no direito comunitário, por meio da Diretiva 2011/83/UE, que revogou a precedente 97/7/CE, garantiu-se em favor do consumidor a liberdade de forma[62] para a manifestação e comunicação ao profissional sobre a sua decisão de retratação. Ou seja, a partir da nova diretiva, o consumidor pode se utilizar de qualquer meio idôneo à manifestação de vontade, desde que se apresente de maneira inequívoca e explícita (art. 11, parágrafo 1, letra *b*, Diretiva 2011/83/UE; art. 54, parágrafo 1, letra *b*, c.cons. italiano; art. 106, parágrafo 1, TRLGDCU espanhol). A manifestação inequívoca de retratação pode ser materializada, por exemplo, por meio de correio, seja eletrônico ou não, e mesmo em modo não escrito, mas expresso, como chamada telefônica[63], dentre outros meios de comunicaçao. A máxima harmonização da liberdade de forma para o exercício do direito de arrependimento por parte do consumidor foi uma das relevantes novidades aportadas pela nova diretiva.

A Diretiva 2011/83/UE elaborou, com o fim de facilitar o procedimento para as duas partes contratantes, um modelo de retratação, disponível no seu anexo I, parte B, que deve ser fornecido pelo profissional ao consumidor (anexo I

---

59. Art. 44, parágrafo 2, Lei 47/2002: "el ejercicio del derecho de desistimiento no estará sujeto a formalidad alguna, bastando que se acredite en cualquier forma admitida en derecho".
60. SCIALDONE, Marco. Art. 54. In: GAMBINO, Alberto Maria; NAVA, Gilberto. *I nuovi diritti dei consumatori. Commentario al d.lgs. n. 21/2014*. Torino: G. Giappichelli Editore, 2014, p. 143.
61. SCIALDONE, Marco. Art. 54, cit., p. 143.
62. RUMI, Tiziana. Art. 54. Esercizio del diritto di recesso. In: D'AMICO, Giovanni (a cura di). *La riforma del codice del consumo. Commentario al D. Lgs. n. 21/2014*. Milano: Wolters Kluwer CEDAM, 2015, p. 221.
63. SCIALDONE, Marco. Art. 54, cit., p. 146.

c.cons. italiano; anexo I do TRLGDCU espanhol). O modelo-tipo harmonizado de arrependimento é uma das novidades da diretiva, em relação à 97/7/CE, e tem o objetivo de, além de simplificar o exercício do arrependimento por parte do consumidor, auxiliar o profissional que comercializa com os vários Estados-membros da União Europeia, reduzindo os seus custos de transação[64]. O anexo I é composto por duas partes, respectivamente, *a* e *b*. A parte "*a*" contém informações sobre o que se trata e as condições do direito de arrependimento, além de instrução sobre como preencher o formulário, consistente na parte *b* do anexo. A parte "*a*", das informações sobre o arrependimento, pode ser fornecida ao consumidor de modo facultativo; diferentemente, a parte "*b*", que se trata do efetivo modelo-tipo, deve ser obrigatoriamente posta à disposição do consumidor[65].

O consumidor pode utilizar esse modelo *standard*, preenchendo-o e o encaminhando ao profissional. No entanto, à luz do princípio da liberdade da forma de exercício do direito de arrependimento, tal formulário *standard* não é obrigatório[66], servindo apenas como auxílio ao consumidor. Assim, qualquer outra declaração explícita e tempestiva é capaz de gerar a mesma eficácia da utilização do formulário padrão de arrependimento[67]. Ainda, frisa-se que os Estados-Membros, quando da incorporação da diretiva, não podem impor quaisquer outros requisitos em relação ao modelo de retratação do anexo I. Ou seja, não poderão agregar outras obrigações ao consumidor para além daquelas requeridas no modelo, mesmo que não seja utilizado aquele específico formulário. Nesta perspectiva, o motivo de ser da concessão, ao consumidor, de amplo leque de possibilidades quanto à comunicação do seu arrependimento, se encontra da simplificação e acessibilidade do procedimento.

No parágrafo 3º do art. 11 da Diretiva 2011/83/UE (art. 54, *comma* 3, c. cons italiano; art. 106, parágrafo 3, TRLGDCU espanhol), é esclarecido que o modelo anexo de comunicação do arrependimento, ou qualquer outra forma em que o consumidor deseje expressar o seu inequívoco desejo de retratação, poderá ser igualmente apresentado via *online*, no sítio *web* do profissional. No caso em que o arrependimento for expresso pelo consumidor por meio eletrônico, o profissional deverá enviar ao consumidor, sem demora, aviso confirmando a recepção do pedido[68], que deve ser efetuada ao consumidor por "suporte duradouro", que

---

64. SCIALDONE, Marco. Art. 54, cit., p. 140; BATTELLI, Ettore. *I contratti a distanza e i contratti fuori dai locali commerciali*, cit., p. 244.
65. PATTI, Francesco Paolo. *Il recesso del consumatore*: l'evoluzione della normativa, cit., p. 1007.
66. BRAVO, Fabio. *I contratti a distanza nel codice del consumo e nella direttiva 2011/83/UE*: verso un codice europeo del consumo, cit., p. 244.
67. BATTELLI, Ettore. *I contratti a distanza e i contratti fuori dai locali commerciali*, cit., p. 244.
68. Considerando 45 da Diretiva 2011/83/UE.

garanta a imodificabilidade da comunicação. Frisa-se, no entanto, que é do consumidor o ônus da prova de que efetivamente exerceu o direito de arrependimento. Por esse motivo, é mais segura a comunicação do arrependimento por meio que facilite o registro da comunicação, para fins de prova, em forma escrita, como via *e-mail* ou outro suporte duradouro. Dessa forma, a comunicação por meio telefônico talvez não seja a mais idônea a proteger o consumidor no desfazimento do contrato. Não por outro motivo, nos termos do considerando 44 da Diretiva 2011/83/UE, "é do interesse do consumidor utilizar um suporte duradouro para a comunicação da retratação ao profissional".

Conforme visto, tanto no direito brasileiro quanto no direito comunitário, italiano e espanhol, garante-se, no exercício do direito de arrependimento, a liberdade de forma, como instrumento de tutela do consumidor. Isso porque, em razão do caráter protetivo do direito do consumidor, o exercício do direito de arrependimento é incondicionado. Neste contexto, a imposição de qualquer restrição à liberdade de forma para o exercício do direito de arrependimento representaria formalismo incompatível com a natureza protetiva do direito do consumidor, e um obstáculo à efetividade do próprio direito.

Por outro lado, observa-se que, no direito brasileiro, diferentemente do que ocorre no direito comunitário, italiano e espanhol, o fornecedor deve garantir ao consumidor a possibilidade de extinguir o contrato pelo exercício do *ius poenitendi* da mesma forma em que ocorreu a formação do contrato. Na compra e venda eletrônica de consumo, isto significa que o fornecedor deve garantir ao consumidor a possibilidade de exercitar o seu direito de arrependimento na mesma plataforma *online* utilizada para concluir o contrato, pelo sistema *point and click*. Ou seja, de acordo com o microssistema de defesa do consumidor brasileiro, no comércio eletrônico de consumo, o fornecedor deve programar o seu *website* de modo a permitir ao consumidor desistir do contrato pelo mesmo meio virtual, sem que isto signifique que a disponibilização desta via exclua a possibilidade de exercício do direito do consumidor por outras vias igualmente válidas.

Por fim, considerando-se que quando se garante em favor do consumidor a liberdade de forma para o exercício do direito de arrependimento, a forma é *ad probationem*, não *ad substantiam*, impõe-se ao consumidor o ônus da prova não só do exercício do direito como, também, de que é o destinatário da declaração, foi comunicado pelo consumidor que o contrato foi extinto. Conclui-se que o exercício do direito de arrependimento do consumidor ocorre mediante negócio jurídico unilateral consensual, em que a forma da manifestação é *ad probationem*, não *ad substantiam*.

5. A TEMPESTIVIDADE DO EXERCÍCIO DO DIREITO DE ARREPENDIMENTO

A temporalidade, como visto no tópico 5 deste capítulo, é uma das principais características do direito de arrependimento na compra e venda eletrônica de consumo, pois define o período durante o qual se faculta ao consumidor exercitar o seu direito de desconstituí-la. Complementar, portanto, à característica da temporalidade do *ius poenitendi*, é a tempestividade do seu exercício. Para que o direito de arrependimento produza seus efeitos jurídicos, desfazendo o contrato, deve ser exercitado tempestivamente por parte do consumidor[69]. O direito de arrependimento, ao garantir a possibilidade de extinção do contrato após a sua conclusão, incide diretamente sobre o princípio *pacta sunt servanda*, relativizando a sua aplicabilidade. No entanto, com o objetivo de garantir a certeza jurídica[70] das operações comerciais entre consumidores e fornecedores, e tendo em vista que a *ratio* do *ius poenitendi* é aquela de garantir ao consumidor um *spatium deliberandi*, os legisladores brasileiro, comunitário, italiano e espanhol estabeleceram um prazo dentro do qual esse direito pode ser exercitado. Após o decurso desse prazo, o direito ao arrependimento sofre a decadência, e consolida-se o princípio *pacta sunt servanda* na compra e venda de consumo a distância.

No direito comunitário, a Diretiva 97/7/CE, que regulava a proteção do consumidor em contratos celebrados a distância, previa um prazo de, pelo menos, 7 dias úteis para o exercício do direito de arrependimento por parte do consumidor (art. 6º, Diretiva 97/7/CE). A expressão "pelo menos" reflete o caráter de harmonização mínima da Diretiva 97/7/CE, que permitia aos Estados-membros preverem disposições mais protetivas ao consumidor, para além da diretiva. Na Itália, pelo *d.lgs.* 22 *maggio* 1999, n. 185, que incorporou a Diretiva 97/7/CE, foi expandido o prazo para o exercício do direito de arrependimento para 10 dias úteis. Na Espanha, por sua vez, com a incorporação da diretiva pela Lei 47/2002[71], foi mantido o prazo mínimo de 7 dias para o exercício do *ius poenitendi*[72]. Em momento posterior, a Diretiva 97/7/CE foi revogada e substituída pela Diretiva

---

69. BATTELLI, Ettore. *I contratti a distanza e i contratti fuori dai locali commerciali*, cit., p. 243.
70. PATTI, Francesco Paolo. *Il recesso del consumatore*: l'evoluzione della normativa, cit., p. 1007.
71. *Ley 47/2002, de 19 de diciembre, de reforma de la Ley 7/1996, de 15 de enero, de Ordenación del Comercio Minorista, para la transposición al ordenamiento jurídico español de la Directiva 97/7/CE, en materia de contratos a distancia, y para la adaptación de la Ley a diversas Directivas comunitarias. De acordo com o art. 44.1 de la ley 47/2002, sobre el derecho de desistimiento:* "El comprador dispondrá de un plazo mínimo de siete días hábiles para desistir del contrato sin penalización alguna y sin indicación de los motivos. Será la ley del lugar donde se ha entregado el bien la que determine qué días han de tenerse por hábiles".
72. ARNAU RAVENTÓS, Lídia. El plazo para desistir en los contratos con consumidores. *Anuario de Derecho Civil*, t. LXIV, fasc. I, 2011.

2011/83/UE, mediante a qual o prazo para o exercício do arrependimento foi ampliado para 14 dias de calendário, nos seguintes termos: "o consumidor dispõe de um prazo de 14 dias para exercer o direito de retratação do contrato celebrado a distância ou fora do estabelecimento comercial" (art. 9º, Diretiva 2011/83/UE). O dispositivo em questão foi positivado, no ordenamento jurídico italiano, no art. 52 do Código de Consumo e, no ordenamento jurídico espanhol, nos arts. 71 e 102 do TRLGDCU.

Como se pode observar, no que diz respeito ao prazo para o exercício do direito de arrependimento, são perceptíveis três relevantes mudanças aportadas pela Diretiva 2011/83/UE em relação à disciplina anterior: 1) a sua extensão de 7 para 14 dias; 2) a contagem por dias de calendário, ao invés de dias úteis; 3) o caráter de harmonização máxima da disposição. O prazo de pelo menos 7 dias foi considerado demasiado curto pelo legislador europeu para permitir a adequada reflexão sobre o contrato celebrado a distância. Ademais, a contagem de prazos a partir do método de dias úteis era propensa a gerar confusão aos contratantes, em relação à qualificação dos dias, principalmente em se tratando de vendas transfronteiriças[73]. Nota-se que, em casos específicos, já que anteriormente os prazos eram contados somente em dias úteis, havia hipóteses em que o prazo para o exercício de arrependimento ultrapassava os 14 dias de calendário previstos pela nova diretiva[74]. Apesar disso, as vantagens da contagem do prazo a partir do método de dias úteis são muitas, com a simplificação do cálculo do período para o exercício do direito. A Diretiva 2011/83/UE, por ter caráter de harmonização máxima, não permite aos Estados-membros o estabelecimento de disposições ulteriores, mesmo que mais protetivas.

No direito brasileiro, por sua vez, sob a inspiração da Diretiva 85/577/CEE, o art. 49 do CDC determina que "o consumidor pode desistir do contrato, no prazo de 7 dias a contar de sua assinatura ou do ato de recebimento do produto ou serviço". Em 1990, na época da introdução do instituto do direito de arrependimento no ordenamento jurídico brasileiro, a concessão de um do prazo de reflexão de 7 dias representou um grande avanço na tutela dos consumidores. Após três décadas de vigência, consolidou-se, no direito brasileiro, o instituto do direito

---

73. MUNAR BERNAT, Pedro Antonio. La ampliación del plazo del derecho de desistimiento (arts. 71, 74.4, 76, 76 bis y 77 TRLGDCU) y su nueva regulación en los contratos celebrados a distancia y fuera del establecimiento mercantil (arts. 102 a 108 TRLGDCU). *La Ley mercantil*, n. 9, p. 2. 2014: "Además de la ampliación del plazo hay otro detalle significativo: se pasa de días hábiles a días naturales [...]. La doctrina había incidido en la dificultad del cómputo del plazo en días hábiles, destacando la enorme inseguridad que provoca en los contratantes sobre todos en Estados que, como el nuestro, tienen días festivos según la Comunidad Autónoma o el municipio en que se realice el contrato"; MEZZETTI, Andrea; LIGI, Saverio. Art.52, cit., p. 118.

74. MEZZETTI, Andrea; LIGI, Saverio. Art.52, cit., p. 112.

de arrependimento, no entanto sob a perspectiva atual o prazo de apenas 7 dias concedido ao consumidor revela-se extremamente exíguo. Como visto, no direito europeu houve uma evolução em relação a esse aspecto, a partir do qual o prazo de 7 dias inicialmente previsto nas diretivas foi ampliado para 14 dias. Apesar disso, no Projeto de Lei 3.514/2015, o legislador optou por conservar o prazo de 7 dias de reflexão previsto no atual CDC, nos seguintes termos: "o consumidor pode desistir da contratação a distância no prazo de 7 (sete) dias". Neste particular, na opinião de Nelson Nery Junior, "o legislador brasileiro optou por conceder o prazo de sete dias, de relativa exiguidade, de modo a evitar eventuais abusos que possam ser cometidos pelo consumidor"[75]. Todavia, em nosso entendimento, o ideal seria aderir a tendência de ampliação do *spatium deliberandi*, pois ao invés de inibir abusos do consumidor, a exiguidade do prazo contida no projeto acaba reduzindo a eficácia do instituto.

Uma vez definido o período de reflexão, surge a questão relativa à definição do seu termo inicial e final, para que se possa aferir a tempestividade do exercício do direito de arrependimento. O instituto do direito de arrependimento na contratação a distância confere ao consumidor a possibilidade de extinguir tanto contratos de compra e venda quanto contratos de prestação de serviços, a partir dos quais, em razão das suas diversas características, adotam-se critérios de cômputo de prazo diferentes. Adverte-se, portanto, que a nossa análise limita-se à especificação dos critérios aplicáveis ao contrato de compra e venda a distância nas relações de consumo.

No direito comunitário, o prazo de 14 dias para o exercício do direito de arrependimento deve contado, em regra, da data em que o consumidor ou terceiro designado adquire a posse física do bem (art. 9, parágrafo 2, letra *b*, Diretiva 2011/83/UE; art. 52, letra *b*, c. cons. italiano; art. 104, TRLGDCU espanhol)[76]. Ou seja, o *dies a quo* pode ou não coincidir com a data de conclusão do contrato[77]. O critério segundo o qual o início do prazo corre a partir da posse física do bem foi elaborado

---

75. NERY JUNIOR, Nelson. Capítulo VI: da proteção contratual. In: PELLEGRINI GRINOVER, Ada; HERMAN DE V. E BENJAMIN, Antônio; FINK, Daniel Roberto; BRITO FILOMENO, José Geraldo; WATANABE, Kazuo; NERY JUNIOR, Nelson; DENARI, Zelmo. *Código de Defesa do Consumidor Comentado pelos Autores do Anteprojeto*. 12. ed. Rio de Janeiro: Editora Forense LTDA., 2019, p. 566.
76. PEÑA LÓPEZ, Fernando. Artículo 104. Plazo para el ejercicio del derecho de desistimiento. In: BERCOVITZ RODRÍGUEZ-CANO, Rodrigo (Coord.). *Comentario del Texto Refundido de la Ley General para la Defensa de los Consumidores y Usuarios y otras Leyes Complementarias*. Navarra: Editorial Aranzadi S/A, 2015, p. 1563.
77. Nos contratos de compra e venda, no caso de múltiplos bens encomendados mediante somente um pedido e entregues separadamente, o prazo contará do dia em que o consumidor adquirir a posse física do último bem entregue; no caso de entrega de bens de lote ou que constituam em inúmeras peças, o prazo contará da data em que o consumidor a posse física do último lote ou peça; no caso de contratos para a entrega periódica de bens durante determinado período de tempo, o prazo contará da posse física da entrega do primeiro bem (Diretiva 2011/83/UE, art. 9, "*b*").

tendo em vista que, por se tratar de um contrato celebrado entre pessoas distantes, somente a partir do momento da entrega do bem ao consumidor que este pode verificar as suas verdadeiras características e funcionalidades, e assim refletir sobre a aquisição[78]. O fato de o termo inicial contar da entrega do bem à posse física do consumidor, no entanto, não impede que este exerça o arrependimento em momento anterior, mesmo que imediatamente após a conclusão do contrato eletrônico.

Na hipótese da contratação em uma única encomendada, contendo diversos bens e entregues separadamente, o prazo será computado a partir do momento em que o consumidor ou terceiro designado adquira a posse física do último bem (art. 9, parágrafo 2, letra *b*, *i*, Diretiva 2011/83/UE; art. 52, *comma* 2, letra *b*, n. 1, c. cons italiano; art. 104, letra *b*, n. 1, TRLGDCU espanhol). Tendo em vista a *ratio* da norma, imagina-se que, para a aplicação do dispositivo, os bens tenham sido adquiridos para utilização conjunta, ou que sirvam para o mesmo fim[79], o que justificaria a contagem do prazo a partir da chegada do último item da mesma encomenda. Na hipótese da entrega de bem que consista em diversos lotes ou elementos, da mesma forma, será computado a partir da posse física do último lote ou elemento (art. 9, parágrafo 2, letra *b*, *ii*, Diretiva 2011/83/UE; art. 52, *comma* 2, letra *b*, n. 2, c. cons italiano; art. 104, letra *b*, n. 2, TRLGDCU espanhol). Justifica-se a norma pelo fato de que o consumidor somente poderá vislumbrar panoramicamente o bem com a chegada do último lote[80]. Ambas essas hipóteses não implicam, no entanto, que o consumidor deva esperar a entrega do último bem para exercer o direito de arrependimento, que pode ocorrer, como mencionado, mesmo imediatamente após a conclusão do contrato[81].

A última modalidade de contagem de prazo é a referente aos contratos de compra e venda a termo determinado ou indeterminado que tenham por objeto a

---

78. DÍAZ ALABART, Silvia; ÁLVAREZ MORENO, M. Teresa. Art. 9. Derecho de desistimiento. In: DÍAZ ALABART, Silvia (Dir.); ÁLVAREZ MORENO, M. Teresa (Coord.). *Contratos a distancia y contratos fuera del establecimiento mercantil. Comentario a la Directiva 2011/83* (adaptado a la Ley 3/2014, de modificación del TRLCU). Madrid: Editorial Reus, 2014, p. 251-252: "En los contratos de adquisición de bienes, el derecho del consumidor a tomar su decisión después de haber tenido tiempo suficiente para establecer su naturaleza, las características o el funcionamiento de dichos bienes y reflexionar si quiere o no mantener el contrato celebrado, convierte en indispensable que el inicio del cómputo del plazo sea el día en que ese consumidor o un tercero indicado por el, adquiera la posesión material de los bienes".

79. RUMI, Tiziana. Art. 52. Diritto di recesso. In: D'AMICO, Giovanni (a cura di). *La riforma del codice del consumo. Commentario al D. Lgs. n. 21/2014*. Wolters Kluwer CEDAM, Milano, 2015, p. 199; MEZZETTI, Andrea; LIGI, Saverio. Art. 52, cit., p. 121.

80. MEZZETTI, Andrea; LIGI, Saverio. Art.52, cit., p. 121; RUMI, Tiziana. Art. 52. Diritto di recesso, cit., p. 199.

81. DÍAZ ALABART, Silvia; ÁLVAREZ MORENO, M. Teresa. Art. 9. Derecho de desistimiento, cit., p. 254: "Por otro lado, el hecho de que el cómputo para desistir se inicie con la recepción del último bien, no implica que el consumidor deba necesariamente esperar hasta entonces, puesto que si así lo decide, podrá desistir desde que reciba el primero de los bienes contratados o cualquiera de los intermedios (e incluso desde antes, desde el mismo momento de la celebración del contrato)".

entrega periódica de bens, como o da assinatura de revistas, jornais, livros, dentre outros (art. 9, parágrafo 2, letra *b*, *iii*, da Diretiva 2011/83/UE; art. 52, *comma* 2, letra *b*, n. 3, c. cons. italiano; art. 104, letra *b*, n. 3, TRLGDCU espanhol). Nestes casos, o termo inicial do direito de arrependimento conta-se a partir do dia em que o consumidor, ou terceiro designado, "adquira a posse física do primeiro bem". Assim, ao contrário do que ocorre nas duas hipóteses anteriores, o prazo é computado a partir do recebimento do primeiro bem pelo consumidor, afastando-se a possibilidade do exercício do direito de arrependimento nas entregas sucessivas, por força do princípio do *pacta sunt servanda*. Isso porque o objeto dos contratos de entrega periódica de bens normalmente é similar, de forma que o consumidor, a partir da primeira entrega, já tem condições de avaliar a natureza e a conveniência da operação econômica[82]. Na hipótese dos contratos de compra e venda a termo indeterminado, após o decurso do prazo decadencial do direito de arrependimento, o consumidor poderá extinguir o contrato pela resilição ordinária, mediante denúncia sem justa causa, mas não pelo direito de arrependimento do consumidor.

O considerando 41 da Diretiva 2011/83/UE esclarece que, "caso um prazo expresso em dias comece a correr a partir do momento em que ocorre um evento ou uma ação, na sua contagem não deve ser incluído o dia em que esse evento ou ação ocorreu". Dessa forma, nas hipóteses analisadas, o termo inicial correrá do dia seguinte em que se verifica o evento. Esse termo de 14 dias para o exercício do direito de arrependimento, no entanto, pode ser prolongado no caso da omissão de deveres de informação por parte do profissional que viole obrigações de informação pré-contratual, desejando ocultar do consumidor a existência do direito de arrependimento e as suas condições. Trata-se de uma técnica do legislador comunitário para prevenir e sancionar tais condutas do profissional, que reduzam a efetividade do instituto do direito de arrependimento.

Na hipótese de o profissional se omitir ou fornecer incorretamente[83] ao consumidor a informação sobre a existência do direito o de arrependimento, as suas condições, termos e procedimentos, além do fornecimento do módulo de exercício do direito de arrependimento, de utilização facultativa pelo consumidor, o prazo do direito de arrependimento é estendido, nos termos do art. 10 da Diretiva

---

82. DÍAZ ALABART, Silvia; ÁLVAREZ MORENO, M. Teresa. *Art. 9. Derecho de desistimiento*, cit., p. 255: "Cuando hablamos de entrega periódica de bienes durante un plazo determinado, lo más habitual es que se trate de bienes sino idénticos, al menos similares, o con algún nexo en común. Puede tratarse de una suscripción por un año a una revista o periódico, de unos objetos que forman algún tipo de colección, por lo que al haber recibido el primero el consumidor ya puede hacerse una idea muy precisa de las características de dicho bien y con esos datos puede reflexionar adecuadamente sobre si desea o no desistir del contrato celebrado".

83. GUERINONI, Ezio. *I contratti del consumatore. Principi e regole*, cit., p. 425.

2011/83/UE, para até 12 meses. O período de direito de arrependimento, nessa hipótese, vencerá 12 meses após o término do termo de 14 dias previsto no art. 9º da diretiva. Esse prazo de 12 meses também representa extensão em relação à previgente Diretiva 97/7/CE, que previa o prolongamento de até 90 dias[84]. No momento que o profissional forneça essas informações dentro do período mencionado de 12 meses, o prazo para o exercício do direito de arrependimento vence, novamente, após 14 dias após o recebimento das informações pelo consumidor (art. 10 da Diretiva 2011/83/UE; art. 53, c. cons. italiano; arts. 71, parágrafo 3, e art. 105 TRLGDCU). O efeito, assim, da tardia prestação de informações sobre o direito de arrependimento, é o prolongamento do *spatium deliberandi* para o seu exercício, até o limite de 12 meses.

Quanto ao direito brasileiro, o art. 49 do CDC dispõe que o prazo de 7 dias para a desistência do contrato conta: "de sua assinatura ou do ato de recebimento do produto ou serviço". Dessa forma, entende-se que se o contrato tiver como objeto um bem material, que deva ser transportado ao endereço indicado pelo comprador, o termo inicial do período de reflexão é o do seu recebimento pelo consumidor. Por outro lado, em não se tratando de bens materiais, o termo inicial é o da assinatura do contrato. O PL 3.514/2015, se aprovado, modificará a redação do art. 49, da seguinte forma: "o consumidor pode desistir da contratação a distância no prazo de 7 (sete) dias a contar da aceitação da oferta, do recebimento ou da disponibilidade do produto ou do serviço, o que ocorrer por último". Uma das mudanças perceptíveis na sua redação é a substituição da terminologia "a contar de sua assinatura" para "da aceitação da oferta", em referência ao termo inicial dos 7 dias para exercício do arrependimento. Ademais, a redação do artigo do projeto de lei adicionou que o termo inicial pode ser contado a partir "da disponibilidade do produto ou serviço", isso porque é a partir do momento em que o consumidor conta com a disponibilidade física do bem que pode verificar as suas reais características. No entanto, o mesmo já podia ser deduzido da terminologia "recebimento" do produto. Apesar disso, a intenção do dispositivo é frisar que o prazo é contado a partir da disponibilidade física do bem por parte do consumidor. Ainda, os prazos devem ser computados, de acordo com o art. 137 do Código Civil brasileiro, "excluído o dia do começo, e incluído o do vencimento" e, "se o dia do vencimento cair em feriado, considerar-se-á prorrogado o prazo até o seguinte dia útil".

Dessa forma, tanto no direito comunitário, italiano, espanhol e brasileiro, em se tratando da compra e venda eletrônica de bens móveis nas relações de consumo, o termo inicial do prazo para o exercício do direito de arrependimento

---

84. Art. 6, parágrafo 1, Diretiva 97/7/CE.

conta a partir da posse física do produto pelo consumidor. Frisa-se, no entanto, que o nascimento do direito de arrependimento é concomitante à formação do contrato, mas o termo inicial do prazo de decadência pode não coincidir com o momento da conclusão contratual. Ou seja, nada impede que o consumidor exerça o seu direito em momento anterior ao termo inicial do prazo decadencial. No entanto, verifica-se que o prazo de 7 dias previsto no CDC brasileiro para que o consumidor repense o contrato celebrado a distância é exíguo, muito inferior do que o prazo de 14 dias previsto no direito comunitário, italiano e espanhol. Nesse contexto, concluímos que a brevidade desse prazo acaba incidindo sobre a eficácia do instituto do direito de arrependimento no direito brasileiro, motivo pelo qual seria importante a sua extensão, de modo a de modo a melhor tutelar o consumidor na compra e venda eletrônica de consumo.

6. A EXTINÇÃO DOS CONTRATOS ACESSÓRIOS EM VIRTUDE DO EXERCÍCIO DO DIREITO E ARREPENDIMENTO

Como visto, o *ius poenitendi* é uma disciplina que se insere no âmbito das modalidades de extinção dos contratos. Os contratos podem ser extintos *ex voluntate* ou *ex lege*. O principal efeito resultante do exercício do direito de arrependimento pelo consumidor é a desconstituição do vínculo contratual e o consequente restabelecimento do *status quo ante* à contratação. Ou seja, o válido exercício do direito de arrependimento por parte do consumidor nos contratos realizados a distância extingue as obrigações das partes de darem continuidade ao contrato anteriormente firmado[85]. Dessa forma, se nenhuma das obrigações contraídas tiver sido adimplida por alguma das partes, o vínculo contratual simplesmente se desfaz.

O art. 49 do CDC não faz menção expressa à extinção do contrato como efeito do direito de arrependimento, que é entendido de forma tácita, a partir da previsão do dever do fornecedor de devolução dos valores pagos pelo consumidor. De modo diverso e expresso, nos termos do art. 12 da Diretiva 2011/83/UE, o exercício do direito de arrependimento do consumidor causa a extinção das obrigações das partes de: *a)* executar o contrato celebrado a distância ou fora do estabelecimento comercial, ou *b)* celebrar o contrato a distância ou fora do estabelecimento comercial, nos casos em que tenha sido apresentada oferta pelo consumidor. O dispositivo foi incorporado *ipsis litteris* ao art. 55 do Código de Consumo italiano. No ordenamento jurídico espanhol, por sua vez, nos termos do art. 106 do TRLG-DCU: "o exercício do *derecho de desistimiento* extinguirá as obrigações das partes

---

85. NUSCO, Michele. *Compendio di diritto del consumatore*. Alemanha: Copyright, 2015, p. 128.

de executar o contrato a distância ou celebrado fora do estabelecimento, ou de celebrar o contrato, quando o consumidor e usuário tenha realizado uma oferta"[86].

Ademais do efeito de extinção do contrato, o exercício do direito de arrependimento também acarreta a anulação dos contratos a ele acessórios, sem quaisquer custos ao consumidor: "os contratos acessórios são automaticamente rescindidos, sem quaisquer custos para o consumidor" (art. 15, Diretiva 2011/83/UE; *ipsis litteris* no art. 58, Código de Consumo italiano; art. 76 *bis* TRLGDCU). A diretiva define contrato acessório como: "contrato ao abrigo do qual o consumidor adquire bens ou serviços no âmbito de um contrato a distância ou fora do estabelecimento comercial e estes bens ou serviços são fornecidos pelo profissional ou por um terceiro com base em acordo entre esse terceiro e o profissional". No ordenamento jurídico espanhol, a extinção dos contratos acessórios, decorrente do arrependimento do consumidor, foi regulada no seu art. 76, parágrafo 1, e no art. 77 do TRLGDCU, este último dispositivo específico aos contratos de financiamento.

O Código de Defesa do Consumidor brasileiro se omite quanto à extinção dos contratos acessórios ao contrato objeto de arrependimento. Apesar disso, o Decreto 7.962/2013 prevê, no § 2 do art. 5, que "o exercício do direito de arrependimento implica rescisão dos contratos acessórios, sem qualquer ônus para o consumidor" e, no § 3, que "o exercício do direito de arrependimento será comunicado imediatamente pelo fornecedor à instituição financeira ou à administradora do cartão de crédito ou similar, para que: I – a transação não seja lançada na fatura do consumidor, ou II – seja efetivado o estorno do valor, caso o lançamento na fatura já tenha sido realizado".

O PL 3.514/2015 em curso, por sua vez, prevê a inclusão no art. 49 do CDC dos parágrafos 5º, 6º e 7º, sobre a extinção dos contratos acessórios. De modo similar com o Decreto 7.962/2013, o § 5º do art. 49 do PL 3.514/2015 prevê que: "Caso o consumidor exerça o direito de arrependimento, inclusive em operação que envolva retirada de recursos ou transação de financiamento, os contratos acessórios de crédito são automaticamente rescindidos, devendo ser devolvido ao fornecedor do crédito o valor total financiado ou concedido que tiver sido entregue, acrescido de eventuais juros incidentes até a data da efetiva devolução, tributos e tarifas, sendo estas cobradas somente quando aplicável. Caso o consumidor exerça o direito de arrependimento, inclusive em operação que envolva retirada de recursos ou transação de financiamento, os contratos acessórios de crédito são automaticamente rescindidos, devendo ser devolvido ao fornecedor do crédito o valor total financiado ou concedido que tiver sido entregue, acrescido

---

86. Art. 106, parágrafo 5, do TRLGDCU: "5. El ejercicio del derecho de desistimiento extinguirá las obligaciones de las partes de ejecutar el contrato a distancia o celebrado fuera del establecimiento, o de celebrar el contrato, cuando el consumidor y usuario haya realizado una oferta".

de eventuais juros incidentes até a data da efetiva devolução, tributos e tarifas, sendo estas cobradas somente quando aplicável".

Em sequência, de acordo com o § 6º do art. 49 do PL 3.514/2015: "Sem prejuízo da iniciativa do consumidor, o fornecedor deve comunicar de modo imediato a manifestação do exercício de arrependimento à instituição financeira ou à administradora do cartão de crédito ou similar, a fim de que: I – a transação não seja lançada na fatura do consumidor; II – seja efetivado o estorno do valor, caso a fatura já tenha sido emitida no momento da comunicação; III – caso o preço já tenha sido total ou parcialmente pago, seja lançado o crédito do respectivo valor na fatura a ser emitida posteriormente à comunicação". Por fim, o § 7º prevê uma sanção para o descumprimento do disposto no § 6º, correspondente à restituição em dobro, ao consumidor, do valor pago.

7. EXCEÇÕES AO DIREITO DE ARREPENDIMENTO

Como visto, o direito de arrependimento *ex lege* garantido ao consumidor é uma das características essenciais à categoria da compra e venda eletrônica nas relações de consumo. Trata-se, com efeito, de uma regra geral nessa modalidade de formação contratual, inserido no contrato na qualidade de *naturalia negotii*. Diante dessa realidade, coloca-se o problema relativo à determinação sobre se se trata de um direito garantido em favor do consumidor por ocasião da celebração de todo e qualquer contrato de compra e venda eletrônica nas relações de consumo ou se, diante de determinadas circunstâncias, admite-se a existência de exceções. Os legisladores comunitário, italiano e espanhol reconhecem determinadas hipóteses em que, ainda que o contrato tenha sido celebrado a distância, por razão da natureza ou circunstância do bem ou do serviço, seria inapropriada a concessão do direito de arrependimento ao consumidor. No direito brasileiro, inexiste qualquer regra de exceção ao direito de arrependimento garantido no art. 49 do CDC. Levando em consideração essa omissão, a doutrina e jurisprudência majoritária brasileira se posiciona no sentido de não existirem exceções ao direito de arrependimento do consumidor[87], mas a questão suscitou discussões por ocasião da tramitação do PL 3.514/2015, do que resulta a importância de uma reflexão sobre o tema.

No direito europeu, o art. 16 da Diretiva 2011/83/UE, incorporado na Itália pelo art. 59 do Código de Consumo e, na Espanha, pelo art. 103 do TRLGDCU, contém uma lista composta de 13 exceções ao direito de arrependimento do

---

87. GERMANO ALVES, Fabrício; REIS, Halissa. *Aplicabilidade do direito de arrependimento no comércio eletrônico em relação aos produtos personalizados*, cit., p. 146.

consumidor nos contratos a distância e fora do estabelecimento comercial[88]. No direito comunitário é prevista exceção ao direito de arrependimento também em relação ao contrato de prestação de serviços, quando esse tenha sido plenamente prestado pelo profissional e desde que o início da execução tenha sido autorizado pelo consumidor, com a sua ciência de que após tal momento perde o direito. No entanto, tendo em vista que o presente trabalho tem como objeto a compra e venda eletrônica de consumo, serão abordadas exclusivamente aquelas exceções referentes aos contratos de compra e venda. Trata-se de exceções que se fundamentam nos danos causados ao profissional, ora pela impossibilidade de devolver o bem objeto de arrependimento ao mercado, ora com o objetivo de evitar a prática de atos fraudulentos por parte dos consumidores[89].

De acordo com o art. 16, letra *c*, da Diretiva 2011/83/UE (art. 59, letra *c*, c. cons. italiano; art. 103, letra *c*, TRLGDCU espanhol), o consumidor não poderá exercer o direito de arrependimento em relação a "bens realizados segundo as especificações do consumidor ou claramente personalizados". Não se pode olvidar que, uma vez extinto o contrato em virtude do exercício de arrependimento, impõe-se ao consumidor a obrigação de restituir coisa certa. E, além disso, os bens personalizados ou aqueles feitos sob medida são infungíveis, pois não podem ser substituídos por outros da mesma qualidade e quantidade. Esses fatores dificultam a realocação desses bens no mercado, podendo causar enorme prejuízo ao fornecedor[90]. Na verdade, o instituto do direito de arrependimento, em razão da sua natureza, é incompatível com a venda de bens confeccionados sob medida e personalizados, pois a impossibilidade de restituição do bem após a extinção do contrato, ocorre *ab origine*, a partir do momento da sua fabricação, tornando impossível o restabelecimento do *status quo ante*[91], resultante do exercício do di-

---

88. Em relação às Diretivas 85/577/CEE e 97/7/CE, a Diretiva 2011/83/UE unificou em um só artigo as exceções ao direito de arrependimento para ambos os contratos celebrados a distância e aqueles fora do estabelecimento comercial, além de ampliar a lista de exceções.

89. LARROSA AMANTE, Miguel Ángel. *El derecho de desistimiento en la contratación de consumo*, cit., p. 167: "El bien no es susceptible de volver a ser objeto de comercialización por el empresario (apartados c, d, e y f). Viene referido a bienes personalizados, que se deterioran o caducan con rapidez" [...] "La naturaleza del bien puede convertir el derecho de desistimiento en una vía abierta al fraude (apartados b, g, i, j y m). Su fundamento radica en la imposibilidad de la recíproca devolución de las prestaciones o la depreciación del bien que no tiene porqué ser soportada por el empresario".

90. BRAVO, Fabio. *I contratti a distanza nel codice del consumo e nella direttiva 2011/83/UE. Verso un codice europeo del consumo*, cit., p. 235: "Il confezionamento su misura o la personalizzazione del bene, rispondendo ad esigenze personali di un dato consumatore, impediscono una successiva commercializzazione del medesimo bene, diversamente da quanto potrebbe avvenire per beni prodotti secondo le esigenze standard dei consumatore, in un'ottica congeniale alla distribuzione di massa".

91. MANCALEONI, Anna Maria. *I contratti con i consumatori tra diritto comunitario e diritto comune europeo*, 2005, p. 202. Dentre os bens materiais em relação aos quais não se pode exercer o arrependimento, pode-se distinguir duas categorias: aqueles por impossibilidade de restituição *ab origine*, e aqueles por impossibilidade de restituição superveniente.

reito de arrependimento. Nesse contexto, conferir ao consumidor a possibilidade de arrepender-se poderia gerar situações de abuso de direito.

Como mencionado, no CDC brasileiro não é prevista qualquer exceção ao direito de arrependimento do consumidor nos contratos celebrados a distância. Nelson Nery Junior, um dos autores do Anteprojeto do Código de Defesa do Consumidor, afirma que "o direito de arrependimento existe, independentemente de o produto haver sido encomendado por pedido expresso do consumidor"[92]. Conforme os autores Fabrício Germano Alves e Halissa Reis, "restringir um direito do consumidor pautado no tipo do produto, como um produto personalizado, é injusto, uma vez que esse consumidor está sujeito às mesmas impossibilidades de juízo de valor quanto a qualidade e consonância com as informações dadas pelo fornecedor e práticas comerciais abusivas como em relação à qualquer outro produto", "poderia gerar um desencorajamento do consumidor para a contratação de serviços personalizados por meio do comércio eletrônico", e, ainda, "limitar o direito de arrependimento do consumidor em relação a um produto personalizado é torná-lo refém de possíveis abusos do fornecedor". Afirmam, ainda, Fabrício Germano Alves e Halissa Reis que "a iminência de abuso de direito e ferimento ao princípio da boa-fé não devem ser utilizados como argumento" de limitação dos direitos do consumidor quanto ao arrependimento em relação a produtos personalizados[93].

Na jurisprudência, em razão da omissão legislativa, surgem decisões contraditórias entre si em relação à possibilidade de extinção de contrato de compra e venda que tenha como objeto a entrega de bens personalizados. Destacam-se, a título de exemplo, dois acórdãos do Tribunal de Justiça do Distrito Federal, que julgaram duas distintas ações movidas contra o mesmo fornecedor, cujo objeto é a garantia do direito da extinção do contrato de compra e venda de álbum fotográfico de formatura, em virtude do exercício do direito de arrependimento. No primeiro caso, o TJDF negou provimento à Apelação Cível do Juizado Especial 20150810010313, interposta pela empresa contra a sentença que reconheceu o direito de arrependimento em favor da consumidora. Nas palavras do Relator João Luis Fischer Dias "o direito de arrependimento, previsto no art. 49 do CDC, não está condicionado à natureza do produto ou serviço oferecido". No seu entender, "o fato de o produto ser personalizado (álbum fotográfico) não retira da autora o direito ao arrependimento"[94]. Em sentido oposto, a decisão proferida

---

92. NERY JUNIOR, Nelson. *Capítulo VI: da proteção contratual*, cit., p. 568.
93. GERMANO ALVES, Fabrício; REIS, Halissa. *Aplicabilidade do direito de arrependimento no comércio eletrônico em relação aos produtos personalizados*, cit., p. 145 e 142.
94. Tribunal de Justiça do Distrito Federal – TJDF. Apelação Cível do Juizado Especial 20150810010313. Acórdão 919.200. 2ª Turma Recursal dos Juizados Especiais do Distrito Federal. Recorrente: pela

pelo TJDF, negou provimento ao recurso AP 20160110014824, interposto pela consumidora contra a sentença *a quo* que julgou improcedente a ação movida contra a mesma empresa ré. Segundo o desembargador Flavio Rostirola, o fato de o material entregue à consumidora ser de fácil reprodução e multiplicação, de dispor de caráter personalíssimo, por se tratar de fotos da autora do processo, inviabiliza o direito de arrependimento[95].

No art. 16, letra *d*, a Diretiva 2011/83/UE institui uma outra exceção ao direito de arrependimento que exclui a possibilidade de extinção do contrato de compra e venda que tenha por objeto o fornecimento de "bens suscetíveis de se deteriorarem ou de ficarem rapidamente fora de prazo" (art. 59, letra *d*, c. cons italiano; art. 103, letra *d*, TRLGDCU espanhol). Essa exceção prevista pelo direito comunitário se aplica especialmente aos produtos vendidos frescos, de natureza alimentícia, mas também compreende outras hipóteses, por exemplo, buquês de flores. Trata-se, com efeito, de vendas cujo objeto é incompatível com o instituto do direito de arrependimento, pois a deterioração de bens perecíveis ocorre em curto espaço de tempo, tornando *ab initio* impossível o objeto do direito à restituição do fornecedor resultante da extinção do contrato. Note-se que o vencimento da obrigação de restituir o bem após a extinção do contrato ocorre após o transcurso da soma de dois prazos: aquele para o seu exercício, e o ulterior prazo para a devolução dos

---

empresa; recorrido: consumidora. Relator: João Luis Fischer Dias. Brasília, 1º de dezembro de 2015. Disponível em: https://pesquisajuris.tjdft.jus.br/IndexadorAcordaos- web/sistj?visaoId=tjdf.sistj. acordaoeletronico.buscaindexada.apresentacao.VisaoBuscaAcordao&nomeDaPagina=buscaLivre2&buscaPorQuery=1&baseSelecionada=TURMAS_RECURSAIS&filtroAcordaosPublicos=-false&camposSelecionados=[ESPELHO]&argumentoDePesquisa=&numero=20150810010313&-tipoDeRelator=TODOS&dataFim=&indexacao=&ramoJuridico=&baseDados=[TURMAS_RE-CURSAIS,%20BASE_ACORDAOS_IDR,%20BASE_TEMAS,%20BASE_ACO RDAOS,%20BASE_INFORMA TIVOS]&tipoDeNumero=Processo&tipoDeData=DataPublicacao&ementa=&-filtroSegredoDeJustica=false&desembargador=&dataInicio=&legislacao=&orgaoJulgador=&numeroDaPaginaAtual=1&quantidadeDeRegistros=20&totalHits=1.

95. Tribunal de Justiça do Distrito Federal – TJDF. Processo 0000458-86.2016.8.07.0001. Apelação Cível 20160110014824. Acórdão 1091816. 3ª Turma Cível. Recorrente: consumidora; recorrido: empresa; Relator: Flavio Rostirola, Data de julgamento: 18 de abril de 2018. Data de publicação no DJE: 30.04.2018. Disponível em: https://pesquisajuris.tjdft.jus.br/IndexadorAcordaos- web/sistj?visaoId=tjdf.sistj.acordaoeletronico.buscaindexada.apresentacao.VisaoBuscaAcordao&nomeDaPagina=buscaLivre2&buscaPorQuery=1&baseSelecionada=BASE_ACORDAOS&filtroAcordaosPublicos=false&camposSelecionados=[ESPELHO]&argumentoDePesquisa=&numero=0000458-86.2016.8.07.0001&tipoDeRelator=TODOS&dataFim=&indexacao=&ramoJuridico=&baseDados=[TURMAS_RECURSAIS,%20BASE_ACORDAOS_IDR,%20BASE_TEMAS,%20BASE_ACORDAOS,%20BASE_INFORMATIVOS]&tipoDeNumero=Processo&tipoDeData=DataPublicacao&ementa=&filtroSegredoDeJustica=-false&desembargador=&dataInicio=&legislacao=&orgaoJulgador=&numeroDaPaginaAtual=1&quantidadeDeRegistros=20&totalHits=1.

bens[96], impossibilitando a devolução de bens perecíveis por perda ou deterioração do objeto[97]. Isso porque, em razão da sua natureza, a conservação dos bens perecíveis é de curta duração, do que resulta a impossibilidade de o fornecedor realocar o produto no mercado, pois não tem condições de garantir a sua integridade aos demais consumidores[98]. Além disso, Fabio Bravo destaca que a garantia do direito de arrependimento na compra de produtos perecíveis não se justifica, pois, tendo em vista o seu uso doméstico corrente e a familiaridade do consumidor com esse tipo de produto, inexistiria assimetria de informações entre consumidor e profissional[99].

Por sua vez, o art. 16, letra *e*, da Diretiva 2011/83/UE excepciona o instituto do direito de arrependimento em relação aos bens selados ou lacrados, quando abertos pelo consumidor após a sua entrega, nos casos em que não possam ser restituídos ao profissional por motivos de proteção da saúde (art. 16, letra *e*, Diretiva 2011/83/UE; art. 59, letra *e*, c. cons italiano; art. 103, letra *e*, TRLGDCU espanhol). Essa norma é destinada àqueles produtos que foram lacrados pelo profissional justamente com a finalidade de proteger a saúde do consumidor[100]. Dessa forma, frisa-se que, caso estes tipos de bens lacrados não tenham sido abertos pelo consumidor, este poderá exercer o direito de arrependimento[101]. Por outro lado, a abertura pelo consumidor de bens lacrados, que comprometa

---

96. DÍAZ ALABART, Silvia; ÁLVAREZ MORENO, M. Teresa. Art. 16. Excepciones al derecho de desistimiento. In: DÍAZ ALABART, Silvia (Dir.); ÁLVAREZ MORENO, M. Teresa (Coord.). *Contratos a distancia y contratos fuera del establecimiento mercantil. Comentario a la Directiva 2011/83* (adaptado a la Ley 3/2014, de modificación del TRLCU), p. 417: "Los bienes de este tipo (bienes perecederos), por su naturaleza, no se adecúan a la existencia de un derecho a desistir que precisa de un plazo para poder ejercitarlo, y luego de otro plazo para efectuar la devolución. La suma de ambos plazos da como resultado que la venta a distancia o fuera del establecimiento de productos perecederos como pueden ser alimentos frescos, o cocinados, o flores cortadas etc. sean contratos que carezcan de derecho de desistimiento".

97. BRAVO, Fabio. *I contratti a distanza nel codice del consumo e nella direttiva 2011/83/UE. Verso un codice europeo del consumo*, cit., p. 235: "l'attribuzione del diritto di recesso in favore del consumatore finirebbe per generare uno squilibrio contrattuale a danno del professionista, che si vedrebbe ingiustamente esposto alla decurtazione patrimoniale, non potendosi utilmente riappropriare del bene commercializzato o non potendo commercializzare nuovamente a terzi il bene eventualmente riavuto a seguito del recesso".

98. RUMI, Tiziana. Art. 59. Eccezioni al diritto di recesso. In: D'AMICO, Giovanni (a cura di). *La riforma del codice del consumo. Commentario al D. Lgs. n. 21/2014*. Wolters Kluwer CEDAM, Milano, 2015, p. 260.

99. BRAVO, Fabio. *I contratti a distanza nel codice del consumo e nella direttiva 2011/83/UE*: verso un codice europeo del consumo, cit., p. 227.

100. RUMI, Tiziana. Art. 59. Eccezioni al diritto di recesso, cit., p. 260: "L'ipotesi è quella di beni che vengono distribuiti sigillati proprio per garantirne l'igiene e la tutela della salute. È evidente, allora, che *la* rottura dell'involucro da parte del consumatore ne rende impossibile la rivendita perché i prodotti non sono più sicuri dal punto di vista igienico-sanitario e risultano inidonei a svolgere la sua funzione economica".

101. DÍAZ ALABART, Silvia; ÁLVAREZ MORENO, M. Teresa. Art. 16. Excepciones al derecho de desistimiento, cit., p. 418: "Es muy correcto que en la Directiva se pierde el derecho a desistir solamente

a proteção à saúde de futuros consumidores, representa uma exceção *a posteriori* ao direito de arrependimento. Exemplos da exceção é a compra, pela *internet*, de cosméticos e produtos alimentícios lacrados, posteriormente abertos pelo consumidor, os quais o profissional não poderia devolver ao mercado por questão de proteção à saúde dos próprios consumidores. Nesse contexto, explica Francesco Rende que "nos contratos relativos a bens, a irrepetibilidade da prestação pode depender de circunstâncias supervenientes que tenham comprometido sua integridade substancial. Segue-se, como visto anteriormente, que se perde o direito ao arrependimento, mesmo quando o período de reflexão ainda não tenha decorrido totalmente"[102].

A letra *j* do art. 16 da Diretiva 2011/83/UE exclui, também, a possibilidade do exercício do direito de retratação pelo consumidor em relação à venda tenha como objeto o fornecimento de "jornal, periódico ou revista, com exceção dos contratos de assinatura para o envio dessas publicações" (art. 59, letra *j*, c. cons, italiano; art. 103, letra *j*, TRLGDCU espanhol). Isso porque o caráter periódico torna curta a utilidade desses tipos de produtos, que perdem rapidamente o seu valor, sendo difícil a sua reintrodução no mercado por parte do profissional[103]. Ademais, os produtos dessa natureza são suscetíveis de serem lidos anteriormente ao termo final de retratação[104], favorecendo comportamentos abusivos e fraudulentos por parte do consumidor[105], e causando danos aos legítimos interesses

---

si se desprecinta el bien, ya que solamente en ese caso puede darse algún problema para la salud, o no respetarse la higiene exigida".

102. Tradução livre, a citação original é a seguinte: "nei contratti relativi a beni, l'irripetibilità della prestazione può dipendere da circostanze sopravvenute che ne abbiano compromesso la sostanziale integrità. Ne consegue, come si è visto in precedenza, il venir meno del diritto di pentimento, pur quando non sia ancora integralmente decorso il periodo di riflessione". RENDE, Francesco. Il recesso comunitario dopo l'ultima pronuncia della corte di giustizia. *Rivista di Diritto Civile*, n 5, p. 551, set./ott. 2009.

103. DÍAZ ALABART, Silvia; ÁLVAREZ MORENO, M. Teresa. Art. 16. Excepciones al derecho de desistimiento, cit., p. 422: "esta exclusión viene justificada por la inmediata pérdida de valor que sufren estos bienes, en atención a su periodicidad, lo que impide su reintroducción en el mercado una vez devueltos por el consumidor, pues ya habrían perdido su actualidad que tiene un lapso de utilidad muy breve. Pero es que además, salvo que dichos periódicos o revistas se distribuyeran dentro de un sobre que haya de abrirse rompiéndolo, la devolución se podría hacer después de haber agotado la utilidad del periódico o revista después de haberlos leído, con el cual se permitiría que el consumidor llevara a cabo una actuación fraudulenta en perjuicio de los legítimos intereses del comerciante".

104. BRAVO, Fabio. *I contratti a distanza nel codice del consumo e nella direttiva 2011/83/UE. Verso un codice europeo del consumo*, cit., p. 236: "fornitura di giornali, periodici e riviste, giacché, ove l'esclusione non fosse contemplata, il consumatore potrebbe avvalersi del recesso dopo aver effettuato la lettura del giornale, del periodico o della rivista, beneficiando ingiustamente della prestazione del professionista, senza essere tenuto il pagamento del corrispettivo".

105. PEÑA LÓPEZ, Fernando. Artículo 103. Excepciones al derecho de desistimiento. In: BERCOVITZ RODRÍGUEZ-CANO, Rodrigo (Coord.). *Comentario del Texto Refundido de la Ley General para la Defensa de los Consumidores y Usuarios y otras Leyes Complementarias*. Navarra: Editorial Aranzadi S/A, 2015, p. 1558: "Nos encontramos ante una excepción fundada al tiempo en la falta de comerciabilidade de los bienes del contrato una vez entregados, única a la posibilidad cierta de fraude em ejercicio

do profissional. Ressalta-se, no entanto, que os contratos de assinatura desses produtos seguem sendo passíveis de exercício do direito de arrependimento, podendo o consumidor desistir do contrato após o recebimento do primeiro item.

A Diretiva 2011/83/UE prevê, ademais, como exceção ao direito de arrependimento do consumidor, a hipótese do fornecimento de "bens que, após a entrega e pela sua natureza, fiquem inseparavelmente misturados com outros artigos" (art. 16, letra *f*, Diretiva 2011/83/UE; art. 59, letra *f*, c. cons. italiano; art. 103, letra *f*, TRLGDCU espanhol). Essa letra é exemplificada, no considerando 49 da diretiva, com o fornecimento de combustível. Essa exceção se justifica na impossibilidade material de devolução do bem ao profissional, tendo em vista a sua mistura e indissociação com outros bens[106]. Também se excluem do instrumento de arrependimento, por meio da letra *i*, o fornecimento de "gravações de áudio ou vídeo seladas ou de programas informáticos selados a que tenha sido retirado o selo após a entrega". Assim, caso o selo desses produtos não tenha sido aberto, ainda seria possível a retratação. A norma visa evitar a possibilidade do arrependimento após a utilização das gravações ou a visualização dos vídeos, como filmes ou músicas, ou, ainda, a sua cópia ou a de programas informáticos, anteriormente à devolução, o que tornaria ilegítimo o arrependimento.

Essas exceções ao direito de arrependimento são e necessárias devido à impossibilidade, de acordo com a natureza do objeto, de as partes restabelecerem o estado anterior à contratação. Trata-se de hipóteses taxativas[107], insuscetíveis de extensão por analogia. Da mesma forma, os Estados Membros da UE, por falta de previsão expressa, não poderão, em seus ordenamentos internos, estender ou dispor hipóteses de exclusão para aquém ou além das constantes no art. 16º da diretiva em questão. No entanto, por meio da autonomia privada, é reconhecida a possibilidade de as partes contratantes estabelecerem a extensão da possibilidade de arrependimento ao consumidor, ainda que nas hipóteses legalmente excluídas desse direito[108], com a consequente maior proteção do consumidor. Por fim, res-

---

del desistimiento". Nello stesso senso LARROSA AMANTE, Miguel Ángel Larrosa. *El derecho de desistimiento en la contratación de consumo*, cit., p. 167: "La naturaleza del bien puede convertir el derecho de desistimiento en una vía abierta al fraude (apartados b, g, i, j y m). Su fundamento radica en la imposibilidad de la recíproca devolución de las prestaciones o la depreciación del bien que no tiene porqué ser soportada por el empresario".

106. DÍAZ ALABART, Silvia; ÁLVAREZ MORENO, M. Teresa. Art. 16. Excepciones al derecho de desistimiento, cit., p. 419: "La justificación de esta excepción es clara: la imposibilidad material de devolución de dicho bien al comerciante tal como se entregó, ya que no será posible separarlo de los otros bienes a los que se ha unido o incorporado. Dicha mezcla parece ser que ha de derivar de la propia naturaleza del bien, y no tanto de la actuación del consumidor"; GUERINONI, Ezio. Art. 52-59. In: CUFFARO, Vincenzo (a cura di). *Codice del consumo*. Milano: Giuffrè Francis Lefebvre, 2019, p. 515.

107. RUMI, Tiziana. Art. 59. Eccezioni al diritto di recesso, cit., p. 257.

108. PILIA, Carlo. *Contratti a distanza e diritti dei consumatori*. Cedam Editore, 2012, p. 390.

salta-se que as exceções *ex lege* não impedem que o fornecedor, no exercício da sua autonomia privada, como técnica concorrencial, conceda ao consumidor, de forma convencional, o direito de arrepender-se mesmo diante destas hipóteses[109].

A partir dos exemplos acima mencionados, observa-se uma clara opção do legislador comunitário pela inclusão de um elenco de exceções ao exercício do direito de arrependimento por parte do consumidor. Como referido, no direito brasileiro, o art. 49 do CDC é omisso em relação à possibilidade ou não de exclusão do exercício do direito de arrependimento. Por sua vez, o PL 3.514/2015, que, se aprovado, alterará o disposto no art. 49 do CDC, também não prevê nenhuma exceção ao exercício do direito de arrependimento do consumidor. Não por outro motivo, com o objetivo de suprir esta omissão, foi proposta a emenda 26 ao art. 49 do PL 3.514/2015, prevendo a inclusão de uma lista contendo as seguintes exceções ao direito de arrependimento: "I – serviços cuja execução tenha tido início, com o acordo do consumidor, antes do prazo fixado no caput do art. 49; II – gêneros alimentícios; III – produtos personalizados, confeccionados de acordo com as especificações do consumidor; IV – jornais, revistas e livros, com exceção dos contratos de assinatura para o envio dessas publicações; V – mídias com gravações de áudio, vídeo e softwares a que o consumidor já tenha retirado o selo de garantia de inviolabilidade; VI – contratos celebrados em hasta pública; VII – bilhetes aéreos" (art. 49, § 11, emenda 26)[110].

Como se pode observar, o elenco das exceções ao direito de arrependimento contido na emenda ao PL 3.514/2015 (emenda 26), foi inspirado naquele contido na Diretiva 2011/83/UE. Caso fosse aprovada, a inclusão das exceções ali previstas representaria um grande avanço na tutela dos consumidores, pois inibiria o surgimento de uma série de conflitos resultantes do exercício abusivo do direito de arrependimento, com benefícios para toda a coletividade[111]. Nesse sentido, relata

---

109. RUMI, Tiziana. *Art. 59*, cit., p. 259: "Tanto non impedisce, tuttavia, secondo la dottrina, che i professionisti, nell'esercizio dell'autonomia privata, riconoscono convenzionalmente ai consumatori il diritto di recedere anche in alcune delle situazioni per le quali il recesso, risolvendosi in un ingiusto aggravio per l'impresa, sarebbe legalmente escluso".

110. O parlamentar Antonio Carlos Rodrigues, com auxílio do jurista Alexandre Junqueira Gomide, propôs emenda 26 ao PL 3.514/2015. Ver o livro JUNQUEIRA GOMIDE, Alexandre. *Direito de Arrependimento nos Contratos de Consumo*, cit., p. 187 ss.: "Em alguns casos, a restrição justifica-se porque pode abrir porta ao abuso de direito, trazendo prejuízos aos fornecedores de produtos e serviços. Em outras hipóteses, a própria natureza jurídica do contrato não permite o exercício do direito de arrependimento. [...] Além disso, por razões óbvias, também deve ser limitado o exercício do direito de arrependimento de produtos confeccionados com as especificações do consumidor". JUNQUEIRA GOMIDE, Alexandre. O direito de arrependimento aos consumidores: modelo atual e as proposições do Projeto de Lei do Senado 281/2012. *Revista Luso-Brasileira de Direito do Consumo*. v. III, n. 9, p. 29-49, mar. 2013.

111. MENKE, Fabiano. *Apontamentos sobre o comércio eletrônico no direito brasileiro*, cit., p. 364: "Há que se considerar que para evitar insegurança jurídica e o emprego de soluções casuísticas em casos em

Fabiano Menke que: "há que se considerar que para evitar insegurança jurídica e o emprego de soluções casuísticas em casos em que milhares de pessoas podem defrontar-se com o mesmo problema, o melhor seria a previsão legal das exceções em que o direito de arrependimento não poderá ser exercido para compras realizadas pela *internet*, como a hipótese de passagens aéreas"[112]. Apesar disso, a Comissão Temporária de Modernização do Código de Defesa do Consumidor acolheu somente em parte a proposta de emenda, no tocante ao direito de arrependimento na compra de bilhetes aéreos, que "poderá ter seu prazo diferenciado, em virtude das peculiaridades do contrato, por norma fundamentada das agências reguladoras" (art. 49-A do PL 3.514/2015). Ou seja, a rigor, a Comissão rejeitou todas as exceções propostas na emenda n. 26. A falta de elaboração, pelo legislador brasileiro, de uma lista com exceções ao instituto do direito de arrependimento, acaba por gerar um conjunto de decisões judiciais contraditórias entre si, fomentando enorme insegurança jurídica tanto para os fornecedores quanto para os consumidores.

Persiste a divisão na doutrina e na jurisprudência entre aqueles que defendem, diante da omissão no CDC, a garantia do direito de arrependimento em favor do consumidor de forma irrestrita, e os que, diversamente, defendem a ilicitude do exercício deste direito em determinadas hipóteses, a partir do disposto no art. 187 do CC brasileiro, que veda o abuso de direito, e com base no princípio da boa-fé objetiva[113]. Nesse sentido, explica Marco Scialdone que a natureza discricionária do direito de arrependimento "não pode, porém, ser entendida em termos absolutos, a ponto de legitimar abusos: o *ius poenitendi* não pode, portanto, ser considerado afastado dos princípios gerais de nosso ordenamento jurídico em matéria de abuso de direito, como expressão do princípio de boa-fé objetiva e do princípio de solidariedade"[114]. Ainda, nas palavras de Elsa Dias Oliveira, as exceções ao direito de arrependimento retratam casos: "em que a reposição da situação anterior já não é possível ou não é exigível, pois representam para o fornecedor um risco inaceitável, ou que poderiam propiciar comportamentos abusivos por parte dos consumidores"[115].

---

que milhares de pessoas podem defrontar-se com o mesmo problema, o melhor seria a previsão legal das exceções em que o direito de arrependimento não poderá ser exercido para compras realizadas pela internet, como a hipótese de passagens aéreas".

112. MENKE, Fabiano. *Apontamentos sobre o comércio eletrônico no direito brasileiro*, cit., p. 364.

113. JUNQUEIRA GOMIDE, Alexandre. *Direito de Arrependimento nos Contratos de Consumo*, cit., p. 91, 92, 96: "o abuso de direito estará configurado quando o titular excede os limites da boa-fé, função social e bons costumes de forma manifesta".

114. Tradução livre, a citação original é a seguinte: "non può, tuttavia, essere intesa in termini assoluti fino al punto di legittimare abusi: lo ius poenitendi non può ritenersi per ciò stesso sottratto ai principi generali del nostro ordinamento in tema di abuso di diritto, come espressione del principio di buona fede oggettiva e del principio di solidarietà". SCIALDONE, Marco. Art. 54, cit., p. 142.

115. DIAS OLIVEIRA, Elsa. *A Proteção dos Consumidores nos Contratos Celebrados Através da Internet*. Coimbra: Almedina, 2002, p. 92: "em que a reposição da situação anterior já não é possível ou não

Por todos os motivos expostos no decorrer desse tópico, inobstante a natureza geral do direito de arrependimento na compra e venda eletrônica de consumo, há determinadas hipóteses em que o exercício desse direito não pode ser conferido ao consumidor. Essas hipóteses são vinculadas à impossibilidade de restabelecimento do *status quo ante* ora *ab origine*, devido à natureza do bem, ora *a posteriori*, tendo em vista circunstâncias supervenientes[116]. As exceções possuem como fundamento tanto o princípio da boa-fé objetiva quanto o princípio que veda o abuso de direito. Concluímos, diante da análise do instituto do *ius poenitendi* no direito brasileiro, pela necessidade de estabelecimento de lista de exceções ao seu exercício no Código de Defesa do Consumidor.

é exigível, pois representam para o fornecedor um risco inaceitável, ou que poderiam propiciar comportamentos abusivos por parte dos consumidores".

116. RENDE, Francesco. *Il recesso comunitario dopo l'ultima pronuncia della corte di giustizia*, cit., p. 551: "La protezione garantita dall'ordinamento giuridico ad un contraente non può trasformarsi nell'eccessivo sacrificio degli interessi della controparte. Nei contratti relativi a beni, l'irripetibilità della prestazione può dipendere da circostanze sopravvenute che ne abbiano compromesso [...]. Ne consegue, come si è visto in precedenza, il venir meno del diritto di pentimento, pur quando non sia ancora integralmente il decorso del periodo di riflessione" [...] "Altre volte la prestazione può presentarsi ab origine come fisiologicamente irripetibile e di ciò risente anche il modo di operare del recesso comunitario". LARROSA AMANTE, Miguel Ángel. El derecho de desistimiento en la contratación de consumo, cit., p. 167: "El bien no es susceptible de volver a ser objeto de comercialización por el empresario (apartados c, d, e y f). Viene referido a bienes personalizados, que se deterioran o caducan con rapidez" [...] "La naturaleza del bien puede convertir el derecho de desistimiento en una vía abierta al fraude (apartados b, g, i, j y m). Su fundamento radica en la imposibilidad de la recíproca devolución de las prestaciones o la depreciación del bien que no tiene porqué ser soportada por el empresario".

4
O *IUS POENITENDI*
E O DIREITO RESTITUTÓRIO

> **Sumário:** 1. O direito restitutório como fonte das obrigações; 2. A obrigação restitutória do consumidor; 3. Efeitos do inadimplemento pelo consumidor da obrigação de restituir; 4. Risco pela perda ou deterioração do bem; 5. O direito do consumidor à restituição do preço; 6. Direito à restituição de despesas acessórias de entrega; 7. Despesas de restituição do bem.

1. O DIREITO RESTITUTÓRIO COMO FONTE DAS OBRIGAÇÕES

O direito de arrependimento consiste na faculdade conferida *ex lege* ao consumidor de desconstituir o contrato após a sua celebração. Ou seja, a faculdade conferida ao consumidor pelo art. 49 do CDC de desistir do contrato não é um fato impeditivo da formação do contrato, mas o direito de resilir um contrato já concluído. O parágrafo único do art. 49 do CDC, por sua vez, preceitua que se o direito de arrependimento for exercido pelo consumidor, "os valores eventualmente pagos, a qualquer título, serão devolvidos, de imediato". Trata-se, com efeito, de previsão *ex lege*, colocando-se de antemão a definição sobre se o direito à devolução dos valores pagos pelo consumidor é disciplinado pelo direito dos contratos ou pelo direito restitutório, positivado no art. 884 do Código Civil.

No direito do consumidor brasileiro, como será analisado nos tópicos sucessivos, são escassas as referências sobre o nascimento de deveres restitutórios após o exercício do direito de arrependimento pelo consumidor. Por outro lado, no direito comunitário, Iacopo Cimino destaca que "uma das novidades mais relevantes da recente normativa diz respeito à disciplina das obrigações restitutórias subsequentes ao exercício do direito de arrependimento por parte do consumidor"[1]. No direito brasileiro, a introdução do instituto do enriquecimento

---

1. Tradução livre, a citação original é a seguinte: "una delle novità più rilevanti apportate all'istituto dello ius poenitendi dalla recente novella normativa tocca la disciplina delle obbligazioni restitutorie

sem causa, com a sua conformação atual, ocorreu somente no Código Civil de 2002, 12 anos após a introdução do direito de arrependimento no CDC. Nesse contexto se impõe a necessidade de analisar os efeitos da extinção da compra e venda eletrônica de consumo por exercício do *ius poenitendi* à luz da disciplina civilística do direito resitutório e do princípio que veda o enriquecimento sem causa.

Na origem, pela classificação gaiana, havia apenas obrigações derivadas do contrato e do delito[2]. Todavia, imediatamente após a introdução dessa classificação, o jurisconsulto Gaio percebeu, primeiramente, que o pagamento indevido não deriva nem do contrato nem do delito[3]. Após, foram identificadas novas hipóteses em que a obrigação não deriva nem do contrato e nem do delito, por exemplo, a gestão de negócios[4]. Por fim desenvolveu-se, nas institutas de Justiniano, a quadripartição das obrigações: *obligatio ex contractu, quasi ex contractu, ex delicto, quasi ex delicto*[5], que se refletiu na codificação francesa, incluindo na categoria do quase contrato a gestão de negócios[6] e o pagamento indevido[7]. No direito codificado, o instituto do enriquecimento sem causa foi introduzido no art. 70 do Código Civil suíço de 1881, que estatuiu "em fórmula genérica, a condenação formal do enriquecimento sem causa, com consequente obrigação de restituir"[8]. A inclusão do instituto no parágrafo 812 e seguintes do BGB alemão[9] contribuiu, ademais, para o desenvolvimento e a difusão do instituto, a partir da doutrina e jurisprudência, nos demais países[10].

Conforme o referido por Agostinho Alvim, "o sistema clássico, ainda vigente na maioria dos países, [...] também condena o enriquecimento injustificado, porém o faz casuisticamente, ou seja, procurando impedi-lo, onde quer que possa manifestar-se"[11]. O moderno princípio a partir do qual se construiu a categoria do direito das obrigações derivada do enriquecimento sem causa foi extraído da obra de Pompônio, contida no Digesto, segundo o qual "*iure naturae aequum*

---

 susseguenti all'esercizio del diritto di recesso da parte del consumatore". CIMINO, Iacopo Pietro. Art. 57. Obblighi del consumatore nel caso di recesso. In: GAMBINO, Alberto Maria; NAVA, Gilberto. *I nuovi diritti dei consumatori. Commentario al d.lgs. n. 21/2014.* Torino: G. Giappichelli Editore, 2014, p. 176.

2. Gaio 3.88.
3. Gaio 3.91.
4. D. 44.7.5.
5. Institutas de Justiniano 3.13.2.
6. Art. 1.372 do Código Civil francês.
7. Art. 1.376 do Código Civil francês.
8. ALVIM, Agostinho. Do enriquecimento sem causa. *Revista dos Tribunais*, jun. 2011.
9. LARENZ, Karl. *Derecho de Obligaciones.* Madrid: Editorial Revista de Derecho Privado, 1959, v. I, p. 62.
10. ALVIM, Agostinho. *Do enriquecimento sem causa*, cit.: "O Código Civil alemão, promulgado em 1896, deu ao assunto grande importância e desenvolvimento. Daí o ser muito citado a respeito".
11. ALVIM, Agostinho. *Do enriquecimento sem causa.*

est, neminem cum alterius detrimento et iniuria fieri locupletiorem"[12]. No direito brasileiro, o vigente *corpus iuris civilis* foi revogado a partir do disposto no art. 1807 do Código Civil de 1916[13], mas, no que tange às fontes das obrigações, o legislador optou pela clássica distinção contida nas Institutas de Gaio, de obrigações contratuais e decorrentes de atos ilícitos, incluindo a gestão de negócios no direito dos contratos e o pagamento indevido no título dedicado ao adimplemento das obrigações. Na sistemática do Código Civil brasileiro de 2002, são fontes do direito das obrigações os contratos (título V), as declarações unilaterais de vontade (título VIII) e o direito da responsabilidade civil (título IX). Sob a categoria dedicada às "declarações unilaterais de vontade" o legislador reuniu a promessa de recompensa (capítulo I), a gestão de negócios (cap. II), o pagamento indevido (cap. III), inovando ao introduzir o instituto do enriquecimento sem causa (cap. IV). Ocorre que, dos quatro institutos reunidos no livro sobre o Direito das Obrigações, sob o Título VIII, denominado "Das declarações unilaterais de vontade", somente a promessa de recompensa se enquadra na correspondente categoria dos negócios jurídicos unilaterais.

No direito espanhol, o princípio geral que veda o enriquecimento sem causa não foi positivado no seu Código Civil de 1893. A gestão de negócios e o pagamento indevido foram regulamentadas na mesma categoria da promessa de recompensa, como espécies derivadas de ato ou negócio jurídico unilateral[14]. No Código Civil italiano de 1942, por sua vez, o instituto do enriquecimento sem causa foi consagrado no título VIII do livro dedicado às obrigações, imediatamente após a disciplina da gestão de negócios, objeto de regulamentação no título VI, e do pagamento indevido, regulamentado no título VII. O enriquecimento sem causa foi previsto no art. 2.041 Código Civil que assim dispõe: "quem, sem uma justa causa, tiver enriquecido com dano à outra pessoa deve, nos limites do seu enriquecimento, indenizar esta última da correlativa diminuição patrimonial"[15].

Na sistemática do Código das Obrigações suíço, publicado em 30 de março de 1911, foi introduzida uma tripartição fundamental das fontes das obrigações: *a)* "obrigações resultantes de um contrato" (cap. I); *b)* "obrigações resultantes de

---

12. D. 50.17.206. "es justo por derecho natural, que nadie se haga más rico con detrimento e injuria de otro".

13. Art. 1.807 CC brasileiro de 1916: "Ficam revogadas as Ordenações, Alvarás, Leis, Decretos, Resoluções, Usos e Costumes concernentes às matérias do direito civil reguladas neste Código".

14. DÍEZ-PICAZO, Luis. *Sistema de derecho civil. Contratos en especial. Cuasi contratos. Enriquecimiento sin causa. Responsabilidad extracontractual.* 11. ed. Madrid: Editorial Tecnos, 2015, v. II, t. 2, p. 302. Nos direitos francês e espanhol, esta evolução permanece consagrada somente em nível doutrinário e jurisprudencial.

15. Art. 2.041 do Código Civil italiano: "Chi, senza una giusta causa, si è arricchito a danno di un'altra persona è tenuto, nei limiti dell'arricchimento, a indennizzare quest'ultima della correlativa diminuzione patrimoniale".

atos ilícitos" (cap II), e *c*) "obrigações resultantes do enriquecimento ilegítimo" (cap. III). Além disso, no capítulo dedicado à categoria do enriquecimento sem causa, foi incluído, além do próprio instituto do enriquecimento sem causa (art. 62), o pagamento indevido (art. 63)[16]. Assim, a partir do princípio que veda o enriquecimento sem causa, o Código suíço do direito das obrigações, aprovado em 1911, positivou a regra segundo a qual: "aquele que, sem causa legítima, enriquecer às custas de outrem, fica obrigado a restituir" (art. 62, Código das Obrigações).

No direito brasileiro, Fernando Noronha defende a teoria da tripartição fundamental das obrigações, com base no interesse do credor, "precisamente porque têm causas e finalidades diversas", respectivamente: "*a*) interesse na realização das expectativas nascidas de compromisso assumidos por outra pessoa em negócio jurídico, seja contrato, seja negócio jurídico unilateral; *b*) interesse na reparação de danos causados por conduta antijurídica; *c*) interesse na reversão para o patrimônio de alguém (credor), de acréscimos acontecidos no patrimônio de outrem (devedor), quando de direito deveriam pertencer àquele"[17]. Ou seja, a partir desses critérios, propõe uma tripartição fundamental das obrigações: *a*) a obrigações negociais, que derivam de contratos ou negócios jurídicos; *b*) obrigações derivadas da responsabilidade civil; *c*) obrigações de restituição por enriquecimento sem causa. Nesta tripartição, destaca Fernando Noronha que "o enriquecimento sem causa ganhou autonomia, como ramo de obrigações, ao lado do negócio jurídico e da responsabilidade civil"[18].

O enriquecimento sem causa pode ser definido como uma atribuição patrimonial injustificada, que determine o aumento ou que evite a diminuição do ativo pertencente à uma pessoa, às custas de outrem, do que resulta o nascimento da obrigação de restituir. No direito brasileiro, o princípio que veda o enriquecimento sem causa foi positivado no art. 884 do Código Civil, ao dispor que: "aquele que, sem justa causa, se enriquecer à custa de outrem, será obrigado a restituir o indevidamente auferido, feita a atualização dos valores monetários". Nas palavras de Fernando Noronha o enriquecimento sem causa nasce "da apropriação por outrem, ou do mero aproveitamento por outrem, ainda que não doloso nem culposo, de bens que o ordenamento jurídico destina ao titular respectivo, e nelas

---

16. Código Civil Suíço e Código Federal Suíço das Obrigações (livro V do Código Civil). Traduzido diretamente do texto original alemão por Souza Diniz. Rio de Janeiro: Rícord Editôra, 1961, p. 159-168. O título primeiro, dedicado à formação das obrigações, foi subdividido em: a) "obrigações resultantes de um contrato" (cap. I); b) "obrigações resultantes de atos ilícitos" (cap II), e c) "obrigações resultantes do enriquecimento ilegítimo" (cap. III).

17. NORONHA, Fernando. *Direito das Obrigações*, cit., p. 21.

18. NORONHA, Fernando. Enriquecimento sem causa. *Revista de Direito Civil*, n. 56, p. 57: "o enriquecimento sem causa ganhou autonomia, como ramo de obrigações, ao lado do negócio jurídico e da responsabilidade civil".

se tutela o interesse do credor na reversão para o seu patrimônio dos bens, ou do valor do aproveitamento obtido à sua custa, mesmo que quando ele nenhum dano haja sofrido"[19].

Na doutrina, as tradicionais teorias que ensejaram a positivação do instituto foram superadas pela teoria da destinação dos bens[20]. Na definição de Karl Larenz, a teoria da destinação dos bens deriva do princípio segundo o qual as vantagens econômicas resultantes do uso e/ou proveito que obtidos a partir de uma determinada coisa, assim como do produto da sua alienação, correspondem ao respectivo proprietário e/ou titular de direitos reais[21]. A partir das normas positivadas nos direitos suíço, italiano e brasileiro, e da doutrina comparada, identificam-se como pressupostos da obrigação de restituir derivada do enriquecimento sem causa os seguintes requisitos: *a*) o enriquecimento; *b*) sem justa causa; *c*) às custas de outrem; e, a depender do ordenamento jurídico *d*) o empobrecimento; *e*) a subsidiariedade. O primeiro requisito, correspondente à noção de enriquecimento propriamente dita, nas palavras de Paolo Gallo, consiste em "qualquer forma de lucro ou incremento patrimonial"[22]. Segundo Luis Díez-Picazo, o enriquecimento se produz "tanto por um aumento do patrimônio quanto por uma diminuição do mesmo"[23]. O enriquecimento proveniente do aumento do patrimônio pode derivar da aquisição de bens, de direitos reais ou de crédito, da posse ou de qualquer outra vantagem, como do consumo ou uso de bens alheios. Por outro lado, Luis Díez-Picazo destaca a possibilidade da existência do "enriquecimento negativo", em todos naqueles casos em que o enriquecido evita a perda de patrimônio às custas de outrem, o que ocorre quando o beneficiário consegue evitar gastos mediante o consumo de coisas alheias, ou quando obtém vantagem a partir de serviços recebidos[24].

O segundo pressuposto do direito restitutório é que o mesmo ocorra de modo injustificado, ou seja, que ocorra sem justa causa. Conforme explica Cláudio Michelon, a própria noção de patrimônio pressupõe certa estabilidade, motivo pelo qual só poderia ser alterada em decorrência de causas justificadas, por

---

19. NORONHA, Fernando. *Enriquecimento sem causa*, cit., p. 51.
20. NORONHA, Fernando. *Enriquecimento sem causa*, cit., p. 57.
21. LARENZ, Karl. *Derecho de Obligaciones*. Madrid: Editorial Revista de Derecho Privado, 1959, v. II, p. 523.
22. Tradução livre, a citação original é a seguinte: "qualche forma di profitto, lucro o incremento patrimoniale". GALLO, Paolo. *L'arricchimento senza causa, la responsabilità civile*. Torino: G. Giappichelli editore, 2018, p. 39.
23. Tradução livre, a citação original é a seguinte: "tanto por un aumento del patrimonio como por una disminución del mismo". DÍEZ-PICAZO, Luis. *Sistema de derecho civil. Contratos en especial. Cuasi contratos. Enriquecimiento sin causa. Responsabilidad extracontractual*. v. II, t. 2, cit., p. 302.
24. DÍEZ-PICAZO, Luis. *Sistema de derecho civil. Contratos en especial. Cuasi contratos. Enriquecimiento sin causa. Responsabilidad extracontractual*. v. II, t. 2, cit., p. 302.

exemplo, na hipótese de adimplemento de uma obrigação contratual ou de uma obrigação de indenizar, caso contrário "uma atribuição patrimonial ocorrida em detrimento de outrem pode gerar direito à restituição", por exemplo, na hipótese de pagamento indevido[25]. O terceiro pressuposto que justifica o nascimento da obrigação de restituir consiste na constatação de que o enriquecimento ocorreu às custas de outrem. Com efeito, trata-se de um nexo causal que se estabelece entre o enriquecimento de um sujeito e a violação do direito de outrem. Esclarece Fernando Noronha que o instituto que veda o enriquecimento visa à proteção da riqueza de modo dinâmico, não estático, motivo pelo qual o dano nem sempre causaria o empobrecimento alheio: "a noção de dano, para efeitos do enriquecimento sem causa, há de ser dada em termos reais, não patrimoniais: o dano, agora, não é a diferença para menos no patrimônio do prejudicado, é o dano real, é a frustração de um valor que de direito lhe devia pertencer"[26].

Como se pode observar, no ordenamento jurídico brasileiro, o dano não é um requisito para a configuração do enriquecimento sem causa. Alguns ordenamentos jurídicos, no entanto, exigem, para a constituição do enriquecimento sem causa, o requisito do empobrecimento. Isso significa que o enriquecimento sem causa de um pressupõe o empobrecimento de outro. No Código Civil italiano, isso é evidenciado a partir da redação do art. 2.041, segundo o qual o enriquecido deve indenizar (o empobrecido) da sua correlativa diminuição patrimonial. No direito espanhol, da mesma forma, a doutrina estabelece que o simples enriquecimento não é suficiente para caracterização do enriquecimento sem causa, sendo necessário que dele resulte prejuízo ou empobrecimento do outro. Nas palavras de Luis Díez-Picazo, "a existência do enriquecimento de uma pessoa por outra não seria suficiente para fundar a pretensão de enriquecimento"[27].

Por fim, cumpre destacar o requisito da aplicação subsidiária do direito restitutório, em que a ação proposta sob o fundamento do princípio que veda o enriquecimento sem causa somente será cabível diante do não cabimento de ações que tenham por fundamento o direito dos contratos ou a responsabilidade civil. Esta regra de subsidiariedade foi construída a partir da doutrina francesa, com

---

25. MICHELON JR., Cláudio. *Direito Restituitório*: enriquecimento sem causa, pagamento indevido, gestão de negócios. São Paulo: Ed. RT, 2004, p. 29, 182, 183.
26. NORONHA, Fernando. *Enriquecimento sem causa*, cit., p. 65-67: "a noção de dano, para efeitos do enriquecimento sem causa, há de ser dada em termos reais, não patrimoniais: o dano, agora, não é a diferença para menos no patrimônio do prejudicado, é o dano real, é a frustração de um valor que de direito lhe devia pertencer".
27. Tradução livre, a citação original é a seguinte: "la existencia de un enriquecimiento de una persona por otra no sería suficiente para fundar la pretensión de enriquecimiento". DÍEZ-PICAZO, Luis. *Sistema de derecho civil. Contratos en especial. Cuasi contratos. Enriquecimiento sin causa. Responsabilidad extracontractual.* v. II, t. 2, cit., p. 302.

o objetivo de evitar a solução do conflito entre normas derivadas do contrato e da responsabilidade civil e as normas que regem o instituto do enriquecimento sem causa, a partir do critério *lex specialis derogat legi generali*[28].

No direito espanhol, como referido, o enriquecimento sem causa não foi positivado em seu Código Civil de 1893. No entanto, sob a influência do direito francês, o princípio de subsidiariedade tem se firmado a partir de fontes doutrinárias e jurisprudenciais. No direito italiano, o requisito da subsidiariedade foi previsto no art. 2.042 do Código Civil, segundo o qual: "a ação de enriquecimento não é proponível quando o prejudicado puder exercitar outra ação para se fazer indenizar pelo dano sofrido"[29]. Por fim, no direito brasileiro, o caráter subsidiário do enriquecimento sem causa é evidenciado a partir do art. 886 do Código Civil: "não caberá a restituição por enriquecimento, se a lei conferir ao lesado outros meios para se ressarcir do prejuízo sofrido".

Como referido, o instituto do enriquecimento sem causa afirma-se como categoria autônoma do direito das obrigações, por ocasião do fenômeno das modernas codificações civis, ao ponto de absorver como espécies os tradicionais institutos do pagamento indevido e da gestão de negócios. Todavia, existem outras situações em que a aplicação do instituto do enriquecimento sem causa assume especial relevância, dentre as quais destacamos todas aquelas hipóteses em que em virtude da decretação da nulidade ou da anulação de um contrato, se verifique um adimplemento total ou parcial das obrigações nele contidas. Nos termos do art. 182 do Código Civil brasileiro, "anulado o negócio jurídico, restituir-se-ão as partes ao estado em que antes dele se achavam, e, não sendo possível restituí-las, serão indenizadas com o equivalente". O mesmo princípio se aplica, por analogia às demais hipóteses de extinção do contrato, pois o art. 885 do Código Civil brasileiro dispõe que "a restituição é devida, não só quando não tenha havido causa que justifique o enriquecimento, mas também se esta deixou de existir". Na doutrina espanhola, Luis Díez-Picazo afirma que: "a obrigação restitutória também existe se a causa desaparece posteriormente"[30]. No mesmo sentido, no direito brasileiro, Cláudio Michelon destaca que o enriquecimento sem causa incide sobre a relação no sentido de que "as atribuições patrimoniais que eram de justa causa passam à condição de atribuições sem causa"[31].

---

28. GALLO, Paolo. *L'arricchimento senza causa, la responsabilità civile*, cit., p. 75.
29. Art. 2.042 do Código Civil italiano: "L'azione di arricchimento non è proponibile quando il danneggiato può esercitare un'altra azione per farsi indennizzare del pregiudizio subito".
30. Tradução livre, a citação original é a seguinte: "la obligación restitutoria existe también si la causa ha desaparecido posteriormente". DÍEZ-PICAZO, Luis. *Sistema de derecho civil. Contratos en especial. Cuasi contratos. Enriquecimiento sin causa. Responsabilidad extracontractual*. v. II, t. 2, cit., p. 301.
31. MICHELON JR., Cláudio. *Direito Restituitório*: enriquecimento sem causa, pagamento indevido, gestão de negócios, cit., p. 176-177.

Nas relações de consumo, a inovação representada pelo surgimento do direito de arrependimento *ex lege* na contratação a distância consiste na faculdade conferida ao consumidor de desfazer um contrato já concluído. Como examinado no capítulo anterior, o direito de arrependimento pode ser exercitado pelo consumidor, no caso da compra de bens móveis, mesmo em momento anterior ao *dies a quo* do prazo para o seu exercício. Nessas hipóteses em que direito de arrependimento é exercitado em momento anterior ao próprio cumprimento das obrigações do contrato de compra e venda, as partes simplesmente ficam liberadas dessas obrigações[32]. Ocorre que, na compra e venda eletrônica de bens pela *internet*, em regra o pagamento é pressuposto para a conclusão do contrato. Ademais, como analisado, o *dies a quo* do prazo para o exercício do direito de arrependimento corre, em se tratando de bens materiais, a partir da sua entrega ao consumidor, para que este possa verificar as suas características. Diante destas circunstâncias, na maioria das vezes o direito de arrependimento é exercitado pelo consumidor após a execução das obrigações do contrato, correspondentes ao pagamento do preço por parte do consumidor e à entrega do bem por parte do fornecedor[33].

---

32. RICCIO, Giovanni Maria; SALVATI, Maria Laura. Art. 55. Effetti del recesso. In: GAMBINO, Alberto Maria; NAVA, Gilberto. *I nuovi diritti dei consumatori. Commentario al d.lgs. n. 21/2014.* Torino: G. Giappichelli Editore, 2014, p. 149: "Nell'ipotesi in cui il recesso si riferisca ad un contratto già concluso è possibile distinguere tre fattispecie: i) contratto con efficacia obbligatoria le cui obbligazioni non siano stati ancora eseguite: in tal caso le parti sono liberate dall'esecuzione delle prestazioni cui si erano obbligate; ii) contratto con efficacia obbligatoria le cui obbligazioni abbiano avuto un inizio di esecuzione o siano state completamente eseguite: il tal caso sorgono gli obblighi restitutori regolati agli articoli successive; ii) contratto con efficacia reale: anche in tal caso sorgono obblighi di tipo restitutorio"; DÍAZ ALABART, Silvia; ÁLVAREZ MORENO, M. Teresa. Art. 12. Efectos del desistimiento. In: DÍAZ ALABART, Silvia (Dir.); ÁLVAREZ MORENO, M. Teresa (Coord.). *Contratos a distancia y contratos fuera del establecimiento mercantil. Comentario a la Directiva 2011/83 (adaptado a la Ley 3/2014, de modificación del TRLCU).* Madrid: Editorial Reus, 2014, p. 306: "En algún supuesto residual es factible que el comerciante reciba la notificación del desistimiento por parte del consumidor, casi inmediatamente después de la celebración del contrato, incluso antes de que el comerciante haya enviado el bien. Solamente en este caso podremos decir realmente que el desistimiento ha extinguido para el comerciante la obligación de ejecutar su prestación principal, la entrega del bien".

33. DOMÍNGUEZ LLUELMO, Andrés. Derecho de desistimiento. In: CÁMARA LAPUENTE, Sergio (Director); ARROYO AMAYUELAS (Coord.). *La revisión de las normas europeas y nacionales de protección de los consumidores. Más allá de la directiva sobre derechos de los consumidores y del instrumento opcional sobre un derecho europeo de la compraventa de octubre 2011.* Pamplona: Civitas, 2012, p. 224: "La mayor parte de las veces ocurrirá que las partes han ejecutado sus respectivas obligaciones, de manera que si el comerciante ha realizado la prestación correspondiente, y el consumidor ha pagado el precio, surge la obligación de restitución recíproca por parte de uno y otro"; DÍAZ ALABART, Silvia; ÁLVAREZ MORENO, M. Teresa. Art. 12. Efectos del desistimiento, cit., p. 308: "Por mucho que se diga en el art. 12.a) DDC que el ejercicio del derecho de desistimiento en los contratos a distancia o celebrados fuera del establecimiento, tiene como efecto la extinción de las obligaciones de las partes de ejecutar el contrato, tratándose de contratos de adquisición de bienes, en la gran mayoría de los supuestos dichas obligaciones se habrán ejecutado ya en su totalidad o, al menos, parcialmente. Por consiguiente, en la práctica los verdaderos efectos del desistimiento son las

Nessas hipóteses em que o direito de arrependimento é exercitado após a execução de obrigações do contrato, nascem entre o fornecedor e o consumidor, duas relações jurídicas obrigacionais autônomas e distintas entre si, no plural, sobre as quais incide o princípio que veda o enriquecimento sem causa: *a*) a obrigação do consumidor de restituir o produto adquirido; *b*) a obrigação do fornecedor de restituir ao consumidor o preço pago. Essas relações são provenientes da cessação da justificativa da transferência patrimonial[34] entre consumidor e fornecedor, do que decorre o surgimento de obrigações restitutórias recíprocas correspondentes ao reembolso, por parte do fornecedor, dos valores recebidos, e da restituição, por parte do consumidor, da coisa entregue[35]. Isto significa que, uma vez extinta a compra e venda eletrônica de consumo, a relação entre consumidor e fornecedor passa a ser regida pelo direito restitutório, para o restabelecimento do *status quo ante*[36].

2. A OBRIGAÇÃO RESTITUTÓRIA DO CONSUMIDOR

A finalidade do instituto do direito de arrependimento, na compra e venda eletrônica de consumo, é a de garantir ao consumidor a possibilidade de extin-

---

restituciones de las prestaciones ejecutadas y de otras consecuencias de la liquidación del contrato"; GUALDIERI, Maurizio. Art. 56. Obblighi del professionista nel caso di recesso. In: GAMBINO, Alberto Maria; NAVA, Gilberto. *I nuovi diritti dei consumatori. Commentario al d.lgs. n. 21/2014*. Torino: G. Giappichelli Editore, 2014, p. 154: "I rimedi restitutori sono giustificati dall'esecuzione del contratto avvenuta o iniziata durante il termine per l'esercizio dello ius se poenitendi".

34. GUALDIERI, Maurizio. Art. 56. Obblighi del professionista nel caso di recesso, cit., p. 154: "Sciolto il vincolo, le attribuzioni patrimoniali sono prive di titolo e la legge impone ai contraenti di ripristinare le posizioni antecedenti con la restituzione delle utilità ricevute"; CIMINO, Iacopo Pietro. *Art. 57. Obblighi del consumatore nel caso di recesso*, cit., p. 176: "Una volta esercitato il recesso, soprattutto qualora il contratto abbia avuto ad oggetto l'acquisto di una res, sorge, infatti, in capo al consumatore l'obbligo di restituire la prestazione ricevuta, oltre alla correlata obbligazione, facente capo al professionista, di corrispondere quanto versato in pagamento dal consumatore".

35. ÁLVAREZ LATA, Natalia. Artículo 106. Ejercicio y efectos del derecho de desistimiento. In: BERCOVITZ RODRÍGUEZ-CANO, Rodrigo (Coord.). *Comentario del Texto Refundido de la Ley General para la Defensa de los Consumidores y Usuarios y otras Leyes Complementarias*, Navarra: Editorial Aranzadi S/A, 2015, p. 1605: "La obligación de devolver los bienes lógicamente surgirá para el consumidor cuando haya bienes que restituir. Es decir, este precepto parte de la premisa de que se cumplan estas dos circunstancias: 1. que el contrato en cuestión se califique como contrato de adquisición de bienes o mixto (contratos de suministro que determinen parcialmente el envío de bienes al consumidor); 2. que el consumidor haya ya recibido efectivamente los bienes antes de desistir o simultáneamente o, asimismo en el ínterin que va desde el envío de la declaración del desistimiento por el consumidor y la recepción por el empresario".

36. MARQUES, Claudia Lima. *Contratos no Código de Defesa do Consumidor*: o novo regime das relações contratuais. 8. ed. São Paulo: Ed. RT, 2016: "Segundo dispõe o parágrafo único do art. 49, exercitado o direito de arrependimento não deverá haver enriquecimento ilícito do fornecedor, em virtude de sua prática agressiva de venda. Desconstituído o vínculo pela manifestação do consumidor, retornaram ambos os contraentes ao *status* anterior, devendo o fornecedor devolver os valores recebidos, monetariamente atualizados".

guir de modo unilateral o contrato, para que possa reaver o preço e as despesas acessórias pagas ao fornecedor. Ocorre que, como esclarecido no tópico anterior, em se tratando da compra e venda eletrônica de bens corpóreos, na maioria das vezes o consumidor exercerá o seu direito de arrependimento após o adimplemento da obrigação contratual do fornecedor, consistente na entrega do bem. Isso porque, por se tratar de um contrato celebrado a distância, é somente a partir da entrega do bem pelo fornecedor ao consumidor que este último terá condições de avaliar as suas características e funcionalidades. Não por outro motivo, *dies a quo* para o exercício do *ius poenitendi* conta a partir da entrega do produto ao local indicado pelo consumidor.

Nesse contexto, uma vez extinto o contrato de compra e venda eletrônica em virtude do exercício do *ius poenitendi*, após o adimplemento da obrigação do fornecedor, nasce a relação jurídica restitutória entre fornecedor e consumidor, que tem por objeto a restituição do bem adquirido, sob a incidência do princípio que veda o enriquecimento sem causa[37]. Ademais, conforme adverte Natalia Álvarez Lata, as obrigações restitutórias do consumidor e do profissional não são regidas pelo princípio da simultaneidade[38], de forma que o fornecedor tem direito de retenção dos valores pagos pelo consumidor até que este comprove a sua restituição. Desta forma, a principal obrigação do consumidor após o exercício do direito de arrependimento, para que possa realizar o fim último do *ius poenitendi* e reaver o preço pago, é a de restituir o bem ao fornecedor, ou a outrem por ele autorizado[39].

O art. 884 do Código Civil, ao regular o instituto do enriquecimento sem causa, estabelece que a obrigação consiste em restituir "o indevidamente auferido". No presente caso, a extinção do contrato em virtude do exercício do direito de arrependimento, determina o desaparecimento da causa e o nascimento da obrigação de restituir. O bem a ser restituído corresponde exatamente àquele recebido a título de adimplemento da obrigação de dar resultante da conclusão

---

37. EIDENMÜLLER, Horst; FAUST, Florian; GRINGOLEIT, Hans Christoph; JENSEN, Nils; WAGNER, Gerhard; ZIMMERMANN, Reinhard. Hacia una revisión del acquis de consumo. In: CÁMARA LAPUENTE, Sergio (Dir.); ARROYO AMAYUELAS (Coord.). *La revisión de las normas europeas y nacionales de protección de los consumidores. Más allá de la directiva sobre derechos de los consumidores y del instrumento opcional sobre un derecho europeo de la compraventa de octubre 2011*. Pamplona: Civitas, 2012, p. 140.

38. ÁLVAREZ LATA, Natalia. Artículo 108. Obligaciones y responsabilidad del consumidor y usuario en caso de desistimiento. In: BERCOVITZ RODRÍGUEZ-CANO, Rodrigo (Coord.). *Comentario del Texto Refundido de la Ley General para la Defensa de los Consumidores y Usuarios y otras Leyes Complementarias*. Navarra: Editorial Aranzadi S/A, 2015, p. 1604.

39. ÁLVAREZ LATA, Natalia. Artículo 108. Obligaciones y responsabilidad del consumidor y usuario en caso de desistimiento, cit., p. 1604: "La principal obligación del consumidor que ha ejercido su derecho de desistimiento es la de restituir los bienes objeto del contrato".

do contrato de compra e venda. Isso significa que a obrigação do consumidor é a de restituir coisa certa. O parágrafo único do art. 884 do Código Civil dispõe que: "se o enriquecimento tiver por objeto coisa determinada, quem a recebeu é obrigado a restituí-la". Portanto, considerando-se que se trata de obrigação de restituir coisa certa, não pode o consumidor restituir ao fornecedor coisa diversa da que é devida, ainda que mais valiosa, ou mediante pagamento do equivalente em dinheiro[40], sob pena de inadimplemento da obrigação de restituir.

Como se pode observar, a obrigação de restituir coisa certa que se impõe ao consumidor nasce imediatamente após a extinção do contrato decorrente do exercício do *ius poenitendi*. A partir do momento em que se verifica o nascimento da obrigação de restituir, coloca-se a questão relativa à data de vencimento dessa obrigação. No CDC inexiste norma jurídica especificando o prazo em que o consumidor deve proceder com a restituição do bem. Nos termos do art. 331 do Código Civil, "salvo disposição legal em contrário, não tendo sido ajustada época para o pagamento, pode o credor exigi-lo imediatamente". Portanto, uma vez desfeito o contrato em razão do exercício do direito de arrependimento, impõe-se ao consumidor a obrigação de restituir o bem devido ao fornecedor de modo imediato.

No direito comunitário, a Diretiva 97/7/CE, sobre a proteção dos consumidores em matéria de contratos a distância, era omissa em relação à definição de um termo para a restituição do bem por parte do consumidor. Da incorporação da Diretiva 97/7/CE no Código de Consumo italiano, por meio do d. lgs. 185, de 22 de maio de 1999[41], art. 67, a matéria foi complementada, com a especificação de que o consumidor restituirá o bem "segundo as modalidades e o tempo previstos no contrato", mas que "o prazo para a restituição do bem não pode ser inferior a 10 dias laborativos a contar do recebimento do bem"[42]. O ordenamento jurídico espanhol, por sua vez, omitia-se sobre a definição de um termo para a devolução dos bens por parte do consumidor.

Com a publicação da Diretiva 2011/83/UE, a omissão da revogada Diretiva 97/7/CE foi remediada pela especificação de um prazo dentro do qual devem ser restituídos os bens ao profissional. A devolução dos produtos deve ser efetuada sem

---

40. DÍEZ-PICAZO, Luis. *Sistema de derecho civil. Contratos en especial. Cuasi contratos. Enriquecimiento sin causa. Responsabilidad extracontractual.* v. II, t. 2, cit., p. 308.
41. D. lgs. 22 *maggio* 1999, n. 185.
42. Art. 67, d.lgs. 22 *maggio* 1999, n. 185: "Qualora sia avvenuta la consegna del bene il consumatore è tenuto a restituirlo o a metterlo a disposizione del professionista o della persona da questi designata, secondo le modalità ed i tempi previsti dal contratto. Il termine per la restituzione del bene non può comunque essere inferiore a dieci giorni lavorativi decorrenti dalla data del ricevimento del bene. Ai fini della scadenza del termine la merce si intende restituita nel momento in cui viene consegnata all'ufficio postale accettante o allo spedizioniere".

demora injustificada, no prazo de 14 dias a contar da data que o consumidor houver informado ao profissional sobre a sua decisão de exercer o direito de arrependimento (art. 14, parágrafo 1, Diretiva 2011/83/UE). Por se tratar de uma diretiva de harmonização máxima, os países membros não podem estabelecer *ex lege* um prazo maior para a restituição dos bens pelo consumidor (art. 57 c.cons. italiano; art. 108 TRLGDCU). Assim sendo, conforme o previsto na Diretiva 2011/83/UE, a obrigação do consumidor que tem por objeto a restituição do bem não será exigível, por parte do profissional, em momento anterior ao termo final de 14 dias.

No direito brasileiro, o legislador do PL 3.514/2015, que visa atualizar o CDC no tocante ao comércio eletrônico, optou por não determinar um prazo da restituição dos bens por parte do consumidor. Diante da omissão, durante a tramitação do PLS 281, de 2012, o parlamentar Antonio Carlos Rodrigues, com auxílio do jurista Alexandre Junqueira Gomide, apresentou a emenda 27, sugerindo a criação do seguinte parágrafo: "exercido o direito de arrependimento, o consumidor deverá conservar os bens, de modo a restituí-los ao fornecedor, no prazo de até quinze dias do seu recebimento" (art. 49, § 10, emenda 27). Quanto à essa proposta de emenda, a Comissão respondeu nos seguintes termos: "a rejeição da presente emenda se deve ao fato de que a atualização deve assegurar novos direitos aos consumidores e não realizar nenhuma limitação ou retrocesso aos direitos hoje já existentes na legislação e garantidos pela norma de direito fundamental (art. 5º, XXXII), face à proibição de retrocesso em tema de direito fundamental".

Assim, no ordenamento jurídico brasileiro, o fundamento do direito restitutório do fornecedor reside no art. 884 do Código Civil, pois a atual redação do art. 49 do CDC nada dispõe sobre deveres do consumidor decorrentes do exercício do direito de arrependimento. Dita omissão no Código de Defesa do Consumidor, no entanto, não gera a inaplicabilidade dos princípios gerais de direito constantes no Código Civil. Ora, de acordo com o Código Civil brasileiro, a não especificação de um termo pressupõe a imediatidade da restituição (art. 331 do Código Civil). Nesse contexto, a determinação de um prazo representaria, diferentemente de uma "limitação" ou um "retrocesso ao direito", uma proteção ao consumidor, pois lhe concederia um prazo de 15 dias para a restituição do bem ao fornecedor ou a outrem por ele autorizado, a partir do seu recebimento. Ou seja, em vez de desproteger o consumidor, e a exemplo do que foi regulado no direito comunitário, a determinação, no CDC, de um prazo para que o consumidor proceda com a devolução do bem, geraria maior certeza jurídica nas suas relações com o fornecedor[43].

---

43. GUALDIERI, Maurizio. Art. 56. Obblighi del professionista nel caso di recesso. In: GAMBINO, Alberto Maria; NAVA, Gilberto. *I nuovi diritti dei consumatori. Commentario al d.lgs. n. 21/2014.* Torino: G. Giappichelli Editore, 2014, p. 154: "L'attuale disarticolazione vuole offrire una regolamentazione

3. EFEITOS DO INADIMPLEMENTO PELO CONSUMIDOR DA OBRIGAÇÃO DE RESTITUIR

O direito à restituição do preço, que consiste no fim último do *ius poenitendi*, depende do adimplemento, pelo consumidor, da obrigação de restituir o bem, sob pena de restar comprometido o seu direito à restituição do preço pelo direito de retenção do fornecedor ou mediante a compensação da dívida restitutória com o crédito do consumidor, ou ainda, pela responsabilidade civil do consumidor por perda ou deterioração bem a ser restituído. Não se pode olvidar que, como referido no capítulo III, o exercício do *ius poenitendi* é incondicionado, ou seja, uma vez exercido, opera-se de pleno direito a extinção do contrato. Isto significa que o efeito extintivo do contrato decorrente do exercício do *ius poenitendi* independe da restituição do bem pelo consumidor[44].

Por outro lado, a partir do momento em que se verifica a extinção do contrato, nasce a obrigação do consumidor de restituir bem, sob o fundamento do princípio que veda o enriquecimento sem causa, e a consequente responsabilidade civil decorrente da sua eventual violação[45]. Como, na hipótese de eventual responsabilidade civil, o direito do consumidor à restituição do preço pode resultar parcial ou totalmente comprometido, impõe-se uma análise desta responsabilidade, com o objetivo de evitar abusos por parte do fornecedor e estabelecer limites dentro dos quais poderá eventualmente exercer o seu direito à retenção e/ou compensação do preço ou responsabilização do consumidor por inadimplemento da obrigação de restituir o bem.

A primeira hipótese em que se garante o direito à extinção da obrigação do fornecedor de restituir o preço ao consumidor mediante a compensação de dívidas é aquela em que se verifica a responsabilidade civil do consumidor pelo total inadimplemento da sua obrigação de restituir o bem ao fornecedor. Trata-se daquela situação em que, apesar de ter exercitado o *ius poenitendi*, o consumidor simplesmente não devolve o bem ao fornecedor ou, ainda, quando

---

analitica della fase restitutoria, momento di verifica delle tutele del consumatore nel caso di recesso, e risponde a esigenze di semplificazione, certezza dei rapporti e razionalizzazione dei costi".

44. BELUCHE RINCÓN, Iris. Algunas notas sobre el derecho del consumidor a desistir del contrato. *Diario La Ley*, n. 7182, 2009, p. 6: "Como regla general se establece que el derecho de desistimiento del consumidor subsiste siempre, incluso cuando la posibilidad de restituir la prestación le sea imputable"; CIMINO, Iacopo Pietro. Art. 57. Obblighi del consumatore nel caso di recesso, cit., p. 178; ARNAU RAVENTÓS, Lidia. Imposibilidad de restituir la prestación y facultad de desistimiento. *Revista de Derecho Civil*, v. I, n. 4, p. 261-265, oct./dic. 2014.

45. MICHELON JR., Cláudio. *Direito Restituitório*: enriquecimento sem causa, pagamento indevido, gestão de negócios, cit., p. 196: "o art. 240 estabelece que a impossibilidade de restituir decorrente de culpa do devedor resolve-se em perdas e danos. Transmuda-se aqui o regime da obrigação restitutória em um regime de responsabilidade civil".

devolve o bem a pessoa não legitimada ao seu recebimento, do que resulta não a repristinação do contrato extinto, mas a extinção do direito ao reembolso pela compensação com as obrigações restitutórias, por força do disposto no art. 368 do Código Civil brasileiro.

A segunda hipótese de responsabilidade do consumidor é mais complexa, pois diz respeito àquela situação em que se verifica a inexata restituição do bem. Em se tratando de obrigação de restituir coisa certa, a restituição de coisa diversa da devida equivale ao seu inadimplemento total. Por outro lado, na hipótese de restituição da coisa certa devida pelo consumidor, cumpre verificar se a integridade do produto restituído não restou comprometida, para que se possa determinar uma eventual responsabilidade por perda ou deterioração do bem. Isso porque, conforme o disposto no art. 239 do Código Civil brasileiro, na obrigação de restituir coisa certa, se houver perda ou deterioração do bem, responde o devedor por perdas e danos. Da mesma forma, nos termos do art. 399 do Código Civil brasileiro, o consumidor em mora responde pela impossibilidade de adimplemento da obrigação de restituir coisa certa por perda ou deterioração do bem resultante de caso fortuito ou força maior[46]. Todavia, por força do disposto no parágrafo único do art. 397, do Código Civil brasileiro, a constituição do consumidor em mora depende de interpelação judicial ou extrajudicial.

Ocorre que, diversamente do que sucede no direito civil, não é qualquer deterioração que é capaz de gerar a responsabilidade do consumidor. Como referido, na compra e venda eletrônica de bens materiais, o termo inicial para o exercício do *ius poenitendi* corre após a entrega do bem no local indicado pelo consumidor. Isso porque, somente a partir do contato direto com o bem adquirido terá o consumidor condições de avaliar se as suas características e funcionalidades atendem às suas expectativas. Não por outro motivo, após o recebimento do bem, o consumidor tem a faculdade de abrir as embalagens para provar e testar o produto, desde que o faça de acordo com a boa-fé, como se estivesse no estabelecimento comercial do fornecedor. A forma de adequada manipulação do produto, para fins de prova e exame de funcionalidades, irá variar de acordo com a natureza do bem em questão[47]. Frisa-se, no entanto, que de acordo com

---

46. Art. 397 do Código Civil brasileiro: "O inadimplemento da obrigação, positiva e líquida, no seu termo, constitui de pleno direito em mora o devedor. Parágrafo único. Não havendo termo, a mora se constitui mediante interpelação judicial ou extrajudicial".

47. DÍAZ ALABART, Silvia; ÁLVAREZ MORENO, M. Teresa. Art. 14. Obligaciones del consumidor en caso de desistimiento. In: DÍAZ ALABART, Silvia (Dir.); ÁLVAREZ MORENO, M. Teresa (Coord.). *Contratos a distancia y contratos fuera del establecimiento mercantil. Comentario a la Directiva 2011/83 (adaptado a la Ley 3/2014, de modificación del TRLCU).* Madrid: Editorial Reus, 2014, p. 345: "La determinación de cuál sea en cada caso esa manipulación necesaria, variará mucho dependiendo del tipo de bienes concretos de los que se predique".

o analisado no tópico 7 do capítulo III do presente estudo, devem ser excepcionadas aquelas hipóteses de impossibilidade do *ius poenitendi* após a abertura de produtos lacrados, por motivo à proteção da higiene e da saúde.

Isso significa que o dano causado pela depreciação do valor de mercado do bem, resultante da abertura de embalagens, tendo em vista a natureza do direito de arrependimento, enquadra-se na hipótese de deterioração não imputável ao consumidor, razão pela qual o seu custo deve ser inteiramente suportado pelo fornecedor[48]. Por outro lado, levando-se em consideração a possibilidade de nascimento da obrigação de restituir o bem em virtude do exercício do direito de arrependimento, impõe-se ao consumidor o dever de cuidado no seu exame e prova, e a observância à eventuais exceções ao direito de arrependimento. Ora, esses deveres de guarda ou conservação do bem, até a sua restituição ao fornecedor, são fruto das obrigações restitutórias, derivantes do princípio que veda o enriquecimento sem causa, e o incumprimento total ou parcial desta obrigação determina a responsabilidade civil do consumidor. Nas palavras de Claudia Lima Marques, o consumidor: "deverá cuidar para que o bem não pereça e não sofra qualquer tipo de desvalorização, devendo evitar usá-lo ou danificá-lo"[49].

A Diretiva 97/7/CE era omissa quanto a manipulação dos bens no *spatium deliberandi*, e o seu estado de conservação em caso de posterior restituição. Em decorrência desta norma minimal, o legislador italiano, da sua incorporação por

---

48. GUZZARDI, Gaetano. Art. 57. Obblighi del consumatore nel caso di recesso. In: D'AMICO, Giovanni (a cura di). *La riforma del codice del consumo. Commentario al D. Lgs. n. 21/2014*. Milano: Wolters Kluwer CEDAM, 2015, p. 245; DOMÍNGUEZ LUELMO, Andrés. Derecho de desistimiento. In: CÁMARA LAPUENTE, Sergio (Dir.); ARROYO AMAYUELAS (Coord.). *La revisión de las normas europeas y nacionales de protección de los consumidores. Más allá de la directiva sobre derechos de los consumidores y del instrumento opcional sobre un derecho europeo de la compraventa de octubre 2011*. Pamplona: Civitas, 2012, p. 233: "En definitiva, la regla general es que sea el comerciante quien soporte el menor valor en venta de la cosa que se le restituye, lo que debe desvincularse de la idea de deterioro o menoscabo físico. Como se ha destacado, no es lo mismo un deterioro que implica una pérdida de utilidad con la consiguiente pérdida de valor en uso, que una disminución del valor en la que se mantiene la utilidad pero el bien pierde valor en cambio. Es decir, un deterioro físico va a provocar siempre una disminución de valor, pero el hecho de que el consumidor no deba reembolsar ninguna cantidad por la disminución del valor del bién, no va asociada a los menoscabos o deterioros de la cosa, sino al simple uso conforme a la naturaleza, las características o el funcionamiento de los bienes"; ÁLVAREZ LATA, Natalia. Artículo 108. Obligaciones y responsabilidad del consumidor y usuario en caso de desistimiento, cit., p. 1608: "Lógicamente, el consumidor puede examinar los bienes y comprobar su estado y condiciones y puede ser que fruto de esa manipulación, el bien sufra alguna alteración, sobre todo en su presentación y embalaje. Aunque no será habitual que por causa de dicha manipulación o prueba el bien sufra una disminución de su valor, el artículo 108.2 preceptúa a contrario que el consumidor no será responsable de la misma, se eso aconteciera".

49. MARQUES, Claudia Lima. *Contratos no Código de Defesa do Consumidor*: o novo regime das relações contratuais, cit., p. 176; JUNQUEIRA GOMIDE, Alexandre. *Direito de Arrependimento nos Contratos de Consumo*, cit., p. 162: "deverá o consumidor cuidar para que o bem não pereça ou sofra qualquer tipo de desvalorização".

meio do d. lgs. 22 *maggio* 1999, n. 185, posteriormente no art. 67, *comma* 2, do *Codice del Consumo*, estabeleceu a condição de "substancial integridade do bem" na sua restituição, como pressuposto para o exercício do direito de arrependimento. Ocorre que, como visto, a incondicionalidade do direito de arrependimento era comprometida a partir dessa norma. Com a derrogação da Diretiva 97/7/CE, e a sua substituição pela Diretiva 2011/83/UE, a lacuna quanto ao dever de cuidado dos bens foi sanada. O art. 14, parágrafo 2, da Diretiva 2011/83/UE prevê expressamente que o consumidor só será responsável pela depreciação dos bens, durante o *spatium deliberandi*, que exceda o necessário para verificar a sua natureza, as características e o funcionamento dos bens[50] (art. 57, *comma* 2, do c. cons italiano; art. 108, parágrafo 2, TRLGDCU)[51]. A manipulação necessária para verificação das características do bem é definida pelo considerando 47 da diretiva, por exemplo, como aquela efetuada do mesmo modo em que seria consentido em um estabelecimento comercial, para o fim de provar o produto, não para utilizá-lo. Com a mudança aportada pela Diretiva 2011/83/UE, o legislador italiano substituiu o critério da "substancial integridade do bem" (previsto no art. 67, *comma* 2, c. cons. italiano) para o critério da "manipulação necessária para verificação das características do bem".

O novo critério adotado pelo art. 14, parágrafo 2, da Diretiva 2011/83/UE, segundo o qual o consumidor não é responsável pela diminuição dos valores dos bens decorrentes da necessária para verificar as suas características e o seu funcionamento, transfere ao profissional todos os riscos de depreciação decorrentes da diligente manipulação dos bens pelo consumidor. Assim, se o bem se deteriorar da sua diligente manipulação por parte do consumidor, ou da simples abertura de sua embalagem, e por essa razão não puder mais ser vendido como novo, essa depreciação não é indenizável, e será inteiramente arcada pelo profissional. Conforme Andrés Domínguez Luelmo, essa regra decorre da "proibição de penalizar o consumidor pelo exercício do direito de desistimento"[52], assim

---

50. LARROSA AMANTE, Miguel Ángel. *El derecho de desistimiento en la contratación de consumo*, cit., p. 298: "cuando el uso por parte del consumidor excede al que es propio de la naturaleza del bien, éste sí tendrá que hacer frente a la disminución del valor del mismo" [...] "en el caso de que el bien sufra desperfectos o deterioros causados por el uso inadecuado del mismo, el consumidor que desista estará obligado a indemnizar al empresario por ello (art. 75.1 TRLGDCU)".

51. ÁLVAREZ LATA, Natalia. Artículo 108. Obligaciones y responsabilidad del consumidor y usuario en caso de desistimiento, cit., p. 1609: "Esa norma [...] implica que si el bien que se devuelve ha sufrido algún daño imputable al consumidor – al margen de lo que se considera la disminución del valor de la cosa a consecuencia de un uso conforme a lo pactado por su naturaleza – éste ha de indemnizar al empresario. Mas, como se ha observado, dicha indemnización no procede sino del principio de la responsabilidad por los daños causados".

52. Tradução livre, a citação original é a seguinte: "prohibición de penalizar al consumidor por el ejercicio del derecho de desistimiento". DOMÍNGUEZ LUELMO, Andrés. *Derecho de desistimiento*, cit., p. 224.

como do princípio da gratuidade do direito de arrependimento, não acarretando enriquecimento sem causa do consumidor[53].

Por outro lado, o consumidor será responsabilizado pela deterioração do bem decorrente de uma manipulação diversa daquela necessária para estabelecer a sua natureza, as suas características e o seu funcionamento (art. 14, parágrafo 2, Diretiva 2011/83/UE; art. 57, *comma* 2, c. cons. italiano; art. 108, parágrafo 2, TRLGDCU espanhol). No entanto, frisa-se, novamente, que mesmo que ocorra depreciação decorrente de uma manipulação que exceda o necessário, o consumidor não perderá o seu direito de arrependimento[54], pelo motivo de o *ius poenitendi* já ter sido exercido, e de o contrato já ter sido extinto. Por outro lado, o fim último do exercício do direito de arrependimento, que é a restituição do preço, poderia ser frustrado. Esses eventuais danos serão resolvidos a partir da responsabilização do consumidor pela sua perda ou deterioração, como a partir do abatimento do valor a ser reembolsado.

Ressalta-se que o ônus da prova de que a manipulação do bem excedeu àquela necessária para verificar as suas qualidades e funcionalidades é do fornecedor. Por fim, no direito comunitário, existe uma hipótese em que, mesmo diante da perda ou deterioração imputável ao consumidor, este não será responsabilizado. Trata-se da hipótese em que o profissional tenha descumprido os deveres de informação sobre o direito de arrependimento do consumidor, suas condições, termos e procedimentos, além do fornecimento do modelo-tipo do anexo I (art. 6º, parágrafo 1, letra *h*, Diretiva 2011/83/UE). No caso do inadimplemento desses deveres de informação por parte do profissional, como forma de sanção, este que terá que arcar com os custos da perda ou deterioração do bem, mesmo que resultantes de uma manipulação diversa daquela para estabelecer a sua natureza e verificar a sua funcionalidade (art. 14, parágrafo 2, Diretiva 2011/83/UE; art. 57, *comma* 2, c. cons. italiano; art. 108, parágrafo 2, TRLGDCU espanhol).

As demais regras de responsabilidade por perda ou deterioração do bem devem ser definidas por cada Estado-membro, da incorporação da diretiva, ou interpretados de acordo com as normas de direito civil. O *Codice del Consumo*

---

53. DOMÍNGUEZ LUELMO, Andrés. *Derecho de desistimiento*, cit., p. 233 e 244: "El dato que el consumidor no deba pagar ninguna cantidad por la disminución del valor del bien no creo que pueda interpretarse en el sentido de que contribuye a un enriquecimiento sin causa a su favor. Ya he destacado que esta disposición debe ponerse en relación con la idea de que el ejercicio del derecho de desistimiento no debe implicar ningún gasto para el consumidor. Si éste se limita a usar la cosa conforme a su naturaleza no experimenta ningún enriquecimiento".

54. GUZZARDI, Gaetano. Art. 57. Obblighi del consumatore nel caso di recesso, cit., p. 243. Ademais, o art. 75 del TRLGDCU prevê que "la imposibilidad de devolver la prestación objeto del contrato por parte del consumidor y usuario por pérdida, destrucción u otra causa no privarán a éste de la posibilidad de ejercer el derecho de desistimiento".

italiano não prevê outras normas sobre a responsabilidade do consumidor por perda ou deterioração da coisa, motivo pelo qual devem ser aplicadas, de forma subsidiária, as regras de responsabilidade constantes no Código Civil italiano. No direito espanhol, por sua vez, o art. 75 do TRLGDCU dispõe, quanto à impossibilidade de devolver a prestação por causa imputável ao consumidor, que: "o consumidor e usuário responderá pelo valor de mercado que a prestação teria no momento do exercício do *derecho de desistimiento*, salvo que tal valor seja superior ao preço de aquisição, caso em que responderá por este"[55].

Diante da lacuna no direito do consumidor italiano e no espanhol, resta a dúvida sobre como o fornecedor deve proceder na hipótese de deterioração do bem em razão da sua manipulação para aquém da necessária para verificar as suas características e funcionalidades. Para Silvia Díaz Alabart e María Teresa Álvarez Moreno, o fornecedor deverá, primeiramente, notificar o consumidor sobre a diminuição do valor do bem, com a correspondente quantificação. Posteriormente, as autoras mencionam a dúvida sobre se o fornecedor teria direito a reter os reembolsos enquanto não ocorrer o pagamento[56], ou seja, se o fornecedor poderá compensar as dívidas, ou se deverá demandar judicialmente o consumidor. De acordo com Natalia Álvarez Lata, diante da omissão do legislador comunitário e espanhol, deverão ser utilizadas as regras gerais para a responsabilização do consumidor, concluindo que "nada diz o legislador espanhol sobre a possibilidade em que, em lugar de demandar o consumidor pela diminuição do valor dos bens em outro procedimento, o empresário compense os possíveis danos da coisa com a devolução dos custos que deve arcar segundo o artigo 107 do TRLGDCU

---

55. Art. 75 TRLGDCU: "1. La imposibilidad de devolver la prestación objeto del contrato por parte del consumidor y usuario por pérdida, destrucción u otra causa no privarán a éste de la posibilidad de ejercer el derecho de desistimiento. En estos casos, cuando la imposibilidad de devolución le sea imputable, el consumidor y usuario responderá del valor de mercado que hubiera tenido la prestación en el momento del ejercicio del derecho de desistimiento, salvo que dicho valor fuera superior al precio de adquisición, en cuyo caso responderá de éste". EIDENMÜLLER, Horst; FAUST, Florian; GRINGOLEIT, Hans Christoph; JENSEN, Nils; WAGNER, Gerhard; ZIMMERMANN, Reinhard. *Hacia una revisión del acquis de consumo*, cit., p. 142: "Si la restitución en especie no es posible o no es adecuada, la indemnización debe hacerse en dinero. Esto se aplica también en la medida en que se haya producido una disminución del valor como consecuencia del uso normal de lo que se haya recibido".

56. DÍAZ ALABART, Silvia; ÁLVAREZ MORENO, M. Teresa. Art. 14. Obligaciones del consumidor en caso de desistimiento. In: DÍAZ ALABART, Silvia (Dir.); ÁLVAREZ MORENO, M. Teresa (Coord.). *Contratos a distancia y contratos fuera del establecimiento mercantil. Comentario a la Directiva 2011/83 (adaptado a la Ley 3/2014, de modificación del TRLCU)*. Madrid: Editorial Reus, 2014, p. 346: "Si advirtiera alguna manipulación incorrecta que de alguna manera suponga una disminución del valor del bien, corresponderá notificarlo al consumidor notificando el deterioro que presenta el bien y señalando que procede de una manipulación indebida del mismo, incluso cuantificando la pérdida de valor resultante. Si el consumidor se niega a abonar el coste de esa pérdida de valor, y el comerciante debe reembolsarle pagos hechos antes del desistimiento, puede quedar la duda si tiene derecho a retener esos reembolsos, en tanto no se produzca el pago".

nem, como já se disse, se admite a possibilidade de que seja causa de retenção dos valores pagos pelo consumidor"[57].

No direito brasileiro, o Código de Defesa do Consumidor não disciplina a responsabilidade civil do consumidor pelo inadimplemento da obrigação de restituir o bem após o exercício do *ius poenitendi*. Em razão desta omissão, sob a assistência do jurista Alexandre Junqueira Gomide, o parlamentar Antonio Carlos Rodrigues apresentou a emenda 27 ao PLS 281, de 2012 (em curso sob o número PL 3.514/2015), sugerindo a introdução, no art. 49 do CDC, de um parágrafo disciplinando a responsabilidade do consumidor, nos seguintes termos: "exercido o direito de arrependimento, o consumidor deverá conservar os bens, de modo a restituí-los ao fornecedor, no prazo de até quinze dias do seu recebimento, preservando as características e o funcionamento deles, sendo responsável pela depreciação do seu uso inadequado" (art. 49, § 10, emenda 27). Como se pode observar, a proposta de emenda tem o mérito de especificar, de modo mais detalhado, deveres de custódia que se impõe ao consumidor, com o objetivo de conservar a integridade do produto adquirido a ser restituído na hipótese de extinção do contrato, com o objetivo de prevenir a responsabilidade do consumidor por inadimplemento da obrigação de restituir por perda ou deterioração do bem, nos termos do art. 239 do Código Civil.

Apesar disso, a Comissão de Modernização do CDC, presidida pelo Ministro Antonio Herman V. Benjamin, rejeitou a proposta de emenda sob o argumento de que, por força no disposto no art. 5º, XXXII da Constituição Federal "a atualização deve assegurar novos direitos aos consumidores e não realizar nenhuma limitação ou retrocesso aos direitos hoje já existentes na legislação e garantidos através de norma de direito fundamental (art. 5º, XXXII), face à proibição de retrocesso em tema de direito fundamental". Ocorre que, a partir do momento em que se verifica a extinção do contrato em decorrência do exercício do *ius poenitendi*, por força do princípio que veda o enriquecimento sem causa, surge a obrigação do consumidor de restituir o bem, à luz do art. 884 do Código Civil. Nos termos do parágrafo único do art. 884 do Código Civil, se o enriquecimento tiver por objeto coisa certa ou determinada, quem a recebeu é obrigado a restituí-la. Além do que, nos termos do art. 239 do Código Civil, "se a coisa se perder por culpa do devedor, responderá este pelo equivalente, mais perdas e danos". Neste

---

57. Tradução livre, a citação original é a seguinte: "nada dice el legislador español de la posibilidad en que, en lugar de demandar al consumidor en otro procedimiento por la disminución del valor de los bienes, el empresario compense los posibles daños en la cosa con la devolución de los costes que ha de realizar según el artículo 107 TRLGDCU ni, como ya se dijo, se admite la posibilidad de que sea causa de retención de los pagos por el consumidor". ÁLVAREZ LATA, Natalia. Artículo 108. Obligaciones y responsabilidad del consumidor y usuario en caso de desistimiento, cit., p. 1610.

particular, a proposta de emenda representaria um avanço porque, ao advertir o consumidor sobre a necessidade de conservação do bem a ser restituído, evitaria a sua eventual responsabilização.

Portanto, a conclusão da Comissão no sentido de que a inclusão, no § 10 do art. 49, por meio da emenda 27 ao PL 3.514/2015, de uma disciplina regulamentando a responsabilidade do consumidor pela perda ou deterioração do bem, não se condivide pois, ainda que o CDC seja omisso em relação a essas obrigações restitutórias do consumidor, há responsabilidade civil pelo seu inadimplemento. Além do que, da mesma forma, a sua introdução no CDC representaria um avanço pois, diante da possibilidade de comprometimento do direito do consumidor à restituição do preço em razão do perecimento do bem de consumo adquirido, deve-se garantir em seu favor o direito à informação acerca das cautelas a serem adotadas.

Em qualquer hipótese, a violação da obrigação de restituir coisa certa, converte-se em obrigação por perdas e danos de natureza pecuniária. A partir deste momento, fornecedor e consumidor tornam-se credores um do outro de direito à restituição que tem por objeto crédito em dinheiro. Nos termos do art. 368 do Código Civil, "se duas pessoas forem ao mesmo tempo credor e devedor uma da outra, as duas obrigações extinguem-se, até onde se compensarem". Em outras palavras, a partir do momento em que a obrigação de restituir converte-se em obrigação pecuniária, surge a sua possibilidade de extinção da obrigação devida pelo consumidor, com o crédito objeto do seu direito à restituição do preço. Nesse contexto, nas palavras de Claudia Lima Marques, o consumidor "terá que ressarcir o fornecedor pela perda do produto ou pela desvalorização que o direito de arrependimento causou, tudo com base no princípio do enriquecimento ilícito"[58].

Por outro lado, isso não significa que a proposta de emenda do CDC seja imune a críticas, pois foi omissa ao não disciplinar justamente aspectos que dizem respeito à perda ou deterioração do bem decorrentes da necessária manipulação para a verificação das suas características, que são inerentes ao instituto do *ius poenitendi*, em virtude dos quais não se poderia de modo algum responsabilizar o consumidor. A compra e venda eletrônica de consumo de bens corpóreos, como descrito no decorrer do presente trabalho, é um contrato celebrado a distância, em que o consumidor se encontra distante não somente do fornecedor, mas também do bem a ser adquirido. Justamente por esse motivo é facultado ao consumidor, a partir da entrega do bem à sua posse física, refletir sobre a compra e venda efetuada. Não por outro motivo, deve-se garantir ao consumidor o direito de abrir

---

58. MARQUES, Claudia Lima. *Contratos no Código de Defesa do Consumidor*: o novo regime das relações contratuais, cit., p. 970.

a embalagem e de manusear o bem, para que possa avaliar as suas características e testar as suas funcionalidades. A inexistência, no CDC, de uma disciplina que garanta ao consumidor o direito de manusear o bem coloca em risco a efetividade do *ius poenitendi*, pois dela resulta a incidência do disposto no art. 239 do Código Civil brasileiro, transferindo-se à doutrina e à jurisprudência a responsabilidade pela construção de uma solução pautada pelo princípio de justiça e equidade.

Em outras palavras, conclui-se que, apesar da omissão contida no CDC sobre as consequências do inadimplemento do dever do consumidor de restituir o bem, utiliza-se, de forma subsidiária, as normas de responsabilidade civil presentes no Código Civil. No entanto, de modo a proteger o consumidor e tendo em vista as particularidades do instituto do direito de arrependimento, seria importante, a exemplo do que ocorre no direito europeu, a introdução no CDC da disciplina de dois aspectos inerentes ao instituto do *ius poenitendi*: *a*) o dever de informação do fornecedor respeito ao dever de cuidado do consumidor para com a conservação do bem; *b*) à não responsabilização do consumidor na hipótese de deterioração do bem em virtude da manipulação e abertura de embalagens para a sua simples verificação e prova, tendo em vista a garantir a efetividade do *ius poenitendi*. Assim, desfeita a compra e venda eletrônica de bens materiais em virtude do exercício do *ius poenitendi*, após o adimplemento da obrigação do fornecedor, surge o dever do consumidor de restituir o bem, para que possa reaver o preço pago. Reitera-se que o inadimplemento dessa obrigação não resulta na impossibilidade do consumidor de exercer o direito de arrependimento, que é incondicionado, mas de reaver o preço pago[59].

4. RISCO PELA PERDA OU DETERIORAÇÃO DO BEM

Na compra e venda eletrônica, que é um contrato celebrado a distância, e tem por objeto bens corpóreos, adquire especial relevância o problema relativo à qual das partes, fornecedor ou consumidor, suporta o risco por perda ou

---

59. GARCÍA VICENTE, José Ramón; MINERO ALEJANDRE, Gemma. Artículo 75. Imposibilidad de devolver la prestación por parte del consumidor y usuario. In: BERCOVITZ RODRÍGUEZ-CANO, Rodrigo (Coord.). *Comentario del Texto Refundido de la Ley General para la Defensa de los Consumidores y Usuarios y otras Leyes Complementarias*. Navarra: Editorial Aranzadi S/A, 2015, p. 1005: "El primer apartado de este precepto regula la imposibilidad sobrevenida de restituir la prestación objeto del contrato de consumo, que ello no supone la supresión del derecho de desistimiento del consumidor y usuario, ni siquiera cuando la imposibilidad de la restitución sea imputable al titular de este derecho de desistimiento. Con esa norma se refuerza, una vez más, el carácter incondicional e inalterable de este derecho de desistimiento para todos aquellos casos en los que la ley reconoce la existencia de este derecho. En este caso, se reconoce que el derecho de desistimiento no depende de la posibilidad del consumidor y usuario de devolver o no la prestación recibida, ni del hecho que la imposibilidad de devolución sea imputable o no al consumidor [...]".

deterioração do bem de consumo. Esta análise deve ser feita tanto na entrega do bem pelo fornecedor ao consumidor, quanto em relação ao risco durante o *spatium deliberandi* e após o exercício do direito de arrependimento pelo consumidor. No direito brasileiro, vigora o princípio de que a propriedade e o risco a ela inerente se transferem com a entrega[60]. Não por outro motivo, nas relações de consumo, incide a regra contida no art. 492 do Código Civil, segundo a qual "até o momento da tradição, os riscos da coisa correm por conta do vendedor". No direito espanhol, em consonância com o disposto no art. 609 do Código Civil, o contrato de compra e venda caracteriza-se por sua natureza meramente obrigacional[61]. No direito italiano, diversamente, a separação entre o título e o modo de aquisição da propriedade foi afastada com a introdução do princípio da transmissão da propriedade *solo consensu*, a partir do disposto no art. 1.376 do Código Civil[62].

No direito comunitário, com o objetivo de unificar a questão relativa à passagem do risco nos contratos "em que o profissional expede os bens ao consumidor", foi disposto no art. 20 da Diretiva 2011/83/UE que "o risco de perda ou dano dos bens é transferido para o consumidor sempre que este ou um terceiro por ele indicado, que não seja o transportador, tenha adquirido a posse física dos bens". No direito italiano, a introdução desta regra foi incorporada *ipsis litteris* pelo art. 63 do c. cons., resultando em uma maior proteção do consumidor ao transferir para o profissional o risco pela perda ou deterioração do bem até a sua

---

60. COUTO E SILVA, Clóvis V. *A obrigação como processo*, cit., p. 139.
61. LLAMAS POMBO, Eugenio. *La Compraventa*, cit., p. 147: "la compraventa que regula el CC español se caracteriza por su naturaleza meramente obligacional entre las partes, de manera que desde su perfección genera el nacimiento de obligaciones recíprocas de entregar la cosa para el comprador y de pagar el precio para el vendedor, pero carece de efectos traslativos de propiedad, que sólo se producen en *un momento* ulterior, en el que se consuma el contrato, precisamente con la entrega". Secondo l'art. 609 del Codice Civile spagnolo: "La propiedad se adquiere por la ocupación. La propiedad y los demás derechos sobre los bienes se adquieren y transmiten por la ley, por donación, por sucesión testada e intestada, y por consecuencia de ciertos contratos mediante la tradición. Pueden también adquirirse por medio de la prescripción".
62. PERLINGIERI, Pietro. *Manuale di diritto civile*, cit., p. 103 e 672: "Questa scissione tra titolo e modo dell'acquisto è venuta meno con l'introduzione del principio del consenso traslativo: quando il contratto ha la funzione di trasferire un diritto, l'effetto traslativo è immediato (1376)" [...] "La compravendita [...]. È, quindi, un contratto traslativo, in quanto si propone di realizzare il trasferimento della proprietà o di altro diritto. È, inoltre, un contratto consensuale: in forza del principio consensualistico (1376) "la proprietà o il diritto si trasmettono e si acquistano per effetto del consenso delle parti legittimamente manifestato, senza che occorra la consegna della cosa". Segundo o art. 1.376 do c.c. italiano, "Nei contratti che hanno per oggetto il trasferimento della proprietà di una cosa determinata, la costituzione o il trasferimento di un diritto reale ovvero il trasferimento di un altro diritto, la proprietà o il diritto si trasmettono e si acquistano per effetto del consenso delle parti legittimamente manifestato".

entrega à posse física do consumidor[63]. No direito espanhol[64], como a passagem do risco ocorre com a tradição, o disposto no art. 20 da Diretiva 2011/83/UE não representa novidade. Dessa forma, tanto no direito brasileiro, quanto nos direitos espanhol e italiano, é o fornecedor que arca com o risco da deterioração do bem por caso fortuito e força maior, até a sua entrega à posse física do consumidor, ou a outrem por este indicado.

A questão do risco pela perda ou deterioração do bem torna-se mais complexa sob o regime do direito restitutório pois, geralmente, o exercício do direito de arrependimento ocorre após a entrega do bem pelo fornecedor ao consumidor, impondo-se ao consumidor a obrigação de restituir coisa certa. As normas da do CDC brasileiro, da Diretiva 2011/83/UE, do Código de Consumo italiano, e do TRLGDCU espanhol, não regulam a passagem do risco após a entrega do bem ao consumidor, o que exige um trabalho de interpretação doutrinária. Neste contexto, adquire especial relevância prática definir se a extinção do contrato decorrente do exercício do *ius poenitendi* produz efeitos *ex nunc* ou *ex tunc*. Ou seja, se o exercício do *ius poenitendi* conserva os efeitos do contrato entre o momento da sua formação e da sua extinção, ou se produz uma eficácia retroativa, com o total restabelecimento do *status quo ante*, como se o contrato jamais tivesse sido celebrado[65].

No direito italiano, Iacopo Cimino defende a teoria segundo a qual a extinção do contrato pelo exercício do direito de arrependimento produziria efeitos *ex nunc*, hipótese em que os efeitos decorrentes da celebração do contrato de compra e venda até a sua extinção seriam conservados, e não desfeitos retroativamente, até o momento da comunicação ao fornecedor, do

---

63. DE BONIS, Daniele. Art. 63. Passaggio del rischio. In: GAMBINO, Alberto Maria; NAVA, Gilberto. *I nuovi diritti dei consumatori. Commentario al d.lgs. n. 21/2014*. Torino: G. Giappichelli Editore, 2014, p. 253-261.

64. CARRASCO PERERA, Ángel. *Comentarios a la Ley 3/2014 de reforma de la LGDCU*. Entrega de los bienes vendidos, resolución y traslado de los riesgos en la compraventa de consumo. *Revista CESCO de Derecho de Consumo*, 9/2014.

65. SALVI, Gabriele. Art. 56. Obblighi del professionista nel caso di recesso. In: CAPOBIANCO, Ernesto; MEZZASOMA, Lorenzo; PERLINGIERI, Giovanni. *Codice del consumo annotato con la dottrina e la giurisprudenza*. 2. ed. Napoli: Edizioni Scientifiche Italiane, 2018, p. 347: "l'efficacia retroattiva dello ius poenitendi potrebbe assumere rilievo pratico, poiché verrebbe a incidere sulla disciplina di alcuni aspetti che rappresentano una diretta conseguenza dell'impostazione che si voglia assumere: si pensi alla opponibilità ai terzi ovvero la sopportazione del rischio di fortuito perimento del bene nel periodo intercorrente al trasferimento della proprietà e il recesso. È chiaro che il risultato empirico che consegue all'una e all'altra impostazione diverge completamente: assumendo la retroattività (fondata sulla logica del riportare il consumatore e il professionista allo status quo ante) il rischio del perimento del bene graverà sul professionista, cosí come eventuali pignoramenti o cessioni a terzi dovrebbero non prendere effetto in conseguenza del recesso. Per converso, ove si attribuisca al recesso effetto ex nunc, i risultati sarebbero opposti: il bene perirebbe nelle mani del consumatore e il recesso non sarebbe opponibile a terzi (su tutti ai creditori pignoranti o sequestranti) o aventi causa".

exercício do *ius poenitendi*. Neste caso, por força da incidência do princípio *res perit domino*, são perceptíveis três momentos, entre o recebimento do bem pelo consumidor, e o seu retorno ao estabelecimento do fornecedor por decorrência do exercício do direito de arrependimento, em que pode ocorrer a perda ou a deterioração do bem: *a*) o espaço temporal entre o recebimento do bem pelo consumidor, porém anteriormente a sua tempestiva comunicação ao fornecedor sobre o exercício do direito de arrependimento; *b*) o espaço temporal entre o envio da comunicação do consumidor sobre o arrependimento, porém antes restituição do bem ao fornecedor; *c*) o momento após a comunicação do exercício do direito arrependimento e após a restituição do bem por parte do consumidor.

A primeira hipótese a ser analisada é aquela referente ao risco da perda ou deterioração do bem após a sua entrega pelo fornecedor ao consumidor, porém em momento anterior à tempestiva comunicação, por parte do consumidor, sobre o seu arrependimento. Admitindo-se que, em virtude do exercício do *ius poenitendi*, a extinção do contrato produza um efeito *ex nunc*, nesta hipótese, o consumidor seria considerado proprietário do bem até o momento da comunicação do exercício do *ius poenitendi* ao fornecedor. Consequentemente, no direito brasileiro, por força do art. 234 do Código Civil, se a coisa se perder, antes da tradição, por fato não imputável ao consumidor, "fica resolvida a obrigação para ambas as partes". Por força do disposto no art. 235 do Código Civil, deteriorada a coisa, por fato não imputável ao devedor, poderá o credor resolver a obrigação, ou aceitar a coisa, abatido de seu preço o valor que perdeu. Ou seja, admitindo-se a tese de que efeito extintivo seja *ex nunc*, em que se considera que o consumidor seja o proprietário do bem antes da comunicação do exercício do direito de arrependimento, mas após a entrega do bem pelo fornecedor, por força do princípio *res perit domino*, é o consumidor que teria que suportar o risco pela perda ou deterioração do produto.

Em outras palavras, isto significa que, mesmo na hipótese de impossibilidade de devolução do bem por fato não imputável ao consumidor, o seu direito à restituição do preço restaria comprometido, pois ainda que não responda por perdas e danos, o fornecedor poderá compensar à sua obrigação de restituir o preço com o seu direito, devido pelo consumidor, não mais à restituição da coisa certa que se perdeu, mas ao seu equivalente. No entanto, se a perda for parcial, o valor do equivalente será reduzido na mesma proporção. Em ambos os casos, poderá o fornecedor extinguir total ou parcialmente a sua obrigação de restituir o preço pela compensação da dívida com o crédito devido pelo consumidor. No direito italiano, sob fundamento diverso, Iacopo Cimino, chega ao mesmo resultado sob fundamento diverso, ao defender, nesse específico espaço temporal,

4 • O *IUS POENITENDI* E O DIREITO RESTITUTÓRIO   **157**

que o risco deve ser suportado pelo consumidor, "por efeito do pleno e exclusivo poder de gozar e dispor do bem"[66].

A segunda hipótese trata-se daquela em que risco da perda ou deterioração do bem, por caso fortuito ou força maior, verifica-se após a comunicação do consumidor sobre o seu arrependimento, porém, em momento anterior à sua restituição ao fornecedor. No direito italiano, o efeito *ex nunc* da extinção do contrato ocorrido após a comunicação do exercício do direito de arrependimento determina a passagem do direito de propriedade do consumidor para o profissional. Conforme destaca Iacopo Cimino, levando-se em consideração o princípio *res perit domino*, o risco do fortuito nesse período de tempo recairia sobre o profissional[67]. Todavia, explica o autor que, no seu entender, a *ratio* da norma parece ser a da imputação do risco sobre o consumidor, já que o art. 56, *comma* 3, do Código de Consumo italiano (art. 13, parágrafo 3, Diretiva 2011/83/UE), permite ao profissional reter o reembolso dos valores até a prova da restituição do bem por parte do consumidor[68].

O terceiro espaço temporal diz respeito ao momento que se verifica após a entrega do bem por parte do consumidor à transportadora, que o encaminhará ao endereço do fornecedor. Essa terceira hipótese, por sua vez, subdivide-se em duas: 1) a restituição tempestiva do bem; 2) a restituição em mora do bem, que já foi objeto no tópico mais acima. Em relação à primeira hipótese, por força do disposto no art. 53, *comma* 3, o risco pela perda ou deterioração do bem transfere-se ao profissional, no momento em que se verifica a entrega tempestiva do bem à transportadora[69]. Como se pode observar, no direito italiano, adotando-se a teoria de que o *ius poenitendi* produz eficácia *ex nunc*, transfere-se ao consumidor o risco pela perda ou deterioração do bem enquanto não for restituído ao profissional.

Em sentido contrário, posiciona-se a doutrina majoritária, segundo a qual a extinção do contrato em virtude do exercício do *ius poenitendi* produz efeitos retroativos, ou seja, *ex tunc*, determinando o restabelecimento do *status quo ante*, como se o contrato jamais tivesse sido celebrado. No direito espanhol, partindo-se do pressuposto de que o direito de arrependimento teria efeitos *ex tunc*, com o consequente resultado de que o consumidor nunca teria se tornado proprietário, Natalia Alvarez Lata conclui que todas as perdas e danos fortuitos do bem, após o

---

66. Tradução livre, a citação original é a seguinte: "per effetto del potere pieno ed esclusivo di godere e disporre del bene". CIMINO, Iacopo Pietro. Art. 57. Obblighi del consumatore nel caso di recesso, cit., p. 181.
67. CIMINO, Iacopo Pietro. Art. 57. Obblighi del consumatore nel caso di recesso, cit., p. 180.
68. CIMINO, Iacopo Pietro. Art. 57. Obblighi del consumatore nel caso di recesso, cit., p. 181.
69. CIMINO, Iacopo Pietro. Art. 57. Obblighi del consumatore nel caso di recesso, cit., p. 180.

arrependimento, recairiam sobre o fornecedor[70], por força do princípio *res perit domino*. No mesmo sentido, José Ramón García Vicente afirma que "o exercício do desistimento acarreta a extinção retroativa do contrato celebrado, nascendo com isso uma relação obrigatória de liquidação, na qual deve precisar-se o alcance das obrigações restitutórias [...]".

A partir do disposto no art. 75, parágrafo 1, II, do TRLGDCU, tem-se que: "quando a impossibilidade de devolução lhe seja imputável, o consumidor e usuário responderá pelo valor de mercado que teria a prestação no momento do exercício do direito de arrependimento, salvo que esse valor seja superior ao preço de aquisição, caso em que responderá por este"[71], José Ramón García Vicente afirma que, de acordo com este dispositivo, a subsistência do direito de arrependimento "só obriga que o consumidor restitua o equivalente pecuniário quando a impossibilidade seja a ele imputável, com o qual o risco de perda ou destruição fortuita é atribuído ao empresário", concluindo que o art. 75, parágrafo 1, II, do TRLGDCU "deve ser entendido como uma norma excepcional, pois contraria o princípio de direito comum positivado nos artigos 1.308, 1.314 y 1.295 do CC, segundo o qual o risco é suportado, nesses casos, pelo legitimado à restituição, que não pode exigir a ineficácia da caução quando não estiver em condições de restituir o bem que havia recebido em contraprestação"[72]. Em síntese, sob a perspectiva de que a eficácia extintiva decorrente do exercício do *ius*

---

70. ÁLVAREZ LATA, Natalia. Artículo 108. Obligaciones y responsabilidad del consumidor y usuario en caso de desistimiento, cit., p. 1594 e 1611: "el desistimiento determina la extinción de las obligaciones contractuales y la ineficacia ex tunc del contrato, lo que significa la restauración de la situación jurídica anterior al contrato que se tratará de lograr a través de una serie de reglas" [...] "si la imposibilidad sobrevenida no es imputable al consumidor – valorándolo de acuerdo con los artículos 1104 y 1183 CC, el consumidor podrá desistir sin pagar nada y recuperando las sumas entregadas al empresario"; BELUCHE RINCÓN, Iris. *El derecho de desistimiento del consumidor*. Valencia: Tirant lo blanch, 2009, p. 89.

71. Art. 75, parágrafo 1, do TRLGDCU: "[...] cuando la imposibilidad de devolución le sea imputable, el consumidor y usuario responderá del valor de mercado que hubiera tenido la prestación en el momento del ejercicio del derecho de desistimiento, salvo que dicho valor fuera superior al precio de adquisición, en cuyo caso responderá de éste".

72. GARCÍA VICENTE, José Ramón; MINERO ALEJANDRE, Gemma. *Artículo 75. Imposibilidad de devolver la prestación por parte del consumidor y usuario*, cit., p. 1001 e 1006: "El ejercicio del desistimiento acarreta extinción retroactiva del contrato celebrado, naciendo con ello una relación obligatoria de liquidación, en la que debe precisarse el alcance de las obligaciones restitutorias [...]" [...] "Interpretando a contrario el artículo 75.1. II TRLGDCU declara la subsistencia del derecho de desistir y sólo obliga a que el consumidor restituya el equivalente pecuniario cuando la imposibilidad le sea imputable al consumidor, con lo cual el riesgo de pérdida o destrucción fortuita se asigna al empresario, en contradicción con las reglas comunes" [...] "ha de entenderse como una norma excepcional, pues contraría el principio de derecho de los artículos 1308, 1314 y 1295 CC, según el cual el riesgo lo sufre en tales casos el legitimado para la restitución, que no puede exigir la ineficacia del vínculo cuando no se halla en condiciones de devolver el bien que había recibido como contraprestación".

poenitendi determina efeitos *ex tunc*, o risco pela perda ou deterioração do bem transfere-se ao fornecedor.

No direito italiano, explica Ezio Guerinoni que "a interpretação que coloca a cargo do profissional o risco da perda fortuita do bem durante o período de reflexão se apresenta majoritariamente ao espírito que informa a inteira normativa [...] visando restituir ao contratante aquela liberdade de decisão"[73]. No mesmo sentido, de acordo com Miguel Ángel Larrosa Amante, a imputação do fortuito ao profissional "estaria justificada pela aplicação do princípio de *indemnidad económica*, pois não seria favorável para os interesses do consumidor que este [...] tivesse que pagar por um bem que foi perdido por causas não imputáveis à sua pessoa"[74].

No direito brasileiro, à luz dos princípios que regem o direito do consumidor, conclui-se que a eficácia extintiva decorrente do exercício do *ius poenitendi* é retroativa, ou seja, *ex tunc*. Por outro lado, o CDC é omisso em relação às obrigações restitutória do consumidor, razão pela qual a solução deve ser construída a partir das regras contidas no Código Civil. De acordo com o art. 238 do Código Civil, na obrigação de restituir coisa certa, "se a coisa se perder, antes da tradição, sem culpa do devedor, sofrerá o credor a perda". Por sua vez, de acordo com o art. 240 do Código Civil, sobre a deterioração da coisa: "se a coisa restituível se deteriorar sem culpa do devedor, recebê-la-á o credor, tal qual se ache, sem direito a indenização"[75]. Como se pode observar, sob a disciplina do direito restitutório, o risco pela perda ou deterioração do bem objeto da obrigação de restituir coisa certa é do credor[76]. Ou seja, nas relações de consumo, sob a incidência dos princípios que regem o direito restituitório, o risco pela perda ou deterioração do bem recai sobre o fornecedor.

5. O DIREITO DO CONSUMIDOR À RESTITUIÇÃO DO PREÇO

Nas relações de consumo, o direito fundamental social do consumidor à restituição do preço objeto do contrato de compra e venda eletrônico constitui-se

---

73. Tradução livre, a citação original é a seguinte: "l'interpretazione che pone a carico del professionista il rischio del perimento fortuito del bene durante il periodo di riflessione si prospetta maggiormente allo spirito che informa l'intera normativa [...] volta a restituire al contraente quella libertà di decisione". GUERINONI, Ezio. *I contratti del consumatore. Principi e regole*, cit., 2011, p. 433.

74. Tradução livre, a citação original é a seguinte: "estaría justificado por la aplicación del principio de indemnidad económica pues no sería favorable para los intereses del consumidor que éste [...] tuviese que pagar por un bien que se ha perdido por causas no imputables a su persona". LARROSA AMANTE, Miguel Ángel. *El derecho de desistimiento en la contratación de consumo*, cit., p. 303, 304.

75. Art. 240. Se a coisa restituível se deteriorar sem culpa do devedor, recebê-la-á o credor, tal qual se ache, sem direito a indenização; se por culpa do devedor, observar-se-á o disposto no art. 239.

76. COUTO E SILVA, Clóvis V. *A obrigação como processo*, cit., p. 153-154.

após a extinção do contrato decorrente do exercício do *ius poenitendi*. Trata-se, com efeito, de um direito de crédito, que tem por fundamento o direito restitutório, mas cujo nascimento depende da anterior extinção unilateral do contrato, mediante o exercício do *ius poenitendi*, que por sua vez é um direito potestativo conferido exclusivamente ao consumidor. Sob o ponto de vista estrutural, o *ius poenitendi* e o *ius restituendi* constituem relações jurídicas distintas mas, sob o ponto de vista funcional, formam um todo unitário, a partir do qual o direito restitutório atua como um instrumento que permite ao instituto do *ius poenitendi* atingir o seu fim, que consiste em restabelecer o *status quo ante* do consumidor garantindo-lhe o direito à restituição do preço.

Nesse contexto: *a*) o direito do consumidor à restituição do preço nasce com a extinção do contrato, após o exercício do direito de arrependimento, mas a sua exigibilidade depende, nos casos em que o produto já tiver sido entregue ao consumidor, da sua restituição ao fornecedor; *b*) a correlativa obrigação de restituição do preço, da mesma forma, nasce com a extinção do contrato, mas o fornecedor pode exercer o direito de retenção enquanto o bem não lhe for restituído pelo consumidor. Portanto, como referido, o objetivo do consumidor, qual seja, a restituição do preço pago, dependerá não somente do exercício do arrependimento em si, mas, também, do exato adimplemento da obrigação de restituir o bem recebido ao fornecedor. Após a comprovação do consumidor da devolução do bem ao fornecedor, este há o dever de reembolsar o preço pago pelo bem, que consiste na sua principal obrigação decorrente do exercício do *ius poenitendi*[77].

O direito do consumidor à restituição do preço tem como fundamento o princípio que veda o enriquecimento sem causa, positivado no art. 884 do Código Civil brasileiro. Trata-se, com efeito, de uma hipótese ancorada no art. 885 do Código Civil, já que restituição do preço é devida não porque não tenha havido uma causa que justificasse o enriquecimento do fornecedor, mas porque essa causa, ou seja, o contrato, deixou de existir em virtude do exercício do *ius poenitendi*. O direito à restituição do preço pelo consumidor também está previsto no parágrafo único do art. 49 do Código de Defesa do Consumidor, segundo o qual "se o consumidor exercitar o direito de arrependimento [...] os valores eventualmente pagos, a qualquer título, durante o prazo de reflexão, serão devolvidos, de imediato, monetariamente atualizados".

---

77. ÁLVAREZ LATA, Natalia. Artículo 107. Obligaciones y derechos del empresario en caso de desistimiento. In: BERCOVITZ RODRÍGUEZ-CANO, Rodrigo (Coord.). *Comentario del Texto Refundido de la Ley General para la Defensa de los Consumidores y Usuarios y otras Leyes Complementarias*, Navarra: Editorial Aranzadi S/A, 2015, p. 1594: "La principal obligación para el empresario en esa nueva situación jurídica que se crea tras el desistimiento radica en el reembolso de las cantidades pagadas por el consumidor y usuario".

No direito comunitário, de acordo com o art. 13, parágrafo 1, da Diretiva 2011/83/UE, "O profissional reembolsa todos os pagamentos recebidos do consumidor, incluindo, se aplicável, os custos de entrega, sem demora injustificada e, em qualquer caso, o mais tardar 14 dias a contar da data em que é informado da decisão do consumidor de se retractar do contrato, nos termos do artigo 11" (art. 56, *comma* 1, c.cons. italiano; art. 107, parágrafo 1, TRLGDCU espanhol). O art. 13, parágrafo 1 prevê, ademais, que o profissional deve efetuar o reembolso ao consumidor pelo mesmo meio de pagamento que este utilizou na transação inicial, salvo acordo expresso, na condição de que esse acordo não o onere custos como consequência do reembolso (art. 13, parágrafo 2, Diretiva 2011/83/UE)[78]. No direito italiano, a disposição sobre a identidade de meios de pagamento inicial e reembolso foi transposta *ipsis litteris* ao art. 56, *comma* 1, c.cons. Por outro lado, curiosamente essa específica norma não foi transposta ao TRLGDCU espanhol. No entanto, como frisa Natalia Álvarez Lata, como a interpretação do direito nacional deve ser em conformidade com a diretiva, da mesma forma que na diretiva, salvo acordo em contrário, o empresário deverá reembolsar o pagamento pelo mesmo meio inicialmente utilizado pelo consumidor[79].

Ainda, o considerando 46 da Diretiva 2011/83/UE dispõe que o reembolso não pode ser efetuado sob a forma de nota de crédito, salvo se o consumidor as tiver utilizado na transação inicial ou se de forma expressa as tiver aceitado. Ou seja, a não ser que o consumidor tenha utilizado para efetuar a compra, por exemplo, um vale-presente, o reembolso não poderá ocorrer sob a forma de crédito cartão vale-presente. Ou seja, se o pagamento foi efetuado em dinheiro, o objeto da obrigação de restituir também será em dinheiro. Por outro lado, se o pagamento foi efetuado pelo consumidor mediante a cessão de um crédito, impõe-se ao fornecedor a obrigação de restituir o crédito recebido. Nesse sentido, segundo Silvia Díaz Alabart e María Teresa Álvarez Moreno: "o reembolso não

---

78. DÍAZ ALABART, Silvia; ÁLVAREZ MORENO, M. Teresa. Art. 13. Las obligaciones del comerciante en caso de desistimiento. In: DÍAZ ALABART, Silvia (Dir.); ÁLVAREZ MORENO, M. Teresa (Coord.). *Contratos a distancia y contratos fuera del establecimiento mercantil. Comentario a la Directiva 2011/83 (adaptado a la Ley 3/2014, de modificación del TRLCU)*. Madrid: Editorial Reus, 2014, p. 320: "se establece una excepción a la regla general de identidad de medios de pago para desembolso inicial y reembolso, y dicha excepción consiste en que las partes, consumidor y empresario, acuerden un medio alternativo para el reembolso".

79. ÁLVAREZ LATA, Natalia. Artículo 107. Obligaciones y derechos del empresario en caso de desistimiento, cit., p. 1598: "Como es sabido, y se ha reforzado últimamente, cuando un Derecho nacional no traspone las reglas contenidas en una Directiva – más aún en los casos de armonización plena – la interpretación de ese Derecho nacional de conformidad con la Directiva en cuestión debe ser la solución. Siendo así, habrá que concluir que, en el desistimiento en los contratos a distancia y fuera de establecimiento mercantil, la regla será que, en principio, el empresario ha de reembolsar el pago por el mismo medio que fue utilizado inicialmente por el consumidor. Ello salvo que se acuerde otro medio para realizar el reembolso con el consumidor que no suponga gastos para éste".

deve ser efetuado através de bônus, a menos que o consumidor tenha utilizado bônus na transação inicial, ou que os tenha aceitado expressamente"[80].

Quanto ao prazo para que o profissional efetue o reembolso ao consumidor, a revogada Diretiva 97/7/CE não especificava tal informação. Diante desta omissão no direito comunitário, tanto o direito italiano quanto espanhol previam o prazo de 30 dias para o profissional cumprir a sua obrigação de reembolso[81]. Com a substituição da Diretiva 97/7/CE pela Diretiva 2011/83/UE, uma das grandes evoluções aportadas foi justamente a harmonização de um prazo dentro do qual o profissional deve proceder com o reembolso do preço ao consumidor, que deve ser efetuado "sem demora injustificada e, em qualquer caso, o mais tardar 14 dias a contar da data em que é informado da decisão do consumidor de se retractar do contrato" (art. 13, parágrafo 1, Diretiva 2011/83/UE; art. 56, *comma* 1, c.cons. italiano; arts. 76 e 107, parágrafo 1, TRLGDCU espanhol). Essa novidade, além de harmonizar, nos países membros da União Europeia, o prazo de reembolso por parte do profissional, o uniformiza com aquele do dever restitutório do consumidor, em 14 dias naturais[82].

O direito à restituição do bem do consumidor, no entanto, deve ser analisado, levando-se sempre em consideração o direito de retenção do profissional, até que tenha recebido a restituição do bem por parte do consumidor, ou que este tenha demonstrado haver restituído o bem (art. 13, parágrafo 3, Diretiva 2011/83/UE; art. 56, *comma* 3, c.cons. italiano; art. 107, parágrafo 3, TRLGDCU espanhol). No presente caso, extinto o contrato, em decorrência do exercício do *ius poenitendi*, incide o princípio segundo o qual "qualquer parte pode reivindicar a restituição de tudo o que transmitiu em virtude do contrato, sempre que, simultaneamente, restitua tudo o que recebeu em virtude do contrato"[83]. Conforme esclarece Horst

---

80. Tradução livre, a citação original é a seguinte: "el reembolso no debe efectuarse en bonos, a menos que el consumidor haya utilizado bonos para la transacción inicial o los haya aceptado expresamente". DÍAZ ALABART, Silvia; ÁLVAREZ MORENO, M. Teresa. Art. 13. Las obligaciones del comerciante en caso de desistimiento, cit., p. 321.

81. GARCÍA VICENTE, José Ramón; MINERO ALEJANDRE, Gemma. Artículo 76. Devolución de las sumas percebidas por el empresario. In: BERCOVITZ RODRÍGUEZ-CANO, Rodrigo (Coord.). *Comentario del Texto Refundido de la Ley General para la Defensa de los Consumidores y Usuarios y otras Leyes Complementarias*. Navarra: Editorial Aranzadi S/A, 2015, p. 1010: "En tercer lugar, el artículo 76 TRLGDCU fija un plazo máximo para el cumplimiento de la obligación de restitución por el empresario. Plazo que ha sido reformado por la Ley 3/2014, pasando de treinta a catorce días". Por su vez, no direito italiano, ver SALVI, Gabriele. Art. 56. Obblighi del professionista nel caso di recesso, cit., p. 56: "Rispetto alla previgente formulazione dell'art. 67, comma 4, cod. cons. il termine per la restituzione è stato sensibilmente ridotto (da trenta a quattordici giorni) e equiparato a quello per l'esercizio del recesso".

82. GUZZARDI, Gaetano. Art. 56. Obblighi del professionista nel caso di recesso. In: D'AMICO, Giovanni (a cura di). *La riforma del codice del consumo. Commentario al D. Lgs. n. 21/2014*. Milano: Wolters Kluwer CEDAM, 2015, p. 232.

83. Tradução livre, a citação original é a seguinte: "cualquier parte puede reclamar la restitución de todo lo que ha transmitido en virtud del contrato, siempre que simultáneamente restituya todo lo que

Eidenmüller *et alii*, essa regra tem dois elementos: "(*i*) cada parte pode reivindicar a restituição do que foi transmitido em virtude do contrato, porém (*ii*) somente pode assim fazer se está disposto a restituir tudo o que recebeu em virtude do contrato"[84]. Isso significa que, o direito do consumidor à restituição do preço será incondicional somente se a resolução do contrato ocorrer antes da entrega do bem ao consumidor. Todavia, na hipótese em que o bem de consumo já lhe tenha sido entregue, o direito restitutório do consumidor se tornará exigível após a restituição do produto ou respectiva comprovação ao fornecedor.

No direito brasileiro, por sua vez, nos termos do parágrafo único do art. 49 do CDC: "se o consumidor exercitar o direito de arrependimento previsto neste artigo, os valores eventualmente pagos, a qualquer título, durante o prazo de reflexão, serão devolvidos, de imediato, monetariamente atualizados". Ou seja, sobre o dever do fornecedor de restituição do preço ao consumidor, incide o princípio da imediatidade. O Projeto de Lei 3.514/2015 não prevê a modificação da disposição, de forma que o reembolso ao consumidor dos valores pagos seguiria sendo, mesmo diante da aprovação do Projeto, em forma imediata. Portanto, no direito brasileiro, uma vez desfeito o contrato em razão do exercício do direito de arrependimento, tanto a obrigação de restituir do fornecedor quanto a do consumidor deve ser efetuada de modo imediato.

Em síntese, a obrigação de restituir devida pelo fornecedor, é regida pelo princípio da identidade dos meios entre o que foi pago pelo consumidor e o que lhe deve ser restituído pelo fornecedor. Em se tratando o preço adimplido pelo consumidor de obrigação de dar coisa incerta, em que o seu objeto é determinado pelo gênero, quantidade e qualidade, impõe-se ao fornecedor a obrigação de restituir não as mesmas coisas, mas outras, do mesmo gênero, quantidade e qualidade. Assim, se o produto foi adquirido pelo consumidor mediante o pagamento de um preço, ou seja, de uma dívida em dinheiro, impõe-se ao fornecedor a obrigação de restituir em dinheiro. Por outro lado, se o bem tiver sido adquirido por cartão de crédito, impõe-se ao fornecedor restituir ao consumidor o crédito recebido. Da mesma forma, se o bem tiver sido adquirido com um cartão presente, impor-se-á ao fornecedor restituir ao consumidor o bônus em cartão presente.

---

ha recibido en virtud del contrato". EIDENMÜLLER, Horst; FAUST, Florian; GRINGOLEIT, Hans Christoph; JENSEN, Nils; WAGNER, Gerhard; ZIMMERMANN, Reinhard. *Hacia una revisión del acquis de consumo*, cit., p. 142.

84. Tradução livre, a citação original é a seguinte: "(i) cada parte puede reclamar la restitución de lo que se ha transmitido en virtud del contrato pero (ii) sólo puede hacerlo si está dispuesto a restituir todo lo que ha recibido en virtud del contrato". EIDENMÜLLER, Horst; FAUST, Florian; GRINGOLEIT, Hans Christoph; JENSEN, Nils; WAGNER, Gerhard; ZIMMERMANN, Reinhard. *Hacia una revisión del acquis de consumo*, cit., p. 142.

Por fim, é importante destacar que o objetivo visado pelo consumidor com o exercício do direito de arrependimento é aquele de desconstituir o contrato para obter a restituição do valor pago pelo bem. E, além disso, a realização desse objetivo depende do adimplemento pelo fornecedor da sua obrigação de restituir o preço ao consumidor. Não se pode olvidar que o adimplemento é definido como um ato de execução voluntária da obrigação, *in casu*, da obrigação de restituir a prestação devida pelo fornecedor. Isto significa que, extinto o contrato em virtude do exercício do *ius poenitendi*, o objetivo do consumidor de reaver o preço somente será atingido de modo imediato se o fornecedor cumprir voluntariamente a sua obrigação de restituir o preço recebido. Portanto, nos termos do art. 389 do Código Civil, na hipótese de descumprimento pelo fornecedor da obrigação de restituir o preço devido, garante-se ao consumidor o direito à indenização por perdas e danos.

6. DIREITO À RESTITUIÇÃO DE DESPESAS ACESSÓRIAS DE ENTREGA

Na compra e venda eletrônica de bens corpóreos, tendo em vista a distância entre consumidor e fornecedor surgem, frequentemente, obrigações acessórias do consumidor, correspondentes às despesas de transporte necessárias à entrega do bem comprado até seu domicílio ou outro endereço por si indicado. Estes custos de entrega do bem estarão presentes a menos que o fornecedor tenha oferecido, como técnica concorrencial, expedição grátis ao consumidor. Assim, na venda a distância, a onerosidade ou gratuidade da entrega do produto ao consumidor integra a oferta do fornecedor. Nesse contexto, por ocasião do exercício do *ius poenitendi*, coloca-se em tela a questão sobre qual das partes arcará com essas despesas de envio do bem ao consumidor após a extinção do contrato. Ou seja, se o fornecedor, por ocasião do exercício do direito de arrependimento, terá que reembolsar ao consumidor as despesas de envio do bem ao endereço indicado por este. Neste tópico será realizado estudo de direito comparado sobre qual das partes da relação de consumo, respectivamente consumidor ou fornecedor, deverá arcar com os custos de entrega e devolução do bem, após o desfazimento do contrato pelo *ius poenitendi*.

No direito brasileiro, o parágrafo único do art. 49 do CDC estabelece que: "se o consumidor exercitar o direito de arrependimento previsto neste artigo, os valores eventualmente pagos, a qualquer título, durante o prazo de reflexão, serão devolvidos". O teor do dispositivo legal é amplo, garantindo ao consumidor o direito à devolução dos valores pagos "a qualquer título". Como visto, a extinção do contrato em virtude do exercício do direito de arrependimento garante ao consumidor o direito à restituição do preço. Todavia, na compra e venda eletrônica, salvo na hipótese em que a entrega do bem ocorre em forma gratuita, o consumidor arca, ademais, com as despesas de transporte do bem adquirido. A partir desta disposição, entende-se que, por ocasião do exercício do direito de arrependimento, o consumidor tem o direito não apenas à restituição do preço pago pelo próprio bem, mas também ao reembolso das despesas acessórias de envio desse bem ao seu domicílio ou outro endereço por si especificado. Essa norma é decorrente do princípio da gratuidade do *ius poenitendi*, analisado no tópico 3 do capítulo III.

Sobre a questão, Nelson Nery Junior, um dos autores do anteprojeto do CDC, defende que: "os encargos suportados pelo fornecedor para fazer chegar às mãos do consumidor o produto ou serviço contratado fora do estabelecimento comercial, seu ressarcimento fica por conta do risco negocial da empresa"[85]. Expressa o autor, ainda, que "o fornecedor que opta por práticas comerciais mais incisivas, como as vendas em domicílio ou por marketing direto, isto é, fora do estabelecimento comercial, corre o risco do negócio, de modo que não tem nem do que reclamar se a relação jurídica é desfeita em virtude do arrependimento do consumidor. Essa situação de arrependimento e resolução do contrato de consumo é ínsita aos negócios estabelecidos mediante essa prática comercial"[86].

No direito comunitário, a Diretiva 97/7/CE previa que as únicas despesas eventualmente a cargo do consumidor, devido ao exercício do direito de arrependimento, "serão as despesas diretas da devolução do bem" (art. 6º, parágrafos 1º e 2º). Ou seja, as únicas despesas do consumidor, após o exercício do *ius poenitendi*, eram as de sua devolução do bem ao profissional, com a consequência de que, diversamente, aquelas despesas de entrega do bem ao consumidor eram reembolsáveis. Em torno desse dispositivo, revolve-se o caso *Heinrich Heine*, julgado pela Corte Europeia de Justiça (15 aprile 2010 C-511/08 – Handelsgesellschaft Heinrich Heine GmbH/ Verbraucherzentrale Nordrhein Westfalen e V.). O processo foi proposto pela *Verbraucherzentrale Nordrhein Westfalen e V.*, uma associação de consumidores, contra a empresa Heinrich Heine, pelo motivo de essa última não reembolsar aos consumidores, após o arrependimento, o valor de EUR 4, 95 pago pela entrega dos bens.

---

85. NERY JUNIOR, Nelson. *Capítulo VI*: da proteção contratual, cit., p. 569: "os encargos suportados pelo fornecedor para fazer chegar às mãos do consumidor o produto ou serviço contratado fora do estabelecimento comercial, seu ressarcimento fica por conta do risco negocial da empresa".

86. NERY JUNIOR, Nelson. *Capítulo VI*: da proteção contratual, cit., p. 569: "O fornecedor que opta por práticas comerciais mais incisivas, como as vendas em domicílio ou por marketing direto, isto é, fora do estabelecimento comercial, corre o risco do negócio, de modo que não tem nem do que reclamar se a relação jurídica é desfeita em virtude do arrependimento do consumidor. Essa situação de arrependimento e resolução do contrato de consumo é ínsita aos negócios estabelecidos mediante essa prática comercial".

A controvérsia está relacionada à interpretação e incorporação do art. 6 da Diretiva 97/7/CE pela legislação alemã[87]. A redação do artigo deixava dúvidas se "tais disposições dizem respeito unicamente às despesas resultantes do exercício do direito de *recesso*, com exclusão das despesas de entrega dos bens, que já haviam sido arcadas no momento do *recesso*"[88], já que em nenhum momento da diretiva é feita expressa menção às despesas de entrega, somente às de devolução do bem, essas últimas a cargo do consumidor. Na sentença da Corte de Justiça foi decidido que: "O art. n. 1, *comma* primeiro, segunda frase, e 2, da diretiva do Parlamento europeu e do Conselho 97/7/CE, de 20 de maio de 1997, relativa à proteção dos consumidores em matéria de contratos a distância, deve ser interpretada no sentido de obstar que uma normativa nacional consinta ao profissional, no âmbito de um contrato concluso a distância, a debitar as despesas de entrega dos bens ao consumidor, caso esse exercite o seu direito de arrependimento"[89].

A Diretiva 2011/83/UE, que revoga a Diretiva 97/7/CE, sanou a sua lacuna ao determinar que, nos termos do seu art. 13, o profissional "reembolsa todos os pagamentos recebidos do consumidor, incluindo, se aplicável, os custos de entrega". Dessa forma, tornou-se expresso que, se existentes despesas de entrega dos bens, essas também deverão ser reembolsadas pelo profissional. O reembolso, ademais, inclui, por exemplo, eventuais custos de comissão[90]. A norma que dispõe o dever do fornecedor de reembolsar, além do preço pago pelo bem, o preço que o consumidor pagou pela sua entrega, tem como fundamento o princípio de gratuidade do *ius poenitendi*[91]. O princípio de *gratuidade* do direito de arrependimento, ao transferir ao fornecedor o custo das despesas de entrega do bem, garante a efetividade do instituto, evitando que o consumidor deixe de arrepender-se devido à não restituição de determinados valores gastos. A

---

87. Sobre a sentença da Corte Europea di Giustizia 15 aprile 2010 C-511/08, ver o comentário MANGIARACINA, Livio. La corte di giustizia, il recesso nel BGB e l'obbligo restitutorio relativo alle spese di consegna. *Europa e Diritto Privato*, fasc. 4, 2011, p. 1207-1226.

88. Tradução livre, a citação original é a seguinte: "se tali disposizioni riguardano unicamente spese risultanti dell'esercizio del diritto di recesso, con esclusione delle spese di consegna dei beni, che erano già state sostenute a momento del recesso". Corte Europea di Giustizia 15 aprile 2010 C-511/08 – *Handelsgesellschaft Heinrich Heine GmbH/ Verbraucherzentrale Nordrhein Westfalen eV*.

89. Tradução livre, a citação original é a seguinte: "L'art. N. 1, primo comma, seconda frase, e 2, della direttiva del Parlamento europeo e del Consiglio 20 maggio 1997, 97/7/CE, riguardante la protezione dei consumatori in materia di contratti a distanza, deve essere interpretato nel senso che esso osta ad una normativa nazionale che consente al fornitore, nell'ambito di un contratto concluso a distanza, di addebitare le spese di consegna dei beni al consumatore qualora questi eserciti il suo diritto di recesso".

90. GUALDIERI, Maurizio. Art. 56. Obblighi del professionista nel caso di recesso. In: GAMBINO, Alberto Maria; NAVA, Gilberto. *I nuovi diritti dei consumatori. Commentario al d.lgs. n. 21/2014.* Torino: G. Giappichelli Editore, 2014, p. 157.

91. GUZZARDI, Gaetano. Art. 56, Obblighi del professionista nel caso di recesso, cit., p. 231.

gratuidade torna a ponderação do consumidor, nas palavras de Gabriele Salvi, economicamente neutra[92].

Quanto aos custos relativos especificamente à entrega do bem, o profissional, no entanto, não é obrigado a reembolsar os valores adicionais ou suplementares de envio decorrentes da escolha do consumidor, caso este houver solicitado expressamente modalidade mais onerosa e diferente daquela modalidade padrão, oferecida pelo profissional (art. 13, parágrafo 2, Diretiva 2011/83/UE; art. 56, *comma* 2, c. cons. italiano; art. 107, parágrafo 2, TRLGDCU espanhol). Frisa-se, assim, que a diferença dos custos de uma modalidade especial de entrega somente não serão reembolsáveis caso, como ressalta Natalia Alvarez Lata, a entrega ordinária, "pelas razões que sejam, não tenham sido oferecidas neste contrato, e o consumidor somente dispunha da modalidade mais custosa [...]"[93]. Pode-se imaginar o caso em que o consumidor escolha expressamente, dentre outras opções, a entrega mais rápida e custosa que a *standard* oferecida pelo fornecedor. Nessa situação, a diferença de custo entre a entrega padrão e a mais custosa será suportada pelo consumidor[94]. Na oferta de venda, conforme salientado por Silvia Díaz Alabart e María Álvarez Moreno, o profissional oferece formas ordinárias de expedição do bem levando em consideração o eventual exercício do direito de arrependimento do consumidor, motivo pelo qual, no seu entender, o profissional não está obrigado a reembolsar os gastos que excedam a tarifa ordinária[95].

No direito brasileiro, a genérica expressão "a qualquer título", presente no art. 49 do CDC, em referência à devolução dos valores pagos pelo consumidor, não faz qualquer distinção entre a despesa de entrega padrão oferecida pelo fornecedor, e aquelas decorrentes da escolha, pelo consumidor, de uma expedição mais veloz e custosa. Da mesma forma, a doutrina e a jurisprudência são omissas em relação a este aspecto, relativo às despesas suplementares decorrentes da opção pelo consumidor de um meio de expedição diferenciado e mais custoso em relação à via ordinária. A partir disso, é necessária uma nova interpretação do art. 49 do CDC, com o objetivo de suprir a lacuna existente, levando em consideração o princípio que veda o enriquecimento injustificado. Isso porque, como se refere Maurizio Gualdieri, do restabelecimento "do *status quo* não poderia, de qualquer forma,

---

92. SALVI, Gabriele. *Art. 56. Obblighi del professionista nel caso di recesso*, cit., p. 348.
93. Tradução livre, a citação original é a seguinte: "por las razones que sean, no se ha ofrecido para ese contrato, y el consumidor sólo disponía de la modalidad costosa [...]". ÁLVAREZ LATA, Natalia. *Artículo 107. Obligaciones y derechos del empresario en caso de desistimiento TRLGDCU*, cit., p. 1.595.
94. Considerando 46 da Diretiva 2011/83/eu.
95. DÍAZ ALABART, Silvia; ÁLVAREZ MORENO, M. Teresa. *Art. 13. Las obligaciones del comerciante en caso de desistimiento*, cit., p. 322.

derivar um enriquecimento injustificado de uma parte"[96]. Conforme Silvia Díaz Alabart e María Álvarez Moreno, se o consumidor "opta (e solicita expressamente) uma forma de entrega que pela razão que seja supõe um maior desembolso, é óbvio que o comerciante não está obrigado a reembolsar os gastos que excedam a tarifa ordinária, que definitivamente serão de conta do consumidor"[97].

Ressalta-se, nesse contexto, que o dever do consumidor de arcar com a diferença dos custos da entrega mais custosa não prejudica o princípio da gratuidade do direito de arrependimento. Sobre a questão Miguel Ángel Larrosa Amante explica que "o conceito de gratuidade deve ser modulado em um sentido não absoluto, mas relativo, de maneira que o que não deve suportar o consumidor são gastos desproporcionais de exercício, ou que suponham uma penalização real e efetiva ou dificultem o próprio exercício do direito, sem prejuízo de ter que arcar com alguns gastos mínimos que, salvo pacto em contrário, não podem recair ao empresário, e que são consequência de uma obrigação legal imposta ao próprio consumidor"[98]. Ou seja, o reembolso das despesas de entrega não pode compreender a diferença daquelas suplementares, decorrentes de uma expressa escolha de expedição diferenciada pelo consumidor, tendo em vista o princípio que veda o enriquecimento sem causa. Por esse motivo, o art. 49 do CDC deve ser interpretado no sentido de serem reembolsáveis as despesas acessórias de uma entrega ordinária do bem, de forma a não ser reembolsável a margem decorrente de uma escolha de entrega diferenciada.

Em síntese, o direito do consumidor ao reembolso das despesas acessórias de entrega do bem, após o exercício do direito de arrependimento, decorre da

---

96. Tradução livre, a citação original é a seguinte: "dello status quo non potrebbe comunque derivare un arricchimento ingiustificato per una parte". GUALDIERI, Maurizio. Art. 56. Obblighi del professionista nel caso di recesso, cit., p. 157.

97. Tradução livre, a citação original é a seguinte: "opta (y solicita expresamente) una forma de entrega que por la razón que sea supone un mayor desembolso, es obvio que el comerciante no está obligado a reembolsar los gastos que excedan de la tarifa ordinaria, que definitivamente serán de cuenta del consumidor". DÍAZ ALABART, Silvia; ÁLVAREZ MORENO, M. Teresa. Art. 13. Las obligaciones del comerciante en caso de desistimiento, cit., p. 322.

98. Sobre o princípio da gratuidade do direito de arrependimento, ver: LARROSA AMANTE, Miguel Ángel. *El derecho de desistimiento en la contratación de consumo*, cit., p. 141-143: "Por un lado, la gratuidad implica la no penalización al consumidor por el ejercicio del derecho de desistimiento [...]. Ahora bien, la gratuidad no implica la ausencia de todo gasto [...], pues es evidente que el consumidoeberáá de asumir de forma personal los costes de la comunicación de su ejercicio al empresario (gastos de correos o fax para la remisión del documento de desistimiento, gastos de transporte del bien en caso de devolución del mismo etc. [...] Por ello el concepto de gratuidad debe ser modulado en un sentido no absoluto sino relativo, de tal manera que lo que no tiene que soportar el consumidor son gastos de ejercicio desproporcionados o que supongan una penalización real y efectiva o dificulten el propio ejercicio del derecho, sin perjuicio de tener que abonar unos gastos mínimos que, salvo pacto en contrario, no pueden recaer al empresario y que son una consecuencia de una obligación legal impuesta al propio consumidor".

natureza desse instituto e do princípio da gratuidade do *ius poenitendi*. A efetividade do instituto do *ius poenitendi*, pressupõe o restabelecimento do *status quo* do consumidor, mediante o reembolso não apenas do preço do bem, mas também das despesas acessórias, as quais que compreendem os custos relativos à entrega do bem. Ademais, a garantia da efetiva liberdade de escolha do consumidor no exercício do *ius poenitendi* depende da transferência ao fornecedor das despesas de entrega do bem[99], o que torna a sua decisão "economicamente neutra"[100].

7. DESPESAS DE RESTITUIÇÃO DO BEM

A partir do momento em que o contrato de compra e venda é extinto, em virtude do exercício do exercício do direito de arrependimento, as relações entre o fornecedor e o consumidor submetem-se à disciplina do direito restitutório. No CDC, como visto no tópico 2 do presente capítulo, as normas que regulam o instituto do *ius poenitendi* são omissas em relação às obrigações restitutórias do consumidor, incidindo subsidiariamente as regras relativas ao direito restitutório contidas no Código Civil. Conclui-se, portanto, que após o exercício do *ius poenitendi*, em se tratando do desistimento da compra e venda de bens corpóreos, deverá o consumidor proceder com a restituição do bem ao fornecedor. Dessa obrigação restituitória do consumidor, tendo em vista a distância entre os contratantes, decorrem gastos de transporte, colocando-se em tela a questão sobre qual das partes, consumidor ou fornecedor, deverá arcar com as despesas acessórias de devolução do bem[101].

No direito brasileiro, a questão tem sido abordada sem que se faça a devida distinção entre os custos de entrega e restituição do bem. A partir do disposto no art. 49 do CDC, segundo o qual "se o consumidor exercitar o direito de arrependimento previsto neste artigo, os valores eventualmente pagos, a qualquer título, durante o prazo de reflexão, serão devolvidos", a doutrina majoritária e a jurisprudência brasileira têm interpretado no sentido de que devem ser restituídos ao consumidor, além dos valores pagos pela mercadoria e prestação de serviços, a totalidade dos custos dos serviços postais ou de transporte, sem qualquer exce-

---

99. TOMMASINI, Raffaele. *Codice del consumo e ius poenitendi*, cit., p. 285.
100. SALVI, Gabriele. *Art. 56. Obblighi del professionista nel caso di recesso*, cit., 2018, p. 348.
101. DÍAZ ALABART, Silvia; ÁLVAREZ MORENO, M. Teresa. *Art. 14. Obligaciones del consumidor em caso de desistimiento*, cit., p. 315: "a) Con respecto a los gastos generados por la entrega y la devolución, parecen circunscribirse a los contratos sobre bienes. En cuanto a dichos costes, se distingue entre los de entrega (que, en principio, corresponden al comerciante, por lo quieberáá reintegrarlos al consumidor), de aquellos relativos a la devolución de los bienes, que puede asumir en determinados casos el comerciante".

ção[102]. A ampla aplicação da expressão "a qualquer título" foi analisada em decisão proferida pelo Superior Tribunal de Justiça, no Recurso Especial 1.340.604-RJ (2012/0141690-8), entre o *Estado do Rio de Janeiro* e *TV Sky Shop S/A,* na qual se debate a legalidade da multa imposta a *TV Sky Shop S/A* "por decorrência de reclamações realizadas por consumidores, no sentido de que havia cláusula contratual responsabilizando o consumidor pelas despesas com o serviço postal decorrente da devolução do produto o qual pretende-se desistir".

O Ministro Mauro Campbell Marques se pronunciou no sentido de que "todo e qualquer custo realizado pelo consumidor deve ser ressarcido, voltando ao *status quo ante*", e que "eventuais prejuízos enfrentados pelo fornecedor neste tipo de contratação são inerentes à modalidade de venda agressiva fora do estabelecimento comercial (*internet,* telefone, domicílio). Aceitar o contrário é criar limitação ao direito de arrependimento legalmente não previsto, além de desestimular tal tipo de comércio tão comum nos dias atuais". Foi dado provimento unânime ao recurso do Estado do Rio de Janeiro. Dessa forma, de acordo com o entendimento do Superior Tribunal de Justiça, com base no art. 49 do CDC, diante do arrependimento do consumidor todos os valores por ele despendidos devem ser reembolsados, inclusive os referentes ao custo de devolução do bem. Ocorre que, diversamente, o disposto no art. 49 se refere exclusivamente aos direitos restitutórios do consumidor, sendo omisso em relação às obrigações restitutórias do consumidor decorrentes da extinção do contrato, as quais compreendem, além da obrigação principal de restituir o produto, as obrigações acessórias relativas aos custos de sua devolução ao fornecedor.

No direito comunitário, diversamente, o art. 14 da Diretiva 2011/83/UE, que contempla a disciplina sobre as obrigações restitutórias do consumidor decorrentes do exercício do *ius poenitendi,* prevê que "o consumidor suporta apenas o custo directo da devolução dos bens, salvo se o profissional concordar em suportar o referido custo ou se o profissional não tiver informado o consumidor de que este último tem de suportar o custo" (art. 57, *comma* 1, c. cons. italiano; art. 108, parágrafo 1, TRLGDCU espanhol). A imposição ao consumidor do custo relativo à devolução do bem é criticada por parte da doutrina europeia, sob a

---

102. Conferir MIRAGEM, Bruno. *Curso de Direito do Consumidor.* cit., p. 378, segundo o qual: "Uma questão de enorme repercussão prática quanto ao exercício do direito de arrependimento, contudo, diz respeito ao modo como deverá ser realizado. Isso porque não é incomum que fornecedores de produtos ou serviços condicionem a desistência do contrato a providências a cargo do consumidor que, em geral, representam novos custos, e o desestímulo ao exercício do direito de arrependimento. É o caso, da necessidade de reenvio do produto ao fornecedor, com a imputação dos custos desta providência ao consumidor". Da mesma forma, segundo KLEE, Antônia Espíndola Longoni. *Comércio Eletrônico.* São Paulo: Ed. RT, 2014: "Entende-se que o fornecedor deve arcar com os custos de devolução, para não desencorajar o exercício do direito de arrependimento pelo consumidor" (capítulo 2).

alegação de que tal disposição prejudicaria o consumidor[103] e violaria o princípio da gratuidade do *ius poenitendi*. No entanto, explica Maurizio Gualdieri que essa disposição não atinge o princípio da gratuidade do *ius poenitendi*, pois "do *status quo* não poderia, de qualquer forma, derivar um enriquecimento injustificado de uma parte"[104].

No direito europeu, uma vez extinto o contrato em virtude do exercício do direito de arrependimento, vigora o princípio segundo o qual "cada parte suporta os custos de devolução do que tenha recebido"[105]. Ou seja, "ainda que não se possa penalizar pelo exercício do direito de arrependimento, isso não significa que o consumidor não tenha que arcar com nenhum tipo de gasto, pois está claro que os custos de devolução do bem são de sua conta"[106]. Assim, enquanto o profissional arca com os valores da mercadoria e da sua entrega, que serão reembolsados ao consumidor, condições para o retorno ao *status quo*, o consumidor que terá

---

103. ÁLVAREZ LATA, Natalia. Art. 107 TRLGDCU. In: BERCOVITZ RODRÍGUEZ-CANO, Rodrigo (Coord.). *Comentario del Texto Refundido de la Ley General para la Defensa de los Consumidores y Usuarios y otras Leyes Complementarias*. Navarra: Editorial Aranzadi S/A, 2015, p. 1595: "No obstante, hay que tener en cuenta que si bien el empresario ha de devolver los costes de entrega, el consumidor, para ejercitar su derecho, ha de asumir, por lo general, los costes de devolución de los bienes, por lo que al final no se puede entender que la regla beneficia al consumidor, sino más bien al contrario".

104. GUALDIERI, Maurizio. Art. 56. Obblighi del professionista nel caso di recesso. In: GAMBINO, Alberto Maria; NAVA, Gilberto. *I nuovi diritti dei consumatori. Commentario al d.lgs. n. 21/2014*. Torino: G. Giappichelli Editore, 2014, p. 157: "La "pienezza" rimarca una essenziale gratuità del recesso. L'onere dei costi di restituzione non altererebbe tale connotato, poiché non costituisce un'indennità per l'esercizio del recesso, ma il contenuto della corrispettiva obbligazione restitutoria, che il legislatore pone a carico del consumatore, poiché dal ripristino dello status quo non potrebbe comunque derivare un arricchimento ingiustificato per una parte. L'onere non rappresenta un vulnus alla libertà del contraente debole perché la riconsegna deriva dallo scambio di utilità avvenuto prima del recesso e il relativo costo è neutralizzato dal rimborso delle spese di consegna, di norma a carico del professionista. Le spese "supplementari" costituiscono un'applicazione della regola comunitaria di "equo bilanciamento" degli interessi in gioco e la distribuzione sul consumatore è giustificata dalla scelta a monte di una spedizione più costosa".

105. Tradução livre, a citação original é a seguinte: "cada parte soporta los costes de devolución de lo que ha recibido". EIDENMÜLLER, Horst; FAUST, Florian; GRINGOLEIT, Hans Christoph; JENSEN, Nils; WAGNER, Gerhard; ZIMMERMANN, Reinhard. *Hacia una revisión del acquis de consumo*, in CÁMARA LAPUENTE, Sergio (Dir.); ARROYO AMAYUELAS (Coord.). *La revisión de las normas europeas y nacionales de protección de los consumidores. Más allá de la directiva sobre derechos de los consumidores y del instrumento opcional sobre un derecho europeo de la compraventa de octubre 2011*. Pamplona: Civitas, 2012, p. 144.

106. Tradução livre, a citação original é a seguinte: "aunque no se pueda penalizar por el ejercicio del derecho de desistimiento, ello no significa que el consumidor no tenga que pagar ningún tipo de gasto, pues está claro que los gastos de devolución del bien son de su cuenta". DOMÍNGUEZ LLUELMO, Andrés. *Derecho de desistimiento*. In: CÁMARA LAPUENTE, Sergio (Dir.); ARROYO AMAYUELAS (Coord.). *La revisión de las normas europeas y nacionales de protección de los consumidores. Más allá de la directiva sobre derechos de los consumidores y del instrumento opcional sobre un derecho europeo de la compraventa de octubre 2011*. Pamplona: Civitas, 2012, p. 225.

o ônus dos valores da devolução do bem, considerados valores ordinários[107]. Pela distribuição de deveres atribuídos a ambos, consumidor e profissional, o legislador europeu intenta não desencorajar o consumidor a possibilidade de arrepender-se e, ao mesmo tempo, evitar circunstâncias propícias ao abuso de direito em desfavor do profissional[108].

Frisa-se, no entanto, que o consumidor deve ser previamente informado, na formação do contrato, sobre o seu ônus de arcar com os custos de devolução do bem, caso contrário, o profissional terá que suportá-los, como forma de sanção à violação do dever de informar[109]. Por outro lado, como estratégia de competitividade em relação a outras empresas, o profissional pode, como exercício da autonomia privada, decidir por arcar com o reembolso da globalidade dos custos, inclusive os de restituição das mercadorias[110]. Dessa forma, em consonância com o previsto na diretiva, o consumidor será responsável pelo custo da sua devolução do bem, desde que o fornecedor não tenha concordado em suportá-lo ou tenha se omitido sobre o dever de informar ao consumidor que é seu o dever de arcar. Apesar disso, essas obrigações restitutórias das prestações recebidas, sucessivas ao arrependimento, conforme o considerando 47 da Diretiva 2011/83/UE, não deverão desencorajar o consumidor de exercer o seu direito de retratação.

No direito brasileiro, com o objetivo de suprir a omissão do legislador em relação às obrigações restitutórias do consumidor, o parlamentar Antonio Carlos

---

107. BRAVO, Fabio. *I contratti a distanza nel codice del consumo e nella direttiva 2011/83/UE*: verso un codice europeo del consumo. Milano: Giuffrè Editore, 2013, p. 238.

108. CIMINO, Iacopo Pietro. Art. 57. Obblighi del consumatore nel caso di recesso. In: GAMBINO, Alberto Maria; NAVA, Gilberto. *I nuovi diritti dei consumatori. Commentario al d.lgs. n. 21/2014.* Torino: G. Giappichelli Editore, 2014, p. 176: "Finalità dichiarata del riassetto arrecato dalla novella in commento è quella di regolare restituzioni e rimborsi in modo tale da scongiurare il rischio, da un lato, di dissuadere il consumatore dall'esercizio del diritto (di recesso) attribuitogli ex lege, dall'altro, di esporre il professionista ad abusi del diritto medesimo ad opera del consumatore".

109. DÍAZ ALABART, Silvia; ÁLVAREZ MORENO, M. Teresa. Art. 14. In: DÍAZ ALABART, Silvia (Dir.); ÁLVAREZ MORENO, M. Teresa (Coord.). *Contratos a distancia y contratos fuera del establecimiento mercantil. Comentario a la Directiva 2011/83 (adaptado a la Ley 3/2014, de modificación del TRLCU).* Madrid: Editorial Reus, 2014, p. 323 e 340: "si el comerciante no hubiera informado al consumidor de su obligación de correr con los costes directos de la devolución, éste los soportará"; "la omisión de la información sobre quién corresponden los costes de devolución tiene como sanción el que tales costes no serán de cargo del consumidor, sino que pesarán sobre el comerciante".

110. GUALDIERI, Maurizio. Art. 56. Obblighi del professionista nel caso di recesso. In: GAMBINO, Alberto Maria; NAVA, Gilberto. *I nuovi diritti dei consumatori. Commentario al d.lgs. n. 21/2014.* Torino: G. Giappichelli Editore, 2014, p. 160. Ver, também, ÁLVAREZ LATA, Natalia. Art. 108 TRLGDCU. In: BERCOVITZ RODRÍGUEZ-CANO, Rodrigo (Coord.). *Comentario del Texto Refundido de la Ley General para la Defensa de los Consumidores y Usuarios y otras Leyes Complementarias.* Navarra: Editorial Aranzadi S/A, 2015, p. 1608: "El otro supuesto en el que la regla general no se aplica (el consumidor no paga) será en el caso de que el empresario haya asumido los costes de la devolución (por ejemplo, como estrategia en campañas de ventas determinadas en las que se suelen exonerar de costes de envío y de devolución)".

Rodrigues, com auxílio do jurista Alexandre Junqueira Gomide, propôs uma emenda ao PLS 281, de 2012, dispondo que "o custo para a devolução dos bens, decorrente do exercício do direito de arrependimento, deverá ser suportado pelo consumidor, salvo acordo em contrário" (art. 49, § 11, emenda 27). Em parecer à emenda 27, a Comissão Temporária de Modernização do Código de Defesa do Consumidor se manifestou no sentido de que "a imposição de novos custos ao consumidor pode inibir o exercício deste direito de arrependimento". Ocorre que, conforme a atual redação do art. 49 do CDC, mantida pelo Projeto de Lei 3.514/2015, "se o consumidor exercitar o direito de arrependimento previsto neste artigo, os valores eventualmente pagos, a qualquer título, durante o prazo de reflexão, serão devolvidos". Conforme referido, o artigo faz menção aos valores pagos à época do prazo de reflexão, e não àqueles custos posteriores, decorrentes dos deveres restitutórios do consumidor. Dessa forma, infere-se da atenta leitura do art. 49, que os valores eventualmente pagos à época do período de reflexão, ou seja, o custo do bem e da sua entrega, serão restituídos ao consumidor. Da leitura do artigo não se pode concluir que esses valores pagos, a qualquer título, durante o prazo de reflexão, incluem aqueles custos de transporte de devolução do bem, pois esses ocorrem em momento posterior ao exercício do direito de arrependimento.

Em síntese, o exercício do direito de arrependimento pelo consumidor determina a extinção do contrato e, consequentemente, de todas as obrigações dele decorrentes. Isto significa que, nos termos do art. 49 do CDC, impõe-se ao fornecedor a obrigação de restituir o preço e de reembolsar as despesas de entrega do bem. Isso, porém, não significa que, por força deste dispositivo legal, impo-nha-se ao fornecedor a obrigação de reembolsar ao consumidor as despesas de restituição do bem. Assim, salvo disposição em contrário, cabe ao consumidor a restituição do bem ao fornecedor e, da mesma forma, o ônus do custo dessa restituição.

Não se pode olvidar que, uma vez extinto o contrato em virtude do exercício do direito de arrependimento, a situação jurídica existente entre o fornecedor e o consumidor rege-se pelo direito restitutório, sob a incidência do princípio que veda o enriquecimento sem causa. E, por força da incidência do direito restitutó-rio, e da conservação estática dos patrimônios, não se admite que, salvo disposição em contrário, alguém economize o pagamento de despesas às custas de outrem[111]. Isso porque, pelo princípio da conservação estática dos patrimônios, cabe ao titu-lar da obrigação de restituir suportar as despesas inerentes ao seu cumprimento.

---

111. DÍEZ-PICAZO, Luis. *Sistema de derecho civil. Contratos en especial. Cuasi contratos. Enriquecimiento sin causa. Responsabilidad extracontractual.* 11. ed. Madrid: Editorial Tecnos, 2015, v. II, t. 2. p. 302.

Todavia, tendo em vista o princípio da boa-fé, impõe-se ao fornecedor o dever de informar, na hipótese do exercício do direito de arrependimento, que o custo de restituição do bem deverá ser suportado pelo consumidor. Ou seja, somente naquelas hipóteses em que se verificar omissão do dever de informar, deverá o fornecedor arcar também com as despesas de restituição do bem.

CONCLUSÃO

No alvorecer do século XXI, a difusão da tecnologia da *internet* revolucionou os meios de comunicação a distância e a interação entre os indivíduos. Os consumidores, que, até então, eram sujeitos passivos dos meios de comunicação, como ocorre com a televisão, rádio e jornais, tornaram-se sujeitos ativos, capazes de manifestar seus pensamentos e, até mesmo, de celebrar contratos por meio do *world wide web*. Sempre esteve presente, no transcurso da evolução humana, uma forte vinculação entre direito e tecnologia. Neste exato momento, em que se verificam grandes transformações que propiciaram a difusão da forma eletrônica de contratação, de suma importância é a renovação da dogmática jurídica que trata do direito dos contratos nas relações de consumo. A presente pesquisa foi desenvolvida justamente com o objetivo de adaptar o direito brasileiro dos contratos nas relações de consumo à nova realidade tecnológica da *internet*. Para atingir esse objetivo, considerando que o trabalho foi realizado pela autora como estudante do Doutorado Internacional de Direito do Consumidor da *Università degli Studi di Perugia* e *Universidad de Salamanca*, a tese foi desenvolvida mediante a comparação do direito brasileiro com o direito comunitário, italiano e espanhol.

No direito brasileiro, no momento em que se consolidou o comércio pela *internet*, o Código de Defesa do Consumidor, que já estava em vigor há mais de 10 anos, naturalmente não havia previsto a revolução tecnológica que estava por vir, sendo necessária uma adaptação do direito vigente à nova realidade. Na atualidade, passados 30 anos de vigência do Código de Defesa do Consumidor, apesar da exponencial difusão entre os consumidores da contratação eletrônica, ainda persiste a lacuna quanto à proteção do consumidor no comércio eletrônico. Ocorre que a contratação eletrônica tem particularidades diversas da tradicional contratação entre presentes e daquela a distância por cartas e telefone, motivo pelo qual o consumidor brasileiro se encontra desprotegido em ambiente virtual.

Mais recentemente o legislador comunitário publicou a Diretiva 2011/83/UE, com o objetivo de atualizar as normas de direito europeu, principalmente no tocante à contratação a distância, como aquela via *internet*, e o direito de arrependimento do consumidor. Naturalmente, essas normas confluíram ao direito italiano, pelo d. lgs. 21/2014, e ao direito espanhol, pela Lei 3/2014. Seguindo a tendência de adequação das normas de tutela do consumidor à realidade das novas tecnologias, desde 2012 tramita no Congresso Nacional o PLS 281, atualmente sob o n. 3.514/2015, cujo principal objetivo é o de atualizar o Código de Defesa do Consumidor em relação à matéria da contratação eletrônica. No decorrer do trabalho, com a finalidade de contribuir para a formação do direito brasileiro, foi feita análise do PL 3.514/2015, com inspiração no direito comunitário e na sua transposição ao direito italiano e espanhol. O presente trabalho, que tem por objeto a compra e venda eletrônica nas relações de consumo, foi dividido em quatro capítulos.

O primeiro capítulo, intitulado "A compra e venda no plural e a proteção do consumidor", introduz a tese de base que permeia toda discussão, a partir da qual se conclui que a "compra e venda eletrônica de consumo" constitui uma categoria autônoma de "compra e venda". Inicialmente foi verificado que, nas relações de consumo, a compra e venda conta com características de natureza subjetiva e objetiva que a tornam um contrato singular, distinto das demais compras e vendas. Ademais, mesmo dentro do próprio microssistema de direito do consumidor, verifica-se a existência de diversos tipos de compra e venda, distintas entre si, como a venda "no estabelecimento comercial", venda, "fora do estabelecimento comercial", venda "a distância", "venda nacional", "venda internacional", venda de "bens materiais", venda de "bens imateriais", a venda "telefônica", dentre diversas outras.

Nesse contexto, foi demonstrado que a "compra e venda eletrônica de consumo", apesar de ter convergências com a tradicional compra e venda dos códigos civis, constitui um novo tipo de contrato de compra e venda, dotado de características particulares que a distingue das demais. A primeira característica particular da "compra e venda eletrônica de consumo" diz respeito aos seus sujeitos. Enquanto a compra e venda tradicional pressupõe a igualdade entre o comprador e o vendedor, na compra e venda de consumo se verifica profundo desequilíbrio entre os contratantes, derivante, principalmente, da sua assimetria informativa. O desequilíbrio contratual é derivante, ademais, da assimetria de poder contratual entre fornecedor e consumidor, tendo em vista a elaboração de contratos de adesão, que são instrumentos que tornam possível a contratação em massa. Em relação ao contrato de adesão, o consumidor não tem margem de negociação, podendo apenas aceitar ou rechaçar a oferta do fornecedor. A verificação desse estrutural desequilíbrio contratual gerou a necessidade da criação de microssistemas de proteção do consumidor, fora do Código Civil, que possibilitem a específica tutela do contratante vulnerável. Assim, a "compra e venda eletrônica de consumo" é regida pelas normas de proteção do consumidor.

No segundo capítulo, intitulado "O contrato a distância no comércio eletrônico", foram abordadas ulteriores características que distinguem a "compra e venda eletrônica de consumo" das demais compras e vendas. Uma das mais expressivas diz respeito à formação do contrato por meio da *internet*. Os contratos via *internet* podem ser celebrados tanto por *e-mail* quanto via *websites*. Apesar disso, a modalidade de contratação que se tornou preponderante no *e-commerce* é aquela que se vale de *websites* e plataformas digitais. Tanto os contratos celebrados por *websites* quanto aqueles por plataformas digitais são conhecidos como *point and click agreements*, em referência ao movimento do *mouse* de apontar e clicar em botões telemáticos, ícones e imagens do *site* durante a formação do contrato. A compra e venda por *websites* foi revolucionária pois, diferentemente da por *e-mail*, possibilitou a formação de contratos entre pessoas fisicamente ausentes, ou seja, entre pessoas distantes, como se fosse "entre presentes". Isso porque a compra e venda eletrônica possibilita uma interação imediata entre fornecedor e consumidor, de modo que a emissão da aceitação e a sua recepção se fundem no tempo. Dessa forma, apesar de ser um contrato celebrado entre pessoas distantes, a contratação em *websites* está submetida ao regime jurídico da contratação entre presentes.

Partindo desse pressuposto, evidencia-se um problema classificatório, tanto no CDC brasileiro, quanto na doutrina e jurisprudência, sobre a definição de contratação "a distância". De acordo com o art. 49 do CDC o contrato poderá ser extinto unilateralmente pelo consumidor mediante o exercício do direito de arrependimento sempre que for celebrado "fora do estabelecimento comercial", "especialmente por telefone ou a domicílio". Ocorre que a contratação por telefone simplesmente não é uma contratação "fora do estabelecimento comercial", e sim "a distância". Com base nesse artigo a doutrina e jurisprudência majoritária brasileira, em analogia com a contratação telefônica, consideram equivocadamente a contratação eletrônica um contrato celebrado "fora do estabelecimento comercial". Com a tramitação do Projeto de Lei 3.514/2015, surgiu a oportunidade do legislador brasileiro de alterar e aprimorar a redação do art. 49 do CDC, para adaptá-lo à nova realidade da contratação eletrônica.

Ocorre que, por meio do Projeto de Lei 3.514/2015, é prevista a modificação da redação do art. 49 do CDC com a inclusão, no seu parágrafo 2º, do conceito segundo o qual a contratação ocorrida "fora do estabelecimento comercial" seria um tipo de contratação "a distância". Dessa forma, com o objetivo aprimorar e corrigir o conteúdo do art. 49 do CDC, o legislador brasileiro acabou incidindo em outro erro. Conforme demonstrado no capítulo II do presente livro, o contrato eletrônico simplesmente não é um contrato celebrado "fora do estabelecimento comercial", e sim um contrato celebrado "a distância". A indistinção entre gênero e espécie de contratos "a distância" e "fora do estabelecimento comercial", submetidos ao mesmo regime jurídico, dificulta a compreensão e a aplicação do art. 49 do CDC vigente, e o correto enquadramento jurídico dos contratos eletrônicos como tipos de contratos celebrados "a distância". Isso porque o consumidor merece tutela específica na contratação eletrônica, em razão das suas diversas particularidades, tão distintas da contratação "fora do estabelecimento comercial". Nesse contexto se justifica o exercício doutrinário da presente tese, de modo a distinguir a "compra e venda eletrônica de consumo" das demais compras e vendas, com o fim de melhor proteger o consumidor que compra por meio da *internet*.

Outra característica que distingue a "compra e venda eletrônica de consumo" dos demais tipos de compra e venda é justamente a sua "forma eletrônica". Conforme analisado no decorrer do capítulo II, tópico 2, a palavra "forma" é polissemântica, contando com, ao menos, três significados. A "forma eletrônica" do contrato faz referência ao significado mais amplo de "forma", ou seja, de "meio pelo qual as manifestações de vontade se exteriorizam". Assim, o significado do termo "forma", na "compra e venda de consumo sob a forma eletrônica" não se refere à forma *ad substantiam*, enquanto requisito de validade do negócio jurídico, mas ao modo de exteriorização da vontade das partes. Nesse contexto, a compra e venda de consumo sob a "forma eletrônica" é um contrato consensual, não solene, com forma *ad probationem*.

Em relação à forma, adquire especial relevância o tema relativo ao chamado "formalismo informativo", "formalismo de proteção", "forma-conteúdo", "forma-módulo" ou "neoformalismo", objeto de estudo no capítulo II, tópico 4. O formalismo informativo, nas relações de consumo, pode ser definido um conjunto de deveres de informação previstos em lei que se impõe ao fornecedor, e que integram o contrato de consumo. Essa nova função da forma, que torna obrigatório um conteúdo mínimo no contrato, tem como objetivo uma tutela mais ampla do contratante vulnerável. Os contratos eletrônicos de consumo têm, conforme exposto no decorrer do trabalho, um "formalismo informativo" específico, para além daquele previsto nos contratos de consumo em geral, tendo em vista que o consumidor que contrata pela *internet* está exposto à específicas técnicas agressivas de contratação. Nesse contexto, o "formalismo informativo" é, ao lado do direito de arrependimento, uma das principais técnicas utilizadas pelo legislador para tutelar o contratante vulnerável.

Outra característica que diferencia a "compra e venda eletrônica de consumo" dos demais tipos de compra e venda é justamente o modo de adesão e aceitação do contrato. Na compra e venda eletrônica em *websites*, apor meio do sistema *point and click*, a proposta formulada pelo fornecedor ocorre sempre de modo expresso. A aceitação pelo consumidor, diversamente, pode ser tanto "expressa" quanto "tácita". A aceitação do consumidor será expressa quando, na oferta predisposta pelo fornecedor, for disponibilizado um "botão virtual final" cujo acionamento, por si só, permite a conclusão do contrato pelo consumidor. No

CONCLUSÃO **179**

capítulo II, tópico 5, deste livro, foi demonstrado que essa aceitação do consumidor pelo simples *click* no "botão virtual final", tendo em vista a ampliação do conceito de "firma eletrônica" pelos legisladores comunitário e brasileiro, constitui uma aceitação expressa mediante "firma eletrônica simples". A aceitação tácita em *websites*, por sua vez, ocorre quando, para a celebração do contrato telemático, o fornecedor requer a digitação dos dados do cartão de crédito do consumidor, ou seja, um "comportamento concludente" de "aceitação mediante execução da prestação". A classificação da aceitação do consumidor como expressa ou tácita dependerá da arquitetura do *website* utilizado pelo fornecedor.

O modelo de aceitação do contrato em *websites*, pelo sistema *point and click* é objeto de crítica por grande parte da doutrina, que acredita se tratar de um contrato "desumanizado". Nesse sentido, Natalino Irti e Ricardo Luis Lorenzetti aderem à tese segundo a qual as trocas econômicas pela *internet* ocorreriam sem o efetivo consenso por parte do consumidor. Conforme demonstrado no capítulo II, tópico 7, apesar desses fatores inerentes ao comércio eletrônico, que causam maior desequilíbrio entre consumidor e fornecedor, não se pode considerar que se trate de contratos "desumanizados" ao ponto de se imaginar que não haja um acordo de vontade entre os contratantes. A aceitação do consumidor por *websites*, seja tácita ou expressa, trata-se de um novo tipo legítimo de manifestação de vontade, inerente à contratação por meio da *internet*, que conjuga palavras, símbolos, ícones e imagens. Com a aceitação do consumidor pelo *point and click*, o contrato eletrônico considera-se concluído.

O terceiro capítulo do livro foi dedicado ao instituto do direito de arrependimento na compra e venda eletrônica de consumo, característica distintiva mais relevante dessa categoria autônoma de compra e venda. O direito de arrependimento foi uma das grandes inovações introduzidas no direito comunitário, italiano, espanhol e brasileiro na contratação de consumo a distância, e consistente na possibilidade do consumidor de, dentro de determinado período, rescindir unilateralmente o contrato, sem a necessidade de apresentar qualquer motivação. A introdução, dentro dos microssistemas de proteção do consumidor, de uma resilição *ex lege*, voltada para a específica tutela do consumidor que contrata a distância, tratou-se de iniciativa revolucionária por parte desses legisladores, por representar a quebra do princípio *pacta sunt servanda*, consolidado no direito civil. Nesse contexto, de modo a proteger o consumidor, o direito de arrependimento afasta algumas das regras tradicionais dos códigos civis.

O direito de arrependimento, nos contratos eletrônicos de consumo, assim como nos demais contratos celebrados a distância, foi introduzido na legislação, tendo em vista a agressividade intrínseca à essa modalidade de conclusão contratual. Como estudado no primeiro capítulo do presente livro, diferentemente do que ocorre na contratação fora do estabelecimento comercial, na compra celebrada a distância o consumidor não tem acesso físico ao bem ofertado pelo fornecedor, de forma que não conta com a oportunidade de verificar as suas verdadeiras características e funcionalidades. A distância entre o consumidor e o fornecedor, por sua vez, dificulta a sua comunicação, e causa insegurança entre os contratantes. A contratação a distância via *internet*, mediante o sistema *point and click*, para além desses fatores, é extremamente propícia a gerar decisões por impulso por parte do consumidor, sem que este tenha refletido adequadamente sobre a conveniência da operação. O direito de arrependimento na compra e venda eletrônica de consumo trata-se, portanto, de um *spatium deliberandi*, ou *cooling period*, dentro do qual o consumidor pode refletir sobre a compra, lhe sendo possibilitado o desfazimento do vínculo contratual.

Em relação ao microssistema de direito do consumidor, o *ius poenitendi* possui caráter excepcional, por não ser aplicável a todos os contratos de consumo. No entanto, tratando-se dos contratos eletrônicos de consumo, que são contratos celebrados a distância, o instituto assume caráter geral. O direito de arrependimento, nos contratos eletrônicos, ademais, possui natureza "transversal", não tipológica. A sua característica transversal é oriunda do fato de atingir todos os contratos que, por serem celebrados a distância, colocam o consumidor em posição de vulnerabilidade. Nesse ponto, diferencia-se dos demais direitos de arrependimento previstos na legislação de consumo comunitária que atingem determinados tipos contratuais, a prescindir da forma de conclusão contratual.

O direito de arrependimento na compra e venda eletrônica de consumo, em razão de seu caráter protetivo, é inderrogável e irrenunciável. O *ius poenitendi* é, ademais, incondicionado, ou seja, a ele não podem ser adicionadas condições, para além das previstas em lei, com o objetivo de não obstar ou desincentivar o seu exercício por parte do consumidor, de forma a garantir a sua efetiva liberdade de escolha. Sobre esse aspecto frisa-se, em desacordo com parte da doutrina brasileira, que o direito de arrependimento independe, inclusive, da efetiva restituição do bem pelo consumidor ao fornecedor. A consequência do inadimplemento do consumidor é a impossibilidade de reaver o preço pago, no plano do direito restitutório, em momento posterior ao próprio exercício do direito de arrependimento. A incondicionalidade do direito de arrependimento também tem como consequência a sua gratuidade, tendo em vista que o exercício do *ius poenitendi* não pode ser condicionado ao pagamento de valor em dinheiro ou penalidade. Enfatiza-se, no entanto, que o princípio de gratuidade do exercício do direito de arrependimento, não implica a inexistência de todo e qualquer custo para o consumidor, como foi demonstrado no sucessivo capítulo IV.

Os efeitos do direito de arrependimento, no entanto, dependem do seu efetivo exercício por parte do consumidor. No Projeto de Lei 3.514/15, com o objetivo de sanar as lacunas do CDC, está prevista a inclusão, no art. 49 do CDC, do § 8º, de que o fornecedor deve informar ao consumidor os meios adequados e eficazes para exercício do direito de arrependimento, nos quais deve estar contemplado, ao menos, o mesmo modo utilizado para a contratação. Conforme visto, tanto no direito brasileiro quanto no direito comunitário, italiano e espanhol, garante-se, no exercício do direito de arrependimento, a liberdade de forma, como instrumento de tutela do consumidor. Por outro lado, observa-se que, no direito brasileiro, diferentemente do que ocorre no direito comunitário, italiano e espanhol, o fornecedor deve garantir ao consumidor a possibilidade de extinguir o contrato pelo exercício do *ius poenitendi* da mesma forma em que ocorreu a formação do contrato. Na compra e venda eletrônica de consumo, isto significa que o fornecedor deve garantir ao consumidor a possibilidade de exercer o seu direito de arrependimento na mesma plataforma *online* utilizada para concluir o contrato, pelo sistema *point and click*.

Ulterior característica do direito de arrependimento é a sua temporalidade, que consiste no período de tempo dentro do qual pode ser exercido pelo consumidor. Observa-se que o CDC brasileiro prevê, com inspiração na Diretiva 85/5/CEE, o exíguo espaço temporal de 7 dias, a contar do recebimento do produto, para que o consumidor exercite o *ius poenitendi*. No direito europeu, nesse meio tempo, houve uma evolução, a partir da qual o prazo de 7 dias, inicialmente previsto nas diretivas, foi ampliado para 14 dias, por meio da Diretiva 2011/83/UE. Apesar da necessidade de readaptação do instituto de arrependimento em virtude da difusão da contratação eletrônica, no Projeto de Lei 3.514/2015, o legislador optou por conservar o prazo de 7 dias de reflexão previsto no atual CDC. Concluímos, no entanto, que a brevidade desse prazo acaba incidindo sobre a eficácia do instituto do direito de arrependimento no direito brasileiro, motivo pelo qual seria importante a sua extensão, de modo a de modo a melhor tutelar o consumidor na compra e venda eletrônica de consumo.

Apesar de o direito de arrependimento ser um instituto aplicado, em regra geral, à todas as compras e vendas eletrônicas de consumo, os legisladores comunitário, italiano e espanhol reconhecem hipóteses em que, por razão da natureza ou circunstância do bem, seria inapropriada a concessão do direito de arrependimento ao consumidor (art. 16, Diretiva 2011/83/UE; art. 59 c. cons. italiano; art. 103 do TRLGDCU espanhol). Essa inadequação do *ius poenitendi* decorre da impossibilidade de restabelecimento do *status quo ante ab origine*, devido à natureza do bem, ou *a posteriori*, tendo em vista circunstâncias supervenientes. Dentre as hipóteses de exclusão do direito de arrependimento, destacam-se os contratos de "bens realizados segundo as especificações do consumidor ou claramente personalizados", "bens susceptíveis de se deteriorarem ou de ficarem rapidamente fora de prazo", "bens selados não susceptíveis de devolução por motivos de protecção da saúde ou de higiene quando abertos após a entrega", dentre outros.

No direito brasileiro, no entanto, não são previstas quaisquer exceções ao direito de arrependimento do consumidor, motivo pelo qual, na tramitação do PL 3.514/2015, foi proposta a emenda 26, com o fim de incluir lista de exceções similar àquela presente na diretiva. Apesar disso, a Comissão Temporária de Modernização do Código de Defesa do Consumidor não acolheu a referida emenda. Ocorre que, conforme pormenorizado no capítulo III, tópico 7, trata-se de hipóteses em relação às quais o *ius poenitendi* simplesmente não pode ser conferido ao consumidor sem causar enormes danos ao fornecedor. Não por outro motivo, verificou-se, na jurisprudência brasileira, uma série de decisões judiciais divergentes entre si, sobre a possibilidade ou não de o consumidor exercer o *ius poenitendi* nessas hipóteses. Nesse contexto, para garantir a segurança jurídica na compra e venda eletrônica de consumo, e tendo em vista os danos causados em decorrência da impossibilidade de retorno ao *status quo ante* após o exercício do *ius poenitendi*, conclui-se pela necessidade de estabelecimento, no Código de Defesa do Consumidor, de lista de exceções ao seu exercício.

O quarto capítulo, intitulado "O *ius poenitendi* e o direito restitutório", é dedicado ao espaço temporal que se verifica após o exercício do direito de arrependimento por parte do consumidor. Como visto, o fim último do direito de arrependimento, na compra e venda eletrônica de consumo, é o de garantir que o consumidor possa reaver o preço e as eventuais despesas acessórias pagas ao fornecedor, por meio da rescisão unilateral do contrato. Na compra e venda eletrônica, em geral, a conclusão do contrato está condicionada ao pagamento do preço pelo consumidor. Ademais, o *ius poenitendi*, muitas vezes, será exercido pelo consumidor após o adimplemento da obrigação de entrega do bem pelo fornecedor. Isso porque, em se tratando de comércio eletrônico indireto, que tem por objeto a entrega de bens corpóreos, o contato direto do consumidor com o bem adquirido somente irá ocorrer após a entrega do bem. Não por outro motivo, em virtude da extinção do contrato decorrente do exercício *ius poenitendi*, nascem obrigações restitutórias recíprocas correspondentes à devolução do bem pelo consumidor e à restituição do preço pelo fornecedor, sob o fundamento do princípio que veda o enriquecimento sem causa.

No direito brasileiro, o CDC garante ao consumidor o direito à restituição do preço, mas é completamente omisso em relação às suas obrigações restitutórias perante o fornecedor. Por outro lado, inobstante contemple uma regra que garanta ao consumidor o direito à restituição do preço, o teor da norma vigente suscita dúvidas sobre a sua natureza jurídica. Na doutrina, da mesma forma, a análise do problema à luz do direito restitutório é praticamente inexistente. Por força do disposto no art. 886, do Código Civil, ante a omissão no CDC de uma disciplina dedicada à regulamentação do direito restitutório, incide subsidiariamente nas relações de consumo o regime do direito comum. No entanto, em se tratando de um regime geral, carece de algumas normas que poderiam garantir ao consumidor uma proteção mais efetiva na fase posterior à extinção do contrato.

No direito europeu, por exemplo, a Diretiva 2011/83/UE garantiu em favor do consumidor o prazo de 14 dias de calendário para que este possa proceder com a restituição do bem (art. 9, Diretiva 2011/83/UE; art. 57 c.cons. italiano; art. 108 TRLGDCU espanhol). No direito brasileiro, diversamente, por força da incidência do regime geral de direito restitutório incide, em relação à determinação do prazo para o cumprimento da obrigação de restituir o bem pelo consumidor, o princípio da imediatidade constante no art. 331 do Código Civil. Nesse contexto, a inclusão de uma disciplina de direito restitutório no CDC, que especifique o prazo razoável para o cumprimento da obrigação de restituir o bem, seria extremamente benéfica, pois teria o condão de elidir a insegurança jurídica gerada pela incerteza na interpretação e aplicação do princípio da imediatidade no caso concreto.

Com o objetivo de suprir a lacuna no art. 49 do CDC, foi proposta a emenda 27 ao PL 3.514/2015, concedendo ao consumidor o prazo de 15 dias para a devolução do bem, a partir do exercício do *ius poenitendi*. Todavia, sob o equivocado argumento de "proibição de retrocesso em tema de direito fundamental", a partir do qual afirma que não se admite "limitação ou retrocesso aos direitos hoje já existentes na legislação", a Comissão rejeitou a proposta. Ocorre que, diversamente do referido pela Comissão, conclui-se que a positivação de um prazo para a restituição do bem não representaria limitação ou retrocesso, mas um significativo avanço na proteção aos direitos do consumidor.

Em razão da omissão de uma disciplina no CDC dedicada ao direito restitutório, outros aspectos com potencial de obstaculizar a garantia de exercício do direito à restituição do preço pelo consumidor, são regidas pelo Código Civil, na hipótese de inadimplemento da sua obrigação de restituir o produto adquirido. Isso porque, em virtude do princípio que veda o enriquecimento sem causa, o direito do consumidor à restituição do preço depende do exato adimplemento da sua obrigação de restituir o produto, sob pena de restar comprometido, ou pelo direito de retenção do fornecedor, ou mediante a compensação da dívida restitutória com o crédito do consumidor, ou ainda, em caso de responsabilidade do consumidor por perda ou deterioração do bem objeto da obrigação de restituir coisa certa.

No entanto, diversamente do que ocorre no direito civil, não é qualquer deterioração que é capaz de gerar a responsabilidade do consumidor. Isso porque a *ratio* do *ius poenitendi*, na compra eletrônica de bens corpóreos, é justamente a de garantir que o consumidor possa avaliar o bem adquirido, lhe sendo facultada a abertura de embalagens para a prova do produto. Dessa forma, o eventual custo da deterioração do bem resultante da manipulação do bem para a verificação das suas características e funcionalidades deve ser inteiramente suportado pelo fornecedor. Não por outro motivo, a Diretiva 2011/83/UE prevê expressamente, em seu art. 14, parágrafo 2, que o consumidor não é responsável pela diminuição dos valores dos bens decorrentes da necessária para verificar as suas características e o seu funcionamento, transferindo ao profissional o risco da deterioração decorrente da diligente manipulação do bem pelo consumidor (art. 57, *comma* 2, c. cons italiano; art. 108, parágrafo 2, TRLGDCU espanhol).

A omissão no CDC, de uma disciplina que garanta expressamente ao consumidor o direito de manusear o bem coloca em risco a efetividade do *ius poenitendi*, pois dela resulta a incidência do disposto no art. 239 do Código Civil, transferindo-se à doutrina e à jurisprudência a responsabilidade pela construção de uma solução pautada pelo princípio de justiça e equidade. Conclui-se que seria importante a inclusão, no CDC, de uma disciplina que regulamente a obrigação restitutória do consumidor após o exercício do *ius poenitendi*, com o objetivo de excluir a sua responsabilidade pela deterioração decorrente da diligente manipulação do produto para fins de prova e verificação de suas características e funcionalidades.

A questão da perda ou deterioração do bem se torna mais complexa em se tratando de caso fortuito ou força maior. Neste contexto, adquire especial relevância a definição sobre se a extinção do contrato decorrente do exercício do direito de arrependimento produz efeitos *ex nunc* ou *ex tunc*. Durante a análise realizada no capítulo IV, tópico 4 do presente estudo, concluimos que, à luz dos princípios que regem o direito do consumidor, a eficácia extintiva decorrente do exercício do *ius poenitendi* é retroativa, ou seja, produz efeitos *ex tunc*. Dessa forma, exercido o *ius poenitendi*, é como se a compra e venda eletrônica de consumo jamais tivesse sido celebrada, com a consequência de que a propriedade do bem sempre pertenceu ao fornecedor. Ou seja, nas relações de consumo, sob a incidência da conjunção das normas de proteção do consumidor e dos princípios que regem o direito restituitório, o risco pela perda ou deterioração do bem recai sobre o fornecedor.

Após a comprovação, por parte do consumidor, da devolução do bem objeto do *ius poenitendi* ao fornecedor, surge, em favor do consumidor, o direito de exigir o reembolso do preço pago, também com base no princípio que veda o enriquecimento sem causa. Nessa hipótese, a restituição do preço pelo fornecedor é devida, em analogia com a nulidade do contrato, tendo em vista a cessação da causa da transferência patrimonial. O direito à restituição do preço pelo consumidor também está previsto no parágrafo único do art. 49 do Código de Defesa do Consumidor, segundo o qual "e o consumidor exercitar o direito de arrependimento [...] os valores eventualmente pagos, a qualquer título, durante o prazo de reflexão, serão devolvidos, de imediato, monetariamente atualizados". Portanto, no direito brasileiro, uma vez desfeito o contrato em razão do exercício do direito de arrependimento, tanto a obrigação de restituir do fornecedor quanto a do consumidor devem ser efetuadas de modo imediato, levando em consideração o direito de retenção do fornecedor até a comprovação de devolução do bem pelo consumidor.

Na compra e venda eletrônica de bens corpóreos, tendo em vista a distância entre consumidor e fornecedor surgem, frequentemente, obrigações acessórias do consumidor, correspondentes às despesas de transporte necessárias à entrega do bem até seu domicílio ou outro endereço por si indicado. Nesse contexto, por ocasião do exercício do *ius poenitendi*, coloca-se em tela a questão sobre se essas despesas de entrega do bem ao consumidor lhe são reembolsáveis após a extinção do contrato. No direito brasileiro, o parágrafo único do art. 49 do CDC determina que: "se o consumidor exercitar o direito de arrependimento previsto neste artigo, os valores eventualmente pagos, a qualquer título, durante o prazo de reflexão, serão devolvidos". O teor do dispositivo legal é amplo, garantindo ao consumidor o direito à devolução dos valores pagos "a qualquer título". A partir desta disposição, entende-se que, por ocasião do exercício do direito de arrependimento, o consumidor tem o direito não apenas à restituição do preço pago pelo próprio bem, mas também ao reembolso das despesas acessórias de entrega desse bem ao seu domicílio ou outro endereço por si especificado. Essa norma tem como base o princípio da gratuidade do direito de arrependimento, e objetiva garantir a efetividade do instituto, ao tornar a decisão consumidor economicamente neutra.

Nota-se, no entanto, que no art. 49 do CDC não é feita qualquer distinção entre as despesas ordinárias de entrega, e aquelas decorrentes da escolha, pelo consumidor, de modalidade de entrega diferenciada. No direito comunitário, italiano e espanhol, é prevista norma, segundo a qual o profissional não é obrigado a reembolsar os valores adicionais ou suplementares decorrentes da escolha expressa, pelo consumidor, de uma modalidade de entrega mais onerosa e diferente da padrão oferecida pelo profissional (art. 13, parágrafo 2, Diretiva 2011/83/UE; art. 56, *comma* 2, c. cons. italiano; art. 107, parágrafo 2, TRLGDCU espanhol).

Ou seja, não é reembolsável ao consumidor a margem de diferença entre o custo ordinário e aquele extraordinário de entrega, quando ele expressamente tenha assim escolhido. Ressalta-se, nesse contexto, que o dever do consumidor de arcar com a diferença dos custos da entrega mais custosa não prejudica o princípio da gratuidade do direito de arrependimento.

Como aprofundado no decorrer do capítulo IV, tópico 6, salvo disposição contratual em contrário, o reembolso das despesas de entrega não pode compreender a diferença daquelas suplementares, decorrentes da expressa escolha de expedição diferenciada pelo consumidor, tendo em vista o princípio que veda o enriquecimento sem causa. Por esse motivo, diante da omissão constante no art. 49 do CDC, este deve ser interpretado no sentido de serem reembolsáveis as despesas acessórias de entrega ordinária do bem, exceto a margem decorrente de uma escolha expressa, pelo consumidor, de uma entrega diferenciada.

Em virtude da extinção da compra e venda eletrônica de consumo pelo exercício do *ius poenitendi* surge, ademais, a questão relativa a qual das partes deverá arcar com as despesas de devolução do bem ao fornecedor. Como referido, a norma contida no art. 49 do CDC, segundo a qual os valores pagos "a qualquer título" pelo consumidor, durante o prazo de reflexão, serão restituídos pelo fornecedor, foi mantida no Projeto de Lei 3.514/2015. Ocorre que, mediante uma interpretação extensiva, a doutrina e jurisprudência incluem, na prestação devida pelo fornecedor, para além das obrigações de restituir os valores pagos "a qualquer título" no período de reflexão, relativos ao preço do bem e às despesas e entrega, aqueles posteriores a esse período, referentes aos custos de devolução do bem pelo consumidor. Todavia, a partir de uma atenta leitura do disposto no art. 49 do CDC, conclui-se que, diversamente, a norma ali contida não inclui, para além dos valores pagos a qualquer título pelo consumidor durante o prazo de reflexão, os custos relativos à devolução do bem. Isso porque, como referido, trata-se de valores acessórios à obrigação do consumidor de restituir o bem, devidos somente após a extinção do contrato decorrente do exercício do *ius poenitendi*.

Em síntese, os efeitos da recente revolução tecnológica nas relações de consumo são significativos, determinando o surgimento do comércio eletrônico e de práticas comerciais que demandam a necessidade de adaptação do direito dos contratos à nova realidade. No direito comunitário, os reflexos das novas tecnologias nas relações de consumo resultaram no esforço do legislador para aprimorar as regras de contratação a distância, com especial referência àquela por meio da *internet*, na Diretiva 2011/83/UE, incorporadas no direito italiano pelo d. lgs. 21/2014, e no direito espanhol, pela Lei 3/2014. Ademais, a doutrina europeia realizou importante contribuição para o desenvolvimento do direito do consumidor na União Europeia e nos seus países membros.

No direito brasileiro, verifica-se a inadequação da original redação do CDC, vigente desde 1990, para a eficaz proteção do consumidor que contrata via *internet*, desde em relação a distinção entre a contratação "a distância" daquela "fora do estabelecimento comercial", até a completa omissão quanto aos deveres específicos de informação do fornecedor, além das deficiências respeito à regulamentação do direito de arrependimento e os efeitos do seu exercício pelo consumidor. Nesse contexto, desde 2012 tramita o PL 281, hoje sob o número 3.514/15, cujo principal objetivo é justamente a adaptação do Código de Defesa do Consumidor à contratação eletrônica de consumo.

O Projeto de Lei 3.514/15, de suma importância, apresenta muitas inovações, principalmente quanto aos deveres de informação do fornecedor na contratação a distância. Todavia, apresenta algumas deficiências e omissões que deveriam ter sido sanadas, como a confusão do legislador entre as modalidades de contratação a distância e fora do estabelecimento comercial. Além do que, caberia uma regulamentação mais pormenorizada sobre o direito de arrependimento e os efeitos de seu exercício, visando garantir uma tutela mais eficaz do consumidor. Nessa enquadratura se encontra a importância da análise realizada no presente livro, com o objetivo de desenvolver a doutrina brasileira em relação à contratação eletrônica de consumo e, possivelmente, contribuir na elaboração de normas mais eficazes e adequadas por parte do legislador.

REFERÊNCIAS

ADAM, Roberto; TIZZANO, Antonio. *Manuale di Diritto dell'unione europea*. 2. ed. Torino: G. Giappichelli Editore, 2017. ISBN 978-88-921-1138-7.

AGUADO, Josep Llobet I. *El deber de información en la formación de los contratos*. Madrid: Marcial Pons, 1996. ISBN 84-7248-331-2.

ALPA, Guido. *Il diritto dei consumatori*. Roma: Editori Laterza, 2002. ISBN 88-420-6676-1.

ALPA, Guido. *Introduzione*, in ALPA, Guido (a cura di). *I contratti del consumatore*. Milano: Giuffrè Editore, 2014. ISBN 88-14-18726-6.

ALPA, Guido. *Status e capacità*. Roma: Editori Laterza, 1993. ISBN 9788842041436.

ALTMARK, Daniel Ricardo. La etapa precontractual en los contratos informáticos. In: ALTMARK, Daniel Ricardo (Dir.); BIELSA, Rafael A. (Coord.). *Informática y derecho. Aportes de doctrina internacional*. Buenos Aires: Ediciones Depalma, 1987. v. 1. ISBN 950-14-0414-5.

ÁLVAREZ LATA, Natalia. Artículo 106. Ejercicio y efectos del derecho de desistimiento. In: BERCOVITZ RODRÍGUEZ-CANO, Rodrigo (Coord.). *Comentario del Texto Refundido de la Ley General para la Defensa de los Consumidores y Usuarios y otras Leyes Complementarias*. Navarra: Editorial Aranzadi S/A, 2015. ISBN 9788490981436.

ÁLVAREZ LATA, Natalia. Artículo 107. Obligaciones y derechos del empresario en caso de desistimiento. In: BERCOVITZ RODRÍGUEZ-CANO, Rodrigo (Coord.). *Comentario del Texto Refundido de la Ley General para la Defensa de los Consumidores y Usuarios y otras Leyes Complementarias*. Navarra: Editorial Aranzadi S/A, 2015. ISBN 9788490981436.

ÁLVAREZ LATA, Natalia. Artículo 108. Obligaciones y responsabilidad del consumidor y usuario en caso de desistimiento. In: BERCOVITZ RODRÍGUEZ-CANO, Rodrigo (Coord.). *Comentario del Texto Refundido de la Ley General para la Defensa de los Consumidores y Usuarios y otras Leyes Complementarias*. Navarra: Editorial Aranzadi S/A, 2015. ISBN 9788490981436.

ÁLVAREZ MORENO, María Teresa. *La contratación electrónica mediante plataformas en línea: modelo negocial (B2C), régimen jurídico y protección de los contratantes (proveedores y consumidores*. Madrid: Editorial Reus, 2021. ISBN 978-84-290-2491-3.

ALVENTOSA DEL RÍO, Josefina. *Perfección del contrato*. Barcelona: Nueva Enciclopedia Jurídica Seix, 1989. ISBN 2070- 8157.

ALVIM, Agostinho. Do enriquecimento sem causa. *Revista dos Tribunais*, jun. 2011. ISSN 0034-9275

AMARAL, Francisco. *Direito Civil*. 7. ed. São Paulo: Renovar, 2008. ISBN 9788571476998.

ARIAS POU, María. Deber de información previa en la contratación electrónica por internet. *Diario La Ley*, n. 6689, 2007. ISSN 1989-6913.

ARNAU RAVENTÓS, Lidia. Imposibilidad de restituir la prestación y facultad de desistimiento. *Revista de Derecho Civil*, v. I, n. 4, p. 261-265, oct./dic. 2014. ISSN 2341-2216.

ARNAU RAVENTÓS, Lídia. El plazo para desistir en los contratos con consumidores. *Anuario de Derecho Civil*, t. LXIV, fasc. I, 2011. ISSN 0210-301X.

ATELLI, Massimiliano. Il problema della sindacabilità della decisione di esercizio dello ius poenitendi attribuito «ex lege» al consumatore. *Rivista critica del diritto privato*. 2001. ISSN 1123-1025.

AZEVEDO, Fernando Costa de; KLEE, Antonia Espíndola Longoni. Considerações sobre a proteção dos consumidores no comércio eletrônico e o atual processo de atualização do Código de Defesa do Consumidor. *Revista de Direito do Consumidor*, n. 85, 2013. ISSN 1415-7705.

BALDERAS BLANCO, Santi. La eficiencia en la información precontractual sobre el derecho de desistimiento en contratos a distancia. *Diario La Ley*, n. 8394, 2014. ISSN 1989-6913.

BARCA, Alessandro. *Il Diritto di recesso nei contratti del consumatore*. Milano: Giuffrè Editore, 2011. ISBN 88-14-15666-2.

BARLOW, John Perry. *A Declaration of the Independence of Cyberspace*. 1996. Disponível em: https://www.eff.org/cyberspace-independence.

BATTELLI, Ettore. I contratti a distanza e i contratti fuori dai locali commerciali. In: RECINTO, Giuseppe; MEZZASOMA, Lorenzo; CHERTI, Stefano. *Diritti e tutele dei consumatori*. Napoli: Edizioni Scientifiche Italiane, 2014. ISBN 978-88-495-2893-0.

BATTELLI, Ettore. I contratti del commercio online. In: RECINTO, Giuseppe; MEZZASOMA, Lorenzo; CHERTI, Stefano. *Diritti e tutele dei consumatori*. Napoli: Edizioni Scientifiche Italiane, 2014. ISBN 978-88-495-2893-0.

BRAVO, Fabio. *I contratti a distanza nel codice del consumo e nella direttiva 2011/83/UE. Verso un codice europeo del consumo*. Milano: Giuffrè Editore, 2013. ISBN 88-14-18138-1.

BEDNARZ, Zofia. Derecho de desistimiento en la contratación electrónica con consumidores: áreas problemáticas y posibilidades de mejora. *La Ley mercantil*, n. 42, 2017. ISSN 2341-4537.

BELLELLI, Alessandra. *Il principio di conformità tra proposta e accettazione*. Padova: CEDAM, 1992. ISBN 88-13-17803-4.

BELLELLI, Alessandra; PERUGINI, Sara. *Diritto dei consumi*: Soggetti, atto, attività, enforcement. Torino: G. Giappichelli Editore, 2015. ISBN 978-88-921-0197-5.

BELUCHE RINCÓN, Iris. *El derecho de desistimiento del consumidor*. Valencia: Tirant lo blanch, 2009. ISBN 978-84-9876-492-5.

BENEDETTI, Alberto Maria. Recesso del consumatore. *Enciclopedia del Diritto*, Annali IV. Milano: Giuffrè Editore, 2011.

BERCOVITZ RODRÍGUEZ-CANO, Rodrigo. Artículo 3. Concepto de consumidor y usuário. In: BERCOVITZ RODRÍGUEZ-CANO, Rodrigo (Coord.). *Comentario del Texto Refundido de la Ley General para la Defensa de los Consumidores y Usuarios y otras Leyes Complementarias*. Navarra: Editorial Aranzadi S/A, 2015. ISBN 9788490981436.

BERCOVITZ RODRÍGUEZ-CANO, Rodrigo. Artículo 4. Concepto de empresário. In: BERCOVITZ RODRÍGUEZ-CANO, Rodrigo (Coord.). *Comentario del Texto Refundido de la Ley General para la Defensa de los Consumidores y Usuarios y otras Leyes Complementarias.* Navarra: Editorial Aranzadi S/A, 2015. ISBN 9788490981436.

BIANCA, Cesare Massimo. *Istituzioni di diritto privato.* Milano: Giuffrè Editore, 2014, ISBN 88-14-18180-2.

BIANCA, Cesare Massimo. *Il contratto. Diritto civile.* 3. ed. Milano: Giuffrè Francis Lefebvre, 2019. ISBN 9788828808954.

BOTANA GARCÍA, Gema Alejandra. Noción de comercio electrónico. In: BOTANA GARCÍA, Gema Alejandra (Coord.). *Comercio Electrónico y Protección de los Consumidores.* Ed. Madrid: La Ley, 2001. ISBN 84-9725-158-X.

BOTANA GARCÍA, Gema Alejandra. Artículo 1. El mandato constitucional de protección a los consumidores y usuários. In: LLAMAS POMBO, Eugenio (Coord.). *Ley General para la Defensa de los Consumidores y Usuarios. Comentarios y Jurisprudencia de la Ley veinte años después.* Madrid: La Ley, 2005. ISBN 84-9725-603-4.

BOTANA GARCÍA, Gema Alejandra. Comentario de urgencia a la reforma del Texto Refundido de la Ley General para la Defensa de los Consumidores y Usuarios y otras leyes complementarias. *Diario La Ley,* n. 8301, 2014. ISSN 1989-6913.

BOTANA GARCÍA, Gema Alejandra. El nuevo texto refundido de consumidores y usuarios. *Diario La Ley,* n. 6990, 2008. ISSN 1989-6913.

CANARIS, Claus-Wilhelm. *Pensamento e conceito de sistema na ciência do direito.* Lisboa: Fundação Calouste Gulbenkian, 1983. ISBN 9723102951.

CAPO, Giovanni. I contratti ad oggetto informatico. In: VALENTINO, DANIELA. *Manuale di Diritto dell'Informatica.* Napoli: Edizioni Scientifiche Italiane, 2016. ISBN 978-88-495-3101-5.

CAPOBIANCO, Ernesto. Impresa e contratto tra diritto comunitario e diritto interno. In: PERLINGIERI, Pietro; CATERINI, Enrico (a cura di). *Il diritto dei consumi.* Rende: Edizioni Scientifiche Italiane, 2005. v. I. ISBN 88-89464-01-1.

CARRASCOSA LÓPEZ, Valentín; POZO ARRANZ, María Asunción; RODRÍGUEZ DE CASTRO, Eduardo Pedro. *La contratación informática*: el nuevo horizonte contractual. Los contratos electrónicos e informáticos. 3. ed. Granada: Editorial Comares, 2000. ISBN 84-8444-199-7.

CARRASCO PERERA, Ángel. Comentarios a la Ley 3/2014 de reforma de la LGDCU. Entrega de los bienes vendidos, resolución y traslado de los riesgos en la compraventa de consumo. *Revista CESCO de Derecho de Consumo,* 9/2014. ISSN 2254-2582.

CARVALHO, Jorge Morais. *Venda de Bens de Consumo e Fornecimento de Conteúdos e Serviços Digitais* – As Diretivas 2019/771 e 2019/770 e o seu Impacto no Direito Português. Disponível em: https://cije.up.pt/pt/red/edicoesanteriores/venda-de-bens-de-consumo-e-fornecimento-de-conteudos-e-servicosdigitais-ndash-as-diretivas-2019771-e--2019770-e-o-seu-impacto-no-direitoportugues/.

CIACCI, Gianluigi. Le fonti del diritto dell'informatica. In: VALENTINO, Daniela (Coord). *Manuale di diritto dell'informatica*. 3. ed. Napoli: Edizioni Scientifiche Italiane, 2016. ISBN 978-88-495-3101-5.

CIAN, Giorgio; TRABUCCHI, Alberto. *Commentario breve al Codice Civile*. Milano: CEDAM, 1994. ISBN 88-13-17744-5.

CIMINO, Iacopo Pietro. Art. 57. Obblighi del consumatore nel caso di recesso. In: GAMBINO, Alberto Maria; NAVA, Gilberto. *I nuovi diritti dei consumatori. Commentario al d.lgs. n. 21/2014*. Torino: G. Giappichelli Editore, 2014. ISBN 978-88-7524-291-6.

COUTO E SILVA, Clóvis V. *A obrigação como processo*. São Paulo: José Bushatsky Editor, 1976.

D'AMICO, Giovanni. La compravendita. *Trattato di Diritto Civile del Consiglio Nazionale del notariato*. Napoli: Edizioni Scientifiche Italiane, 2013. t. I. ISBN 9788849525649.

DAWSON, Sandy; KIM, Minjeong. External and internal trigger cues of impulse buying online. *Direct Marketing An International Journal*, 2009. Disponível em: https://www.emerald.com/insight/content/doi/10.1108/17505930910945714/full/html

DAVARA RODRÍGUEZ, Miguel Ángel. *Manual de derecho informático*. 11. ed. Navarra: Aranzadi, 2015. ISBN 9788490987520.

DE BONIS, Daniele. Art. 63. Passaggio del rischio. In: GAMBINO, Alberto Maria; NAVA, Gilberto. *I nuovi diritti dei consumatori. Commentario al d.lgs. n. 21/2014*. Torino: G. Giappichelli Editore, 2014. ISBN 978-88-7524-291-6.

DE LUCCA, Newton. Comércio eletrônico na perspectiva de atualização do CDC. *Revista Luso-Brasileira de Direito do Consumo*, v. II, n. 3, p. 113-132, set. 2012. Curitiba: Bonijuris, ISSN 2237-1168.

DELFINI, Francesco. *Forma Digitale, contrato e commercio elettronico*. Milano: UTET Giuridica, 2020. ISBN 9788859822486.

DELFINI, Francesco. Documento informatico e firme elettroniche. In: VALENTINO, Daniela (Coord). *Manuale di diritto dell'informatica*. 3. ed. Napoli: Edizioni Scientifiche Italiane, 2016. ISBN 978-88-495-3101-5.

DHOLAKIA, Ruby R. Switching to electronic stores: consumer characteristics and the perception of shopping benefits. *International Journal of Retail & Distribution Management*, 2002. ISSN 0959-0552.

DÍAZ ALABART, Silvia (Dir); ÁLVAREZ MORENO, M. Teresa (Coord). *Contratos a distancia y contratos fuera del establecimiento mercantil. Comentario a la Directiva 2011/83 (adaptado a la Ley 3/2014, de modificación del TRLCU)*. Madrid: Editorial Reus, 2014. ISBN 978-84-290-1774-8.

DIAS OLIVEIRA, Elsa. *A Proteção dos Consumidores nos Contratos Celebrados Através da Internet*. Coimbra: Almedina, 2002. ISBN 972-40-1689-7.

DÍEZ-PICAZO, Luis. *Derecho y masificación social. Tecnología y Derecho privado*. Madrid: Cuaderno Civitas, 1979. ISBN 9788473985246.

DIÉZ-PICAZO, Luis. *Fundamentos del derecho civil patrimonial I. Introducción teoría del contrato*. 6. ed. Pamplona: Registradores de España, 2007. ISBN 978-84-470-2665-4.

DÍEZ-PICAZO, Luis. *Sistema de derecho civil. Contratos en especial. Cuasi contratos. Enrique-cimiento sin causa. Responsabilidad extracontractual*. 11. ed. Madrid: Editorial tecnos, 2015. v. II, t. 2. ISBN 978-84-309-3669-4.

DÍEZ-PICAZO, Luis. *Sistema de derecho civil. El contrato en general. La relación obligatoria*. 11. ed. Madrid: Editorial Tecnos, 2016. v. II, t. 1. ISBN 978-84-309-6879-9.

DÍEZ-PICAZO, Luis; PONCE DE LEÓN. La formación del contrato. *Anuario de Derecho Civil*, 1995. ISSN 0210-301X.

DOMÍNGUEZ LUELMO, Andrés. Derecho de desistimiento. In: CÁMARA LAPUENTE, Sergio (Dir.); ARROYO AMAYUELAS (Coord.). *La revisión de las normas europeas y nacionales de protección de los consumidores. Más allá de la directiva sobre derechos de los consumidores y del instrumento opcional sobre un derecho europeo de la compraventa de octubre 2011*. Pamplona: Civitas, 2012. ISBN 978-84-470-3981-4.

EGIDI, Roberto. La rilevanza dei vincoli formali nell'ambito della fiscalità immobiliare. *Le Corti Umbre*, n. 2. Napoli: Edizioni Scientifiche Italiane, 2013. ISSN 2282-1279.

EIDENMÜLLER, Horst; FAUST, Florian; GRINGOLEIT, Hans Christoph; JENSEN, Nils; WAGNER, Gerhard; ZIMMERMANN, Reinhard. Hacia una revisión del acquis de consumo. In: CÁMARA LAPUENTE, Sergio (Dir.); ARROYO AMAYUELAS (Coord.). *La revisión de las normas europeas y nacionales de protección de los consumidores. Más allá de la directiva sobre derechos de los consumidores y del instrumento opcional sobre un derecho europeo de la compraventa de octubre 2011*. Pamplona: Civitas, 2012. ISBN 978-84-470-3981-4.

FAVALE, Rocco. Forme legali e tutela dei consumatori. *Le Corti Umbre*, n. 2. Napoli: Edizioni Scientifiche Italiane, 2013, p. 318- 333. ISSN 2282-1279.

FAVALE, Rocco. Il formalismo nel diritto dei consumatori. *Contratto e Impresa/Europa*, n. 2 lug./dic. 2012. Padova: Wolters Kluwer Italia Srl, 2012. ISSN 1127-2872.

FEBBRAJO, Tommaso. Obblighi di informazione e principio di effettività dopo il recepimento della direttiva 2011/83/UE sui diritti dei consumatori. In: CATERINI, Enrico; DI NELLA, Luca; FLAMINI, Antonio; MEZZASOMA, Lorenzo; POLIDORI, Stefano (a cura di). *Scritti in onore di Vito Rizzo. Persona, mercato, contratto e rapporti di consumo*. Napoli: Edizioni Scientifiche Italiane, 2017. t. II. ISBN 978-88-495-3353-8.

FERREIRA DE ALMEIDA, Carlos. *Os Direitos dos Consumidores*. Coimbra: Livraria Almeida, 1982. ISBN 12209798.

FINOCCHIARO, Giusela Dolores. Tecniche di imputazione della volontà negoziale. In: CLARIZIA, Renato (a cura di). *I contratti informatici*. Torino: UTET giuridica, 2007. ISBN 978-88-598-0098-9.

GALLO, Paolo. *L'arricchimento senza causa, la responsabilità civile*. Torino: G. Giappichelli editore, 2018. ISBN 978-88-921-1330-5.

GALLO, Paolo. Asimmetrie informative e doveri di informazione. *Rivista di Diritto Civile*, 2004. ISSN 0035-6093.

GAMBINO, Alberto Maria. *L'accordo telematico*. Milano: Giuffrè Editore, 1997. ISBN 88-14-06655-8.

GARCÍA MEXÍA, Pablo. El derecho de internet. In: PÉREZ BES, Francisco (Coord.). *El derecho de internet*. Barcelona: Atelier libros jurídicos, 2016. ISBN 978-84-16652-07-5.

GARCÍA MONTORO, Lourdes. El futuro del mercado digital único pasa por la regulación de las plataformas online. *Revista CESCO de Derecho de Consumo*, 2016. ISSN 2254-2582.

GARCÍA VICENTE, José Ramón; MINERO ALEJANDRE, Gemma. Artículo 75. Imposibilidad de devolver la prestación por parte del consumidor y usuário. In: BERCOVITZ RODRÍGUEZ-CANO, Rodrigo (Coord.). *Comentario del Texto Refundido de la Ley General para la Defensa de los Consumidores y Usuarios y otras Leyes Complementarias*. Navarra: Editorial Aranzadi S/A, 2015. ISBN 9788490981436.

GARCÍA VICENTE, José Ramón; MINERO ALEJANDRE, Gemma. Artículo 76. Devolución de las sumas percebidas por el empresário. In: BERCOVITZ RODRÍGUEZ-CANO, Rodrigo (Coord.). *Comentario del Texto Refundido de la Ley General para la Defensa de los Consumidores y Usuarios y otras Leyes Complementarias*. Navarra: Editorial Aranzadi S/A, 2015. ISBN 9788490981436.

GEMMA, Andrea. *L'accordo telematico*, in CLARIZIA, Renato (a cura di). *I contratti informatici*. Torino: UTET giuridica, 2007, p. 237-278. ISBN 978-88-598-0098-9.

GENTILI, Aurelio. *Documento elettronico*: validità ed efficacia probatoria. In: CLARIZIA, Renato (a cura di). *I contratti informatici*. Torino: UTET giuridica, 2007. ISBN 978-88-598-0098-9.

GERMANO ALVES, Fabrício; REIS, Halissa. Aplicabilidade do direito de arrependimento no comércio eletrônico em relação aos produtos personalizados. *Cadernos de Direito*, Piracicaba, v. 17 (32): p. 117-149, jan./jun. 2017. ISSN 1676-529-X.

GRIMALT SERVERA, Pedro. La formación del contrato celebrado por medios electrónicos. I:n PARRA LUCÁN, María Ángeles (Dir.). *Negociación y perfección de los contratos*. Navarra: Thomson Reuters, 2014. ISBN 978-84-9059-297-7.

GUALDIERI, Maurizio; Art. 56. Obblighi del professionista nel caso di recesso. In: GAMBINO, Alberto Maria; NAVA, Gilberto. *I nuovi diritti dei consumatori. Commentario al d.lgs. n. 21/2014*. Torino: G. Giappichelli Editore, 2014. ISBN 978-88-7524-291-6.

GUERINONI, Ezio. Art. 52-59. In: CUFFARO, Vincenzo (a cura di). *Codice del consumo*. Milano: Giuffrè Francis Lefebvre, 2019. ISBN 9788828803966.

GUERINONI, Ezio. *I contratti del consumatore. Principi e regole*. Torino: G. Giappichelli editore, 2011. ISBN 978-88-348-1864-0.

GUILLÉN CATALÁN, Raquel. *El régimen jurídico de la oferta contractual dirigida a consumidores*. Madrid: Fundación Registral, 2010. ISBN 978-84-92884-06-3.

GUIMARÃES, Maria Raquel. 'The Long and Winding Road': da Proposta de Directiva relativa aos direitos dos consumidores de 2008 à Directiva 2019/771 de 20 de maio de 2019 relativa a certos aspectos dos contratos de compra e venda de bens (passando pela Proposta alterada de 2017). Disponível em: https://cije.up.pt/pt/red/ultima-edicao.

GUZZARDI, Gaetano. Art. 56. Obblighi del professionista nel caso di recesso. In: D'AMICO, Giovanni. *La riforma del codice del consumo. Commentario al D. Lgs. n. 21/2014*. Milano: Wolters Kluwer CEDAM, 2015. ISBN 9788813352288.

GUZZARDI, Gaetano. Art. 57. Obblighi del consumatore nel caso di recesso. In: D'AMICO, Giovanni. *La riforma del codice del consumo. Commentario al D. Lgs. n. 21/2014*. Milano: Wolters Kluwer CEDAM, 2015. ISBN 9788813352288.

HALL, Elizabeth; HOWELLS, Geraint; WATSON, Jonathon. The Consumer Rights Directive – An Assessment of its Contribution to the Development of European Contract Law. *European Review of Contract Law*, v. 8, n. 2, 2012. ISSN 1614-9939.

HERNÁNDEZ GIL, Antonio. *Derecho de Obligaciones*. Madrid: Editorial Ceura, 1983. ISBN 84-85942-08-6.

HERRERA JOANCOMARTÍ, Jordi. Nociones técnicas de internet. In: PEGUERA POCH, Miquel (Coord.). *Derecho y nuevas tecnologías*. Barcelona: Editorial UOC, 2005. ISBN 84-9788-211-3.

IRTI, Natalino. *L'età della decodificazione*. Milano: Giuffrè Editore, 1999. ISBN 88-14-07586-7.

IRTI, Natalino. Scambi senza accordo. *Rivista trimestrale di diritto e procedura civile*, v. 52, fasc. 2, 1998. ISSN 0391-1896.

JAEGER JUNIOR, Augusto. *A liberdade de concorrência na União Europeia e no Mercosul*. São Paulo: Editora LTr, 2006. ISBN 85-361-0765-0.

JORGE PÉREZ, Carlos de. Click, browse and log-in agreements: ¿Sabemos qué contratamos en internet? In: BUENO DE MATA, Federico (Coord.). *Fodertics 6.0*: los nuevos retos del derecho ante la reta digital. Granada: Editorial Colmares, S.L, 2017. ISBN 978-84-9045-571-5.

JUNQUEIRA DE AZEVEDO, Antônio. *Negócio jurídico*: existência, validade e eficácia. São Paulo: editora Saraiva, 2002. ISBN 85-02-03802-8.

JUNQUEIRA GOMIDE, Alexandre. O direito de arrependimento aos consumidores: modelo atual e as proposições do Projeto de Lei do Senado 281/2012. *Revista Luso-Brasileira de Direito do Consumo*, v. III, n. 9, p. 29- 49, mar. 2013. ISSN 2237-1168

JUNQUEIRA GOMIDE, Alexandre. *Direito de Arrependimento nos Contratos de Consumo*. São Paulo: Almedina, 2014. ISBN 978-85-63182-88-3.

JUNQUEIRA, Miriam. *Contratos Eletrônicos*. Rio de Janeiro: Mauad, 1997. ISBN 9788585756574.

JUSTE MENCÍA, Javier. Contratación a distancia y protección de los consumidores en el Derecho comunitario europeo (Algunas consideraciones sobre la Directiva 97/7/CE del Parlamento Europeo y del Consejo de 20 de mayo de 1997). *Diario La Ley*, 1997. ISSN 1989-6913.

KLEE, Antônia Espíndola Longoni. *Comércio Eletrônico*. São Paulo: Ed. RT, 2014. ISBN 978-85-203-5441-4.

LALAGUNA DOMINGUEZ, Enrique. *El Contrato*: estructura, formación y eficacia. Valencia: tirant lo blanch, 1997. ISBN 8480024356.

LARENZ, Karl. *Derecho de Obligaciones*. Madrid: Editorial Revista de Derecho Privado, 1959. v. II.

LARROSA AMANTE, Miguel Ángel. *El derecho de desistimiento en la contratación de consumo*. Valencia: Tirant lo blanch, 2017. ISBN 978-84-9143-394-1.

LLAMAS POMBO, Eugenio. *La Compraventa*. Madrid: La Ley, 2014. ISBN 978-84-9020-338-5.

LLAMAS POMBO, Eugenio. La vendita e la tutela del consumatore nell'ordinamento spagnolo. In: MEZZASOMA, Lorenzo; RIZZO, Vito; LLAMAS POMBO, Eugenio (a cura di). *La Compravendita*: Realtà e Prospettive. Napoli: Edizioni Scientifiche Italiane, 2015. ISBN 978-88-495-2990-6.

LASARTE, Carlos. *Manual sobre protección de consumidores y usuarios*. 11. ed. Madrid: Editorial Dykinson, 2019. ISBN 978-8413242149.

LORENZETTI, Ricardo Luis. *Comercio Electrónico*. Buenos Aires: Abeledo Perrot, 2001. ISBN 950-20-1342-5.

LORENZETTI, Ricardo Luis. Informática, *cyberlaw, e-commerce*. In: DE LUCCA, Newton; SIMÃO FILHO, Adalberto. *Direito & Internet. Aspectos jurídicos relevantes*. São Paulo: EDIPRO, 2000. ISBN 85-7283-294-7.

LUMINOSO, Angelo. *La Compravendita*. 9. ed. Torino: G. Giappichelli Editore, 2018. ISBN 978-88-921-1726-6.

LUMINOSO, Angelo. Relazione Introduttiva. In: MEZZASOMA, Lorenzo; RIZZO, Vito; LLAMAS POMBO, Eugenio (a cura di). *La compravendita: realtà e prospettive*. Napoli: Edizioni Scientifiche Italiane s.p.a, 2015. ISBN 978-88-495-2990-6.

LUNA SERRANO, Agustín. La protección del contratante débil (con algunas precisiones de diferenciación entre los derechos español e italiano). In: CATERINI, Enrico; DI NELLA, Luca; FLAMINI, Antonio; MEZZASOMA, Lorenzo; POLIDORI, Stefano (a cura di). *Scritti in onore di Vito Rizzo. Persona, mercato, contratto e rapporti di consumo*. Napoli: Edizioni Scientifiche Italiane, 2017. t. I. ISBN 978-88-495-3353-8.

MAGALHÃES MARTINS, Guilherme. *Formação dos contratos eletrônicos via internet*. 2. ed. São Paulo: Lumen Juris Editora, 2010. ISBN 8537507156.

MANCALEONI, Anna Maria. *I contratti con i consumatori tra diritto comunitario e diritto comune europeo*, 2005. ISBN 8824315828.

MANGIARACINA, Livio. La corte di giustizia, il recesso nel BGB e l'obbligo restitutorio relativo alle spese di consegna. *Europa e Diritto Privato*, fasc. 4, 2011. ISSN 1720-4542.

MARCHESI, Antonia; SCOTTO, Giulia. *Il diritto dell'unione europea: dinamiche e istituzioni dell'integrazione*. Roma: Carocci, 2009. ISBN 978-88-430-3426-0.

MARIGHETTO, Andrea. *O Acesso ao Contrato*: Sentido e Extensão da Função Social do Contrato. São Paulo: Editora Quartier Latin do Brasil, 2012. ISBN 978-8576746256.

MARÍN LÓPEZ, Manuel Jesús. El "nuevo" concepto de consumidor y empresario tras la Ley 3/2014, de reforma del TRLGDCU. *Revista CESCO de Derecho de Consumo*, n. 9/2014. ISSN 2254-2582.

MARQUES, Claudia Lima. *Contratos no Código de Defesa do Consumidor*: o novo regime das relações contratuais. 8. ed. São Paulo: Ed. RT, 2016. ISBN 978-85-203-6640-0.

MARQUES, Claudia Lima. *Confiança no comércio eletrônico e a proteção do consumidor. Um estudo dos negócios jurídicos de consumo no comércio eletrônico*. São Paulo: Ed. RT, 2004. ISBN 85-203-2604-8.

MARTÍNEZ GALLEGO, Eva María. *La formación del contrato a través de la oferta y la aceptación*. Madrid: Marcial Pons, 2000. ISBN 84-7248-761-X.

MAZZAMUTO, Salvatore. La nuova direttiva sui diritti del consumatore. *Europa e Diritto Privato*, n. 4, 2011. ISSN 1720-4542.

MENÉNDEZ MATO, Juan Carlos. *El contrato vía internet*. Barcelona: J.M Bosch Editor, 2005. ISBN 84-7698-733-1.

MENÉNDEZ MATO, Juan Carlos. *La Oferta Contractual*. Navarra: Aranzadi editorial, 1998. ISBN 8481938882.

MENKE, Fabiano. A medida Provisória n. 983 e a classificação das assinaturas eletrônicas: comparação com a Medida Provisória n. 2.200-2 de 2001. *CryptoID*. São Paulo, 2020. Disponível em: https://cryptoid.com.br/banco-de-noticias/a-mp-983-e-a-classifica-cao-dasassinaturas-eletronicas-comparacao-com-a-mp-2-200-2 porfabiano-menke/.

MENKE, Fabiano. A criptografia e a Infraestrutura de Chaves Públicas brasileira (ICP-Brasil). *Revista dos Tribunais*, São Paulo: Ed. RT, v. 998, p. 83-97, Caderno Especial. dez. 2018. ISSN 0034-9275.

MENKE, Fabiano. Apontamentos sobre o comércio eletrônico no direito brasileiro. In: ULHOA COELHO, Fábio. *Questões de direito comercial no Brasil e em Portugal*. São Paulo: Saraiva, 2014. ISBN 978-85-02-20947-3.

MENKE, Fabiano. *Assinatura eletrônica: aspectos jurídicos no direito brasileiro*. São Paulo: Ed. RT, 2005. ISSN 0034-9275.

MENKE, Fabiano. A forma dos contratos eletrônicos. *Revista de Direito Civil Contemporâneo*, v. 26, 2021. ISSN 23581433.

MENKE, Fabiano. *Assinatura Eletrônica no Direito Brasileiro*. São Paulo: Ed. RT, 2005. ISBN 85-203-2734-6.

MEZZASOMA, Lorenzo. Il consumatore e il professionista. In: RECINTO, Giuseppe; MEZZASOMA, Lorenzo; CHERTI, Stefano. *Diritti e tutele dei consumatori*. Napoli: Edizioni Scientifiche Italiane, 2014. ISBN 978-88-495-2893-0.

MEZZASOMA, Lorenzo. Novità del diritto contrattuale in Italia e tutela del contraente debole. *Le Corti Umbre*, n. 3, p. 919 ss., 2014. Edizioni Scientifiche Italiane. ISSN 2282-1279.

MEZZETTI, Andrea; LIGI, Saverio. Articolo 52. Diritto di recesso. In: GAMBINO, Alberto Maria; NAVA, Gilberto. *I nuovi diritti dei consumatori. Commentario al d.lgs. n. 21/2014*. Torino: G. Giappichelli Editore, 2014. ISBN 978-88-7524-291-6. ISBN 978-88-7524-291-6.

MICHELON JR., Cláudio. *Direito Restituitório: enriquecimento sem causa, pagamento indevido, gestão de negócios*. São Paulo: Ed. RT, 2004. ISBN 85-203-2981-0.

MIRAGEM, Bruno. *Curso de Direito do Consumidor*. 5. ed. São Paulo: Ed. RT, 2014. ISBN 978-85-203-5357-8.

MIRAGEM, Bruno. Aspectos característicos da disciplina do comércio eletrônico de consumo: comentários ao Dec. 7.962, de 15.03.2013. *Revista de Direito do Consumidor*, ano n. 86. São Paulo: Ed. RT, 2013, p. 287-299. ISSN 1415-7705.

MORAES, Evaristo de. *Apontamentos de direito operário*. 4. ed. São Paulo: Editora LTr, 1971. ISBN 8573224290.

MORAES, Evaristo de. *Accidentes do trabalho e a sua reparação*. Rio de Janeiro: Leite, Ribeiro e Maurillo, 2009. ISBN 8536113014.

MORENO NAVARRETE, Miguel Ángel. *Contratos electrónicos*. Madrid: Marcial Pons, 1999. ISBN 84-7248-678-8.

MODICA, Lara. Formalismo negoziale e nullità: le aperture delle Corti di merito. *Contratto e Impresa 1/2011*. ISSN 1123-5055.

MUNAR BERNAT, Pedro Antonio. La ampliación del plazo del derecho de desistimiento (arts. 71, 74.4, 76, 76 bis y 77 TRLGDCU) y su nueva regulación en los contratos celebrados a distancia y fuera del establecimiento mercantil (arts. 102 a 108 TRLGDCU). *La Ley mercantil*, n. 9, 2014. ISSN 2341-4537.

NADER, Raph. *Unsafe at any speed*. Knightsbridge Pub Co Mass, 1991. ISBN 978-1561290505.

NERY JUNIOR, Nelson. Capítulo VI: da proteção contratual. In: PELLEGRINI GRINOVER, Ada; HERMAN DE V. E BENJAMIN, Antônio; FINK, Daniel Roberto; BRITO FILOMENO, José Geraldo; WATANABE, Kazuo; NERY JUNIOR, Nelson; DENARI, Zelmo. *Código de Defesa do Consumidor Comentado pelos Autores do Anteprojeto*. 12. ed. Rio de Janeiro: Editora Forense LTDA., 2019. ISBN 978-85-309-8216-4.

NORONHA, Fernando. *Direito das Obrigações*. São Paulo: editora Saraiva, 2003. v. 1. ISBN 8502203193.

NORONHA, Fernando. Enriquecimento sem causa. *Revista de Direito Civil*, n. 56, p. 50-78 .

NUSCO, Michele. *Compendio di diritto del consumatore*. Alemanha: Copyright, 2015. ISBN 9788892302266.

OPPO, Giorgio. Disumanizzazione del contratto? *Rivista di Diritto Civile*, v. 44, fasc. 5, 1998. ISSN 0035-6093.

O'REILLY, Tim. *What is Web 2.0*: Design Patterns and Business Models for the Next Generation of Software, 2007. Disponível em: https://papers.ssrn.com/sol3/papers.cfm?abstract_id=1008839

OTERO LASTRES, José Manuel. La protección de los consumidores cuarenta años Después. *Actas de derecho industrial y derecho de autor*. t. 40, p. 189-222. 2019-2020. ISSN 1139-3289.

PAGLIANTINI, Stefano. Contratti di vendita di beni: armonizzazione massima, parziale e temperata della Dir. UE 2019/771. *Rivista Giurisprudenza italiana*, v. 172, fascículo 1, 2020. ISSN 1125-3029.

PAGLIANTINI, Stefano. Art. 51. Requisiti formali per i contratti a distanza. In: D'AMICO, Giovanni. *La riforma del codice del consumo. Commentario al D. Lgs. n. 21*. Wolters Kluwer CEDAM, Milano, 2015. ISBN 9788813352288.

PAGLIANTINI, Stefano. Variazioni su forma e formalismo nel diritto europeo dei contratti. *Persona e Mercato*. v. 2, 2009. ISSN 2239-8570.

PAGLIANTINI, Stefano. Il neoformalismo contrattuale dopo i D.lgs. 141/2010, 79/2011 e la Direttiva 2011/83/UE: una nozione (già) vieille renouvelée. *Persona e Mercato*. v. 4, 2011. ISSN 2239-8570.

PANIZA FULLANA, Antonia. *Contratación a distancia y defensa de los consumidores*. Granada: Editorial Comares, 2003. ISBN 970-84-8444-739-9.

PARDO GATO, José Ricardo. *Las Páginas Web como Soporte de Condiciones Generales Contractuales*. Navarra: Editorial Aranzadi, 2003. ISBN 84-9767-136-8.

PARRA LUCÁN, María Ángeles y otros. *Negociación y Perfección de los contratos*. Navarra: Thomson Reuters Aranzadi, 2014. ISBN 978-84-9059-297-7.

PATTI, Francesco Paolo. *Il recesso del consumatore*: l'evoluzione della normativa, in Europa e diritto privato, Fasc.4. Milano: Giuffrè Editore, 2012. ISSN 1720-4542.

PELLEGRINI GRINOVER, Ada; HERMAN DE V. BENJAMIN, Antônio. Introdução. In: PELLEGRINI GRINOVER, Ada; HERMAN DE V. E BENJAMIN, Antônio; FINK, Daniel Roberto; BRITO FILOMENO, José Geraldo; WATANABE, Kazuo; NERY JUNIOR, Nelson; DENARI, Zelmo. *Código de Defesa do Consumidor Comentado pelos Autores do Anteprojeto*. 12. ed. Rio de Janeiro: Editora Forense LTDA., 2019, ISBN 978-85-309-8216-4.

PEÑA LÓPEZ, Fernando. Artículo 102. Derecho de desistimiento. In: BERCOVITZ RODRÍGUEZ-CANO, Rodrigo (Coord.). *Comentario del Texto Refundido de la Ley General para la Defensa de los Consumidores y Usuarios y otras Leyes Complementarias*. Navarra: Editorial Aranzadi S/A, 2015. ISBN 9788490981436.

PEÑA LÓPEZ, Fernando. Artículo 103. Excepciones al derecho de desistimiento. In: BERCOVITZ RODRÍGUEZ-CANO, Rodrigo (Coord.). *Comentario del Texto Refundido de la Ley General para la Defensa de los Consumidores y Usuarios y otras Leyes Complementarias*, Navarra: Editorial Aranzadi S/A, 2015. ISBN 9788490981436.

PEÑA LÓPEZ, Fernando. Artículo 104. Plazo para el ejercicio del derecho de desistimiento. In: BERCOVITZ RODRÍGUEZ-CANO, Rodrigo (Coord.). *Comentario del Texto Refundido de la Ley General para la Defensa de los Consumidores y Usuarios y otras Leyes Complementarias*. Navarra: Editorial Aranzadi S/A, 2015. ISBN 9788490981436.

PERALES VISCASILLAS, Pilar. Formación del contrato. In: BOTANA GARCÍA, Gema Alejandra (Coord.). *Comercio electrónico y protección de los consumidores*. Madrid: La ley, 2001. ISBN 84-9725-158-X.

PEREIRA, Caio Mário da Silva. *Instituições de Direito Civil*. Rio de Janeiro: editora Forense, 1997. v. III.

PEREIRA DE LIMA, Cíntia Rosa. Contratos de adesão eletrônicos ('shrink-wrap' e 'click-wrap') e termos e condições de uso ('browse-wrap'). *Revista de Direito do Consumidor*, São Paulo: Ed. RT, n. 133, p. 109-154, 2021. ISSN 1415-7705.

PERLINGIERI, Pietro. La tutela del consumatore nella Costituzione e nel Trattato di Amsterdam. In: PERLINGIERI, Pietro; CATERINI, Enrico (a cura di). *Il Diritto dei Consumi*. Rende: Edizioni Scientifiche Italiane, 2005. v. I. ISBN 88-89464-01-1.

PERLINGIERI, Pietro. *Il diritto civile nella legalità costituzionale secondo il sistema italo-comunitario delle fonti*. 3. ed. Napoli: Edizioni Scientifiche Italiane, 2006. ISBN 88-495-1353-4.

PERLINGIERI, Pietro. La tutela del contraente tra persona e mercato. In: PERLINGIERI, Pietro; CATERINI, Enrico (a cura di). *Il Diritto dei Consumi*. Rende: Edizioni Scientifiche Italiane, 2007. v. III. ISBN 978-88-89464-13-7.

PERLINGIERI, Pietro. Conclusioni dei lavori. In: MEZZASOMA, Lorenzo; RIZZO, Vito; LLAMAS POMBO, Eugenio (a cura di). *La compravendita: realtà e prospettive*. Napoli: Edizioni Scientifiche Italiane s.p.a, 2015. ISBN 978-88-495-2990-6.

PERLINGIERI, Pietro. *Manuale di diritto civile*. 9. ed. Napoli: Edizioni Scientifiche Italiane, 2018. ISBN 978-88-495-3735-2.

PERLINGIERI, Pietro. Vincoli formali tra esigenze di tutela del consumatore e profili di carattere fiscale. *Le Corti Umbre*. Napoli: Edizioni Scientifiche Italiane, n. 2. p. 285- 289. 2013. ISSN 2282-1279.

PERLINGIERI, Giovanni; LAZZARELLI, Federica. Il contratto telematico. In: VALENTINO, Daniela. *Manuale di diritto dell'informatica*. Napoli: Edizioni Scientifiche italiane, 2016. ISBN 978-88-495-3101-5.

PERLINGIERI, Giovanni; LAZZARELLI, Federica. Formazione e conclusione del contratto telemático. In: VALENTINO, Daniela. *Manuale di diritto dell'informatica*. Napoli: Edizioni Scientifiche italiane, 2016. ISBN 978-88-495-3101-5.

PIGNALOSA, Maria Pia. *Contratti a distanza e recesso del consumatore*. Milano: Giuffrè Editore, 2016. ISBN 9788814215582.

PIGNALOSA, Maria Pia. Il consumatore calcolante. Contributo allo studio del contratto telematico. *Il foro napoletano*, 45, 2020. ISBN 978-88-495-4327-8.

PILIA, Carlo. *Contratti a distanza e diritti dei consumatori*. Cedam Editore, 2012, ISBN: 9788813332983.

PINO ABAD, Manuel; SERRANO CAÑAS, José Manuel. La incorporación de la Directiva 2011/83/UE al Derecho español y su incidencia en la regulación de los Contratos Celebrados Fuera de los Establecimientos Mercantiles. *Diario La Ley*, n. 8424, 2014. ISSN 1989-6913.

PINOCHET OLAVE, Ruperto. *Contratos electrónicos y defensa del consumidor*. Madrid: Marcial Pons, 2001. ISBN 84-7248-894-2.

PLATA LÓPEZ, Luis Carlos. La protección de los consumidores en el comercio electrónico. In: GUAL ACOSTA, José Manuel; VILLABA CUÉLLAR, Juan Carlos. *Derecho del Consumo. Problemáticas Actuales*. Bogotá: Ibañez, 2013. ISBN 978-958-749-255-2.

PONGELLI, Giacomo. La proposta di regolamento sulla vendita nel processo di creazione del diritto privato europeo. *La nuova giurisprudenza civile commentata*, n. 10, 2012. ISSN 1593-7305.

PONTES DE MIRANDA, Francisco Cavalcanti. *Tratado de Direito Privado*. 3. ed. Parte Especial. São Paulo: Ed. RT, 1984. , t. XXV. ISBN 85-203-0297-1.

PONTES DE MIRANDA, Francisco Cavalcanti. *Tratado de Direito Privado*. 3. ed. Parte Especial. São Paulo: Ed. RT, 1984. t. XXXVIII. ISBN 85-203-0310-2.

RECALDE CASTELLS, Andrés. El derecho de consumo como derecho privado especial. In: TOMILLO URBINA, Jorge (Dir.); ÁLVAREZ RUBIO, Julio (Coord.). *El futuro de la protección jurídica de los consumidores*. Pamplona: Thomson Civitas, 2008. ISBN 978-84-470-3005-7.

RENDE, Francesco. Art. 49. Obblighi di informazione nei contratti a distanza o negoziati fuori dei locali commerciali. In: D'AMICO, Giovanni. *La riforma del codice del consumo. Commentario al D. Lgs. n. 21*. Milano: Wolters Kluwer CEDAM, 2015. ISBN 9788813352288.

RENDE, Francesco. Il recesso comunitario dopo l'ultima pronuncia della corte di giustizia. *Rivista di Diritto Civile*, n. 5, , p. 525-557, set./ott. 2009. Padova: CEDAM. ISSN 0035-6093.

RICCI, Francesco. La disciplina delle vendite a distanza ai consumatori. In: CLARIZIA, Renato (a cura di). *I contratti informatici*. Torino: UTET giuridica, 2007. ISBN 978-88-598-0098-9.

RICCIO, Giovanni Maria; SALVATI, Maria Laura. Art. 55. Effetti del recesso. In: GAMBINO, Alberto Maria; NAVA, Gilberto. *I nuovi diritti dei consumatori. Commentario al d.lgs. n. 21/2014*. Torino: G. Giappichelli Editore, 2014. ISBN 978-88-7524-291-6.

RIZZO, Vito. Prefazione. In: MEZZASOMA, Lorenzo; RIZZO, Vito; LLAMAS POMBO, Eugenio (a cura di). *La compravendita: realtà e prospettive*. Napoli: Edizioni Scientifiche Italiane s.p.a, 2015. ISBN 978-88-495-2990-6.

RODRÍGUEZ DE LAS HERAS BALLELL, Teresa. La contratación en plataformas electrónicas en el marco de la estrategia para un mercado único digital en la Unión Europea. In: PASTOR GARCÍA, Alicia María; MARTENS JIMÉNEZ, Isabel; CASTILLO PARRILLA, José Antonio (Dir.). *El mercado digital en Unión Europea*, 2019. ISBN 9788429021165.

RODRÍGUEZ DE LAS HERAS BALLELL, Teresa. The Legal Anatomy of Electronic Platforms: A Prior Study to Assess the Need of Law of Platforms the EU. i *The Italian Law Journal*, v. 3, n. 1, 2017.

ROPPO, Vincenzo. *Il contratto*. 2. ed. Milano: Giuffrè Editore, 2011. ISBN 9788814216749.

ROPPO, Vincenzo. *Il contratto del duemila*. 3. ed. Torino: G. Giappichelli Editore, 2011. ISBN 978-88-348-1601-1.

ROSSI CARLEO, Liliana. Il diritto all'informazione: dalla conoscibilità al documento informatico. In: PERLINGIERI, Pietro; CATERINI, Enrico (a cura di). *Il diritto dei consumi*. Rende: Edizioni Scientifiche Italiane, 2005. v. II. ISBN 88-89464-02-X.

ROSSI CARLEO, Liliana. I soggetti. In: ROSSI CARLEO, Liliana (a cura di). *Diritto dei consumi*: Soggetti, atto, attività, enforcement. Torino: G. Giappichelli Editore, 2015. ISBN 978-88-921-0197-5.

RULLI NETO, Antonio; RUFATO, David de Oliveira; DA SILVA, Marcelo Emerson; ASAMURA AZEVEDO, Renato. O comércio eletrônico e as novas formas contratuais: point and click agreement e click and wrap agreement. *Revista de Direito do Consumidor*, n. 105. São Paulo: Ed. RT, 2016. ISSN 1415-7705.

RUMI, Tiziana. Art. 47. Esclusioni. In: D'AMICO, Giovanni. *La riforma del codice del consumo. Commentario al D. Lgs. n. 21/2014*. Milano: Wolters Kluwer CEDAM, 2015. ISBN 9788813352288.

RUMI, Tiziana. Art. 52. Diritto di recesso. In: D'AMICO, Giovanni. *La riforma del codice del consumo. Commentario al D. Lgs. n. 21/2014*. Milano: Wolters Kluwer CEDAM, 2015. ISBN 9788813352288.

RUMI, Tiziana. Art. 54. Esercizio del diritto di recesso. In: D'AMICO, Giovanni. *La riforma del codice del consumo. Commentario al D. Lgs. n. 21/2014*. Milano: Wolters Kluwer CEDAM, 2015. ISBN 9788813352288.

RUMI, Tiziana. Art. 59. Eccezioni al diritto di recesso. In: D'AMICO, Giovanni. *La riforma del codice del consumo. Commentario al D. Lgs. n. 21/2014*. Milano: Wolters Kluwer CEDAM, 2015. ISBN 9788813352288.

RYAN, Johnny. *A history of the internet and digital future*. London: Reaktion Books Ltd, 2010. ISBN 978-1-86189-777-0.

SALVI, Gabriele. Art. 52. Diritto di recesso. In: CAPOBIANCO, Ernesto; MEZZASOMA, Lorenzo; PERLINGIERI, Giovanni. *Codice del consumo annotato con la dottrina e la giurisprudenza*. 2. ed. Napoli: Edizioni Scientifiche Italiane, 2018. ISBN 9788849537444.

SALVI, Gabriele. Art. 56. Obblighi del professionista nel caso di recesso. In: CAPOBIANCO, Ernesto; MEZZASOMA, Lorenzo; PERLINGIERI, Giovanni. *Codice del consumo annotato con la dottrina e la giurisprudenza*. 2. ed. Napoli: Edizioni Scientifiche Italiane, 2018. ISBN 9788849537444.

SANDRONI, Paulo. *Novo Dicionário de Economia*. São Paulo: Editora Best Seller, 1994.

SAN MARTÍN, Sonia; PRODANOVA, Jana. ¿Qué factores fomentan la compra por impulso en el comercio móvil? *Revista Española de Investigación de Marketing ESIC*, n. 18, 32-42, 2014.

SANTOLIM, Cesar Viterbo Matos. *Formação e Eficácia Probatória dos Contratos por Computador*. São Paulo: editora Saraiva, 1995. ISBN 85-02-01600-8.

SCIALDONE, Marco. Art. 54. Esercizio del diritto di recesso. In: GAMBINO, Alberto Maria; NAVA, Gilberto. *I nuovi diritti dei consumatori. Commentario al d.lgs. n. 21/2014*. Torino: G. Giappichelli Editore, 2014. ISBN 978-88-7524-291-6.

SICA, Salvatore; PARISI, Annamaria Giulia. La tutela del consumatore nel contratto on-line. In: GAMBINO, Alberto M. (a cura di). *Rimedi e tecniche di protezione del consumatore*. Torino: G. Giappichelli Editore, 2011. ISBN 978-88-348-2266-1.

SOMMER SANTOS, Marco Fridolin. *Acidente do trabalho entre a seguridade social e a responsabilidade civil*: elementos para uma teoria do bem-estar e da justiça social. 3. edição. São Paulo: Editora Ltr., 2015. ISBN 978-85-361-8271-1.

SOSA OLÁN, Henrry; RABELO HARTMANN, Fernando. *Contratación electrónica*: el derecho de desistimiento como mecanismo protector del consumidor. Ciudad del México: Tirant lo blanch, 2018. ISBN 978-84-9190-107-5.

TARTUCE, Flávio; MONTEIRO, Gracileia. A reforma do Código de Defesa do Consumidor. Comentários ao PL 281/2012 e algumas sugestões. *Revista de Direito do Consumidor*, 2015. ISSN 1415-7705.

TEPEDINO, Gustavo. Os contratos de consumo no Brasil. *Temas de Direito Civil*. Rio de Janeiro: Renovar, 2006. v. II, ISBN 85-7147-530-X.

TOMMASINI, Raffaele. Codice del consumo e ius poenitendi. In: PERLINGIERI, Pietro; CATERINI, Enrico (a cura di). *Il Diritto dei Consumi*. Rende: Edizioni Scientifiche Italiane, 2007. v. III. ISBN 978-88-89464-13-7.

TORINO, Raffaele. I contratti dei consumatori nella prospettiva europea. In: ALPA, Guido (a cura di). *I contratti del consumatore*. Milano: Giuffrè Editore, 2014. ISBN 978-8814187261.

TOSI, Emilio. *Contratti informatici, telematici e virtuali. Nuove forme e procedimenti formativi*. Milano: Giuffrè Editore, 2010. ISBN 88-14-15269-1.

TOSI, Emilio. Il contratto virtuale: ricostruzione della categoria negoziale. In: CLARIZIA, Renato (a cura di). *I contratti informatici*. Torino: UTET giuridica, 2007. ISBN 978-88-598-0098-9.

ULHOA COELHO, Fábio. *Curso de direito comercial*. São Paulo: Saraiva, 2000. v. 3.

VALENTINO, Daniela. I contratti a distanza e gli obblighi di informazione. In: PERLINGIERI, Pietro; CATERINI, Enrico (a cura di). *Il diritto dei consumi*. Rende: Edizioni Scientifiche Italiane, 2004. v. I. ISBN 88-89464-01-1.

VEGA VEGA, José Antonio. *Contratos electrónicos y protección de los consumidores. Colección de derecho de las nuevas tecnologías*. Madrid: Editorial Reus S.A, 2005. ISBN 84-290-1422-5.

VENOSTA, Francesco. Profili del neoformalismo negoziale: requisiti formali diversi dalla semplice scrittura. *Obbligazioni e contratti*, 2008. ISSN 1826-2570.

VINCENTI, Umberto. *Diritto senza identità*. Lecce: Editori Laterza, 2007. ISBN 978-88-420-8494-5.